U0617619

权威·前沿·原创

皮书系列为
"十二五""十三五"国家重点图书出版规划项目

老龄蓝皮书

BLUE BOOK OF
AGEING

中国老年人生活质量发展报告（2019）

DEVELOPMENT REPORT ON THE QUALITY OF LIFE FOR
THE ELDERLY IN CHINA (2019)

主　编／党俊武　李　晶
副主编／张秋霞　罗晓晖

社会科学文献出版社
SOCIAL SCIENCES ACADEMIC PRESS（CHINA）

图书在版编目（CIP）数据

中国老年人生活质量发展报告. 2019 / 党俊武，李晶主编. -- 北京：社会科学文献出版社，2019.10
　（老龄蓝皮书）
　ISBN 978 - 7 - 5201 - 4927 - 3

　Ⅰ.①中… Ⅱ.①党… ②李… Ⅲ.①老年人 - 生活质量 - 研究报告 - 中国 - 2019　Ⅳ.①D669.6

　中国版本图书馆 CIP 数据核字（2019）第 102116 号

老龄蓝皮书

中国老年人生活质量发展报告（2019）

主　　编／党俊武　李　晶
副 主 编／张秋霞　罗晓晖

出 版 人／谢寿光
责任编辑／桂　芳

出　　版／社会科学文献出版社·皮书出版分社 （010）59367127
　　　　　地址：北京市北三环中路甲 29 号院华龙大厦　邮编：100029
　　　　　网址：www. ssap. com. cn
发　　行／市场营销中心 （010）59367081　59367083
印　　装／天津千鹤文化传播有限公司

规　　格／开本：787mm×1092mm　1/16
　　　　　印张：18.75　字数：279 千字
版　　次／2019 年 10 月第 1 版　2019 年 10 月第 1 次印刷
书　　号／ISBN 978 - 7 - 5201 - 4927 - 3
定　　价／158.00 元

本书如有印装质量问题，请与读者服务中心（010 - 59367028）联系

编辑指导委员会

主要编撰者简介

党俊武（1964～），陕西省澄城县人，现任中国老龄科学研究中心副主任、研究员、《老龄科学研究》主编。出版专著《老龄社会引论》《老龄社会的革命》《超老龄社会的来临》等，发表论文 60 余篇，曾参与"国家应对人口老龄化战略研究"项目，以及《中共中央、国务院关于加强老龄工作的决定》《中国老龄事业发展"十三五"规划》《中国老龄事业的发展》白皮书等重要文件的起草工作。曾获首届中国老年学学术成果奖。

李晶（1970～），毕业于北京大学社会学系和香港理工大学应用社会科学系，社会学博士，现任中国老龄科学研究中心老龄社会与文化研究所所长，副研究员。主要研究领域为农村社会学、老龄社会学、老年教育、老龄社会政策等。出版专著 2 部，主持和参与多项国际项目及国家级、部委级课题，曾获中国老年学学会颁发的"第一届全国老年学优秀青年学者奖"。

李志宏（1978～），北京大学社会学博士，中国老龄协会政策研究部主任。中国老年学和老年医学学会专家委员会成员，中国老龄科学研究中心特邀研究员。参与国家应对人口老龄化战略研究项目，参与《中华人民共和国老年人权益保障法》修订案、《"十三五"国家老龄事业发展和养老体系建设规划》、《中国老龄事业的发展》白皮书等重要老龄政策法规、文件的起草。参与编著《大国应对之道——积极应对人口老龄化的国家战略探索》《政策科学与老龄政策体系的构建》等多部著作。获得全国老干部工作先进个人、"中央国家机关青年五四奖章"等荣誉称号。

肖文印（1973～）安徽临泉人，中共党员，文学硕士，现为中国老龄协会政策研究部政研处处长，研究方向为老龄政策和老龄产业。曾参与《中国老龄事业发展"十二五"规划》《"十三五"国家老龄事业发展和养老体系建设规划》等政策性文件编制，负责全国老龄办政策理论研究课题发布和评审工作。

张秋霞（1975～），南开大学法学硕士，中国老龄科学研究中心副研究员，统计师，社会工作师。主要研究领域为老年心理学、老龄公共政策和社会性别平等。主持和参与联合国妇女署等多项国际项目及国家级、部委级项目，参与编写多部老龄科研著作，发表20余篇老龄科研论文和研究报告。

罗晓晖（1983～），中国老龄科学研究中心老龄社会与文化研究所助理研究员，主要研究领域为老龄社会学、老年社会组织等。近年来，参与老年社会参与、老年教育、老龄服务等方面的国家级、部委级项目10余项。

彭青云（1982～）中国人民大学老年学博士，江南大学法学院社会学系讲师，社会工作师，兼任中国老年学和老年医学学会社区居家养老分会理事，无锡老龄科学研究中心成员。主要研究领域：老龄社会学、老年人经济参与、居家养老服务。近年来，参与老龄研究领域国家及省部级课题10余项，发表论文13篇。

冀 云（1985～）中国人民大学老年学博士，廊坊师范学院心理健康教育研究所所长，副教授。主要研究领域：老龄健康、老龄社会学。近年来，主持老年人精神文化、老年人健康、老年人代际支持、老龄产业等课题10余项，发表论文20余篇。

摘　要

老年人生活质量是指老年期的人的客观生活条件、生活行为及其主观感受的总和。进入老龄社会以后，我国的老龄政策进一步健全完善，保障范围不断拓展，保障水平显著提高，老年人的生活质量有了极大提高。但在日益严峻的人口老龄化形势下，要满足亿万老年人对美好生活的新要求、新期待，现行老龄政策还存在不少短板和薄弱环节，还需要加强制度设计和创新，增强政策的针对性和可操作性，并强化政策的有效实施。

本报告根据 2015 年第四次中国城乡老年人生活状况抽样调查数据，对当前中国老年人的基本情况、健康状况、经济与保障、居住环境、家庭关系、公共服务、社会参与和文化生活、权益保障等方面进行全面分析，对老年人幸福感影响因素进行系统探讨。课题组还在全国 15 个省份开展了城乡老年人生活质量质性调查，访谈 190 名老年人，请老年人自己讲述心目中的"好的生活"，他们对自己生活状况的感受和评价，以及对影响自己生活质量的主要因素的认识等。调查发现，老年人认为的"好的生活"主要包括基本生存条件、健康状况、家庭关系、精神状态等个人生活层面的四大主要内容，老年人还提出"好的生活"在国家和社会层面应具备一定的环境和条件。质性研究弥补了量化研究的不足，更全面地描绘了老年人的生活质量状况。

在此基础上，本报告对老年人生活质量及其指标体系进行理论梳理，根据科学性与实用性相结合、客观与主观相结合、多学科视角相结合等原则，第一次提出了以老龄国情调查为支撑的全面评价老年人生活质量指标体系的中国版本（1.0 版），首次对全国老年人生活质量进行分省份评价。分省份评价显示，客观生活水平仍是影响中国老年人生活质量的最主要因素，东部地区老年人生活质量整体高于其他区域，各省份均存在不同短板，其中，社会保障水平较低、精神文化生活单调、城乡差距较大、阶层差异显著、区域差异明显等问题比较突出。解决这些问题既是新时代老龄科学研究的主攻方向，也是全面落实中央关于积极应对老龄社会战略的重要着力点。

目　录

皮书数据库阅读**使用指南**

总 报 告

General Report

B.1
中国老年人生活质量发展报告

李 晶

摘 要： 本报告在对老年人生活质量及其指标体系进行理论梳理的基
础上，根据科学性与实用性相结合、客观与主观相结合、多
学科视角相结合等原则，结合四次中国城乡老年人生活状况
调查和中国老年人生活质量专项调查，第一次提出了以老龄
国情调查为支撑的全面评价老年人生活质量指标体系的中国
版本（1.0 版），首次对全国老年人生活质量进行分省评价。
本研究运用层次分析法（AHP 法）确定 13 个二级指标的权
重，并利用 2015 年第四次中国城乡老年人生活状况抽样调查
数据，对中国老年人生活质量进行了分省评价。这一指标体
系（1.0 版）也可以看作中国特色老年人生活质量指数的基
础。本报告的总结论是，当代是中国有史以来老年群体生活
质量迈入最高水平的新时代，也预示着未来老龄社会条件下

各代老年人过上更加美好生活拥有坚实的基础。分省评价显示，客观生活水平仍是影响中国老年人生活质量的最主要因素，东部地区老年人生活质量整体优于其他区域，各省均存在不同短板，其中，社会保障水平较低、精神文化生活单调、城乡差距较大、阶层差异显著、区域差异明显等问题比较突出。解决这些问题既是新时代老龄科学研究的主攻方向，也是全面落实中央关于积极应对老龄社会战略的重要着力点。

关键词： 老龄社会　老年期　老年人　生活质量

　　中国于1999年进入老龄社会。截至2018年底，中国60岁及以上老年人口数量已达到2.49亿，占总人口的比例达到17.9%。据全国老龄办预测，到2050年，中国60岁及以上老年人口将增加到4.87亿左右。与发达国家相比，中国进入老龄社会时的经济发展水平相对落后，具有"未富先老"的特征。与此同时，由于制度安排和社会政策体系是年轻社会的产物，难以适应老龄社会的要求，"未备先老"的特征十分突出。这是当前中国老年人生活质量状况的基本背景。自1999年成立全国老龄工作委员会的20年来，特别是党的十八大以来，党中央和各级政府高度重视全体人民全生命周期的生活质量，更加关注人的老年期的生活质量问题，采取了一系列重大举措，全体老年人的生活质量大幅提升，为全社会年轻人未来老年期幸福生活展示出美好预期。在新时代背景下，总结20年来老年人生活质量改善的历程，研判当前老年人生活中面临的主要问题，提出进一步提升老年人生活质量的战略选择和政策路径，这是本研究报告的根本宗旨。

一　研究背景

　　在老龄社会条件下，研究老年人的生活质量问题本质上就是研究人的老年期的生活质量。从全生命周期看，人的生活质量的理想就是"生得优、长得壮、活得长、过得好、病得少、老得慢、走得尊"，整体来说，"整个人生要过得有意义"（党俊武，2018）。从严格意义上说，老年期生活是人的年轻期生活的延续。因此，研究老年期的生活质量离不开对生命早期生活质量的考量。出于研究材料特别是研究数据的原因，本研究无法沿着生命早期的生活轨迹考察老年期的生活质量问题，主要依据现有数据进行分析研究。全体人民老年期的生活质量是比老年人生活质量内涵更丰富、层次更高的概念，既体现出对老龄社会的理论反思，又回应了十九大精神的新要求，也反映出老龄社会条件下全体人民的新期待，蕴含着新时代老龄科学的一个重大新理念。本报告大多使用老年人生活质量，其含义与全体人民老年期的生活质量这一概念有一定差距。后者是今后研究的一个重要努力方向。

老年人生活质量是指人的老年期客观生活条件、生活行为及其主观感受的总和。从需求的角度看，也是指社会和家庭针对老年人需求的供给水平和老年人对供需适应性的主观感受。对老年人生活质量主要从客观生活质量和主观生活质量两个层面测度。本报告主要基于 2015 年第四次中国城乡老年人生活状况调查数据和 2017 年老年人生活质量专项调查资料对当前中国老年人的生活质量状况进行分析和评价。

从 2000 年开始，在全国老龄工作委员会办公室的领导下，中国老龄科学研究中心承担每五年进行一次的中国城乡老年人生活状况调查。至 2015 年，已经进行四次全国性调查。2000 年、2006 年和 2010 年的三次调查，在 20 个省份进行，样本量约为 2 万人。随着老年人口数量的增多和人口年龄结构的老龄化趋势日益严峻，党和国家越来越重视老龄社会的相关问题，高度关注攸关年轻人未来生活预期的老年人生活质量问题。2015 年，调查范围扩大到全国所有省份，样本量增至 22 万人。从调查内容看，历次中国城乡老年人调查主要包括以下九个部分：老年人的基本情况及老年人的家庭状况、健康医疗状况、照料护理服务状况、经济状况、宜居环境状况、社会参与状况、维权状况、精神文化生活状况。多年来，经过反复论证和调查检验，上述调查内容能够较全面地反映中国老年人生活状况的主要方面。从本

研究的要求看，这项调查涵盖了老年人生活质量的主要内容，涉及老年人的主要服务需求和满足情况。因此，本研究将该调查作为对中国城乡老年人生活质量进行分析和评价的数据基础。

2015年中国城乡老年人生活状况问卷调查，既包括老年人生活质量的客观方面，也包含老年人主观生活质量的部分内容，如老年人的孤独感、主观幸福感，以及老年人对自己的健康、家庭关系、经济、社会活动的评价等。但是，问卷调查这种方法对老年人主观生活质量的考察有其局限性，难以了解表面现象背后的深层原因。为弥补量化研究的不足、更深入地了解中国老年人主观生活质量情况，2017年7~12月，课题组采用质性研究方法对中国老年人生活质量，特别是主观生活质量进行了专项调查研究。该专项调查综合考虑了中国不同地区的地理环境位置、经济社会发展水平、人口老龄化程度等因素，在全国15个省份的城市和农村地区开展老年人生活质量调查。这15个省份是：天津、江苏、浙江、宁夏、湖北、甘肃、安徽、黑龙江、重庆、山东、湖南、广东、广西、贵州和云南。最终，课题组在这15个省份对190名老年人进行了面对面的深度访谈。

专项质性调查显示，老年人对于好的生活的主观阐释与问卷调查结果高度一致，而质性调查能够对老年人生活质量的主观层面进行更加深入的挖掘。如根据2015年问卷调查数据，影响中国老年人主观幸福感的主要因素有：家庭状况、健康状况、社会保障与公共服务、居住环境、社会参与和精神文化生活等。分析显示，老年人的家庭关系越好、健康水平越高、社会保障水平越高、公共服务越便利、住房满意度越高、社会参与度越高、精神文化生活越丰富，则老年人的幸福感越强烈。而专项调查力图站在老年人的角度，请老年人自己说出他们因何感到幸福，什么样的生活是他们心目中的高质量的生活，他们所认为的"好的生活"都包括哪些方面的内容等。

从基础研究的角度看，建立老年人生活质量指标体系有助于研究者对老年人生活质量做出科学评价；从政策研究的角度看，有助于政策制定者在制定相关政策前全面了解老年人的生活质量状况，获得决策依据。根据2015

年中国第四次城乡老年人生活状况抽样调查数据，以及课题组于 2017 年在全国 15 个省份收集的质性调查资料，本研究制定了老年人生活质量指标体系。根据此指标体系，以中国第四次城乡老年人生活状况调查数据为基础，本报告对目前中国老年人生活质量状况进行综合评价和分项评价。

二 老年人生活质量现状

（一）人口特征和教育素质

2015 年调查显示，中国城镇老年人口比例（52.0%）略高于农村老年人口（48.0%）。总体来看，城镇老年人生活质量高于农村，年龄、性别和教育素质对老年人生活质量有显著影响。

1. 高龄、女性老年人的生活质量需要高度关注

中国当前的人口老龄化主要是老年人口底部老龄化，即年轻的老年人在老年人口总数中占大多数。目前，中国 60～69 岁的低龄老年人占老年人总数的 56.1%，70～79 岁的中龄老年人占 30%，80 岁及以上的高龄老年人只占 13.9%。但随着老年人口总量增加以及高龄化的发展，今后中国的中高龄老年人口所占比例将逐渐提升，人口老龄化形势将更加严峻。分性别看，中国女性老年人口占老年人口总数的 52.2%，男性老年人口占 47.8%，女性老年人比例高于男性老年人。随着年龄增长，女性老年人的比例越来越高。在 60～69 岁的低龄老年人中，女性比例（50.8%）只略高于男性（49.2%）；在 70～79 岁的中龄老年人中，女性老年人比例比男性高出 4.8 个百分点；而在 80 岁及以上的高龄老年人中，女性老年人比例比男性高出了 15.2 个百分点。

国际经验显示，高龄化是人口老龄化的必然趋势。可以预期，随着中国人口老龄化程度的加深，今后女性老年人口的比重将越来越高。值得注意的是，女性老年人平均预期寿命高于男性老年人，但她们的社会经济地位通常低于男性，因此老年女性的丧偶风险高于男性，而丧偶女性老年人的生活质

量尤其值得关注。从全生命周期看，男性老年人预期寿命的延长有益于女性老年人生活质量的提高。

2. 教育素质显著影响老年人生活质量

从人口教育素质看，中国老年人的文化程度总体偏低，未上过学和只上过小学的老年人占比最高。中国老年人中未上过学的约占三成（29.6%），小学文化程度的约占四成（41.5%），初中和高中的约占1/4（25.8%），大专及以上的仅占3.1%。分城乡看，城镇老年人的受教育水平远高于农村老年人。城镇老年人中接受过中学教育的比例（35.5%）高于农村（15.6%）近20个百分点，城镇接受过大学专科及以上教育的老年人比例（5.9%）更是远远高于农村（0.1%）。分性别看，男性老年人的受教育水平显著高于女性。中国女性老年人有大专及以上文化程度的仅占1.7%，男性老年人此比例为4.7%；女性老年人中有43.2%的从未上过学，而男性老年人此比例只有14.5%。分年龄看，低龄老年人受教育水平整体高于高龄老年人。中国60~69岁的低龄老年人未上过学的比例为21.5%，而80岁及以上的高龄老年人未上过学的比例高达53.7%。

教育素质对老年人的生活质量有直接影响。特别是在当前信息社会，受教育程度较低的老年人在获取信息、使用电子设备等方面都有较大困难，很容易被社会所排斥，其生活质量极大可能会降低。而受教育程度较高的老年人更容易融入现代社会生活，拥有较高的生活质量。

（二）婚姻与家庭

在基本生活得到保障的基础上，家庭是决定老年人生活质量高低的最关键因素（郭志刚、刘鹏，2007）。问卷调查和质性调查都显示，老年人的婚姻家庭状况直接影响他们的生活质量。夫妻关系和亲子关系是家庭中最重要的人际关系，居住安排则是家庭关系在日常生活中的体现。家庭关系和居住安排对老年人的生活质量影响极大，特别是对生活不能自理或自理困难的老年人，夫妻关系和亲子关系不仅影响他们的基本生存状态，还影响着他们的心理健康和精神状态。

1. 夫妻关系是影响老年人生活质量的重要因素

2015 年问卷调查显示，71.7% 的老年人有配偶，占绝大多数，丧偶老年人占 26.0%，离婚老年人占 0.8%，从未结过婚的老人占 1.5%。分城乡看，城镇老年人的有偶率（73.0%）高于农村老年人（70.4%）。分性别看，男性老年人的有偶率（81.0%）高于女性老年人（63.3%），这与女性老年人的平均预期寿命高于男性老年人相一致。随着年龄增长，老年人有配偶的比例迅速下降，从 60~69 岁的 84.3% 下降到 70~79 岁的 65.6%，再下降到 80 岁及以上的 37.6%。越到高龄阶段，丧偶老年人越多，其中又以女性丧偶老年人为主。

传统上，中国家庭中的亲子关系是家庭关系的核心（潘允康、林南，1992）。随着中国家庭子女数减少、家庭规模小型化、家庭成员居住离散等特点的凸显，夫妻关系的重要性逐渐增强。2017 年质性调查显示，是否有配偶、是否与配偶同住对老年人的生活质量影响重大。有配偶的老年人大多与配偶同住。在生活上，当一方患病或失能，另一方可以陪伴并照顾。在情感上，如果老年夫妻恩爱和谐，生活质量较高；反之，如果夫妻关系不好，老年人的生活质量则较低。夫妻关系成为家庭的主导关系，体现了现代社会发展对家庭制度的影响，体现了社会的进步，也体现了女性家庭地位在逐渐提高。伴随女性地位的提高，夫妻关系在生活质量中的作用将进一步上升。

2. 子女孝养水平决定老年人生活质量高低

2015 年问卷调查显示，中国老年人平均有 3.2 个子女，儿子数量与女儿数量相当。农村老年人平均有 3.5 个子女，城镇老年人平均有 3.0 个子女，农村高于城镇。年龄越大的老年人的子女数量越多。85 岁及以上老年人子女数最多，平均拥有 4.3 个子女；80~84 岁老年人平均有 4.2 个子女；75~79 岁老年人平均有 3.9 个子女；70~74 岁老年人平均有 3.4 个子女；65~69 岁老年人平均有 2.9 个子女；60~64 岁老年人平均子女数量最低，只有 2.5 个子女。这种情况与中国于 20 世纪 70 年代末开始实施计划生育政策密切相关。

随着老年人子女数量的减少，传统的家庭养老模式受到挑战，社会养老

需求明显增加。但目前看，中国仍然以家庭养老为主，在经济支持、生活照料、精神慰藉等方面，老年人最主要的支持仍来源于家庭。特别是在经济方面，子女的支持尤其重要。2015年，有63.2%的老年人获得子女钱物上的支持。分城乡看，由于城镇有更多的老年人有稳定的退休工资，城镇老人获得子女经济支持的比例（56.6%）低于农村老年人（71.3%）。分性别看，由于女性老年人无退休金的人数更多，即使有也较男性低，因此女性老年人获得子女经济支持的比例（66.6%）高于男性老年人（59.4%）。

子女是老年父母最主要的依靠，尤其是在老年人独立性较差的情况下。因此，当老年人在经济上、生活照顾上，或是精神上需要子女支持时，如果子女不履行赡养义务，不给予老年父母所需要的经济支持、生活照料和精神慰藉，就会造成老年人生活质量低下，严重的可影响老年人的生存，甚至构成家庭虐待。近年来，老年人遭受家庭虐待的情况增多，已经引起社会关注。2015年问卷调查显示，家庭成员虐待老年人现象中最多的是精神上的虐待，包括"长期不探望/不问候/不和老人说话"。其次是经济上的虐待，如"不提供基本生活费"。排在第三位的是照料护理上的虐待，在老人需要时"不提供照顾"。年龄越大，老年人失能失智的风险越大，自我保护的能力越低，遭受虐待的可能性就越大。调查显示，随着年龄的增加，老年人受虐待的比例明显上升，80岁及以上的高龄老年人受虐待比例为3.8%，70~79岁的中龄老年人受虐待的比例为3.6%，60~69岁的低龄老年人受虐待的比例为2.2%。调查还发现，老年人遭受家庭虐待的可能性与家庭收入显著相关，家庭收入越低，虐待发生率越高。城乡比较，农村老年人受虐待的比例（3.7%）明显高于城镇老年人（2.0%）。

子女是否孝顺是父母评价子女的一项重要指标，也是决定老年人家庭生活质量的关键因素。2015年问卷调查显示，中国有81.4%的老年人认为子女孝顺，有17.8%的老年人认为子女孝顺程度一般，还有0.8%的老年人认为子女不孝顺。分城乡看，农村老年人对子女的孝顺程度的评价总体上低于城镇老人。城镇84.3%的老年人认为子女孝顺，15.1%的老年人认为子女孝顺程度一般，0.6%的老年人认为子女不孝顺。农村老年人认为子女孝顺的比例为 78.3%，低于城镇；而认为子女一般和不孝顺的比例分别为 20.8% 和 1.0%，都高于城镇。

孝道是中华传统文化的核心。从某种意义上说，自古以来，与物质生活水平相比，中国老年人更看重来自子女的孝心和孝行。从全球各民族文化来看，这是老年人生活质量的中国特色，也是未来我们进一步提升老年人生活质量的重要文化引领。

3. 居住安排对老年人生活质量的影响比较复杂

2017 年质性调查显示，在低龄老年阶段，老年夫妇生活能够自理时，大多与子女分开居住，这种安排的好处是父母和子女各自能够保持一定的独立性和自由度。当老年夫妇中的一方或双方出现健康问题，甚至其中一方的生活不能自理时，只要夫妇之间还能够彼此照顾，他们大多仍然独立居住，由身体状况相对较好的一方承担照顾失能配偶的工作。一般在两种情况下，子女和父母会一起居住。一种情况是当子女需要父母帮助照看孙辈时，会选择将父母接去同住；另一种情况是当父母一方去世或丧偶的父亲或母亲患病之后，有的家庭会做出老人和子女共同居住的安排。

2015 年问卷调查显示，目前中国有超过半数（51.3%）的老年人独居或仅与配偶同住。其中，有 13.1% 的老年人独自居住，有 38.2% 的老年人仅与配偶同住。有 41.7% 的老年人与子女同住，还有 7.0% 的老年人与子女以外的其他人（例如孙子女、配偶和孙子女、父母、兄弟姐妹或保姆等）同住。当老年人的日常生活需要他人照料时，最主要的照料者是老年人的子女和配偶，其所占比例分别为 50.5% 和 43.5%，还有的老年人由其他人照料。分城乡看，农村老年人由子女和配偶照顾的比例都高于城镇老年人，而城镇老年人由"其他人"照顾的比例高于农村老年人。分性别看，女性老年人的主要照料者是子女，而男性老年人的主要照料者则是配偶。分年龄看，随年龄增长，老年人由配偶照料的比例下降，由子女照料的比例上升。此外，有 11.8% 的被访老年人家庭中还有其他老年人需要照料，通常是低龄老年人照顾高龄父母。这部分老年人的照料负担比较重，对他们的生活质量有较大影响。

由于年龄、健康水平、经济状况、孙子女情况等客观条件的不同，加上

思想观念和生活习惯等方面的差异，老年人是否和子女共同居住、何时与子女同住或分住，受到很多因素的影响，并且会因时势变化而有所调整。正因如此，不同的居住安排对于老年人生活质量的影响比较复杂。一般来说，与老年人的意愿和需要相符的居住安排对其生活质量有正面效用，反之则对老年人的生活质量有负面效应。

（三）健康状况

1. 慢性病直接影响老年人的生活质量

健康问题是老年期要应对的首要问题，对老年人的生活质量有最直接的影响（邬沧萍，2002）。2015 年问卷调查显示，中国 32.1% 的老年人患有一种慢性病，50.5% 的老年人患有两种及以上慢性病，仅有 17.3% 的老年人未患慢性病。中国老年人患慢性病的比例是比较高的。分城乡看，城镇老年人患慢性病的比例为 82.0%，农村老年人患慢性病的比例为 83.4%，农村略高于城镇。分性别看，女性老年人患慢性病的比例（85.7%）高于男性老年人（79.4%）。随着年龄的增长，老年人患慢性病的比例越来越高。60～69 岁的低龄老年人患有一种及以上慢性病的比例为 78.9%，70～79 岁的中龄老年人患有一种及以上的慢性病的比例增长到 86.8%，80 岁及以上老年人的这一比例达到 88.3%。

人类从年轻社会转向老龄社会的过程，也是疾病谱从急性传染性疾病向慢性非传染性疾病转型的过程。随着人口老龄化程度的加深，以及老龄社会的高龄化发展趋势日益显著，建立全生命周期的健康观念更加重要。从青年时期乃至婴幼儿时期就开始重视人体老化的规律，注意保持健康生活方式，及早预防慢性疾病的发生，能有效延迟和减少老年期罹患慢性病的风险，为老年期高水平的生活质量建立基础。

2. 增龄过程中的健康预期是老年人生活质量的调节器

健康自评是老年人对于自身健康状况的主观评价，是反映老年人生活质量的直接指标。2015 年问卷调查显示，中国老年人自评健康"好"（"非常好"和"比较好"）的比例为 33.0%，自评健康"一般"的比例为 42.3%，自评健康"差"（"比较差"和"非常差"）的比例为 24.8%。分城乡看，城镇老年人的自评健康水平高于农村老年人。分性别看，男性老年人自评健康状况优于女性老年人。随着年龄的增高，老年人自评健康水平逐渐下降。60～69 岁的低龄老年人自评健康好的比例将近四成（38.2%），70～79 岁老年人自评健康好的比例将近三成（28.3%），80 岁及以上老年人自评健康好的比例只有两成多（22.5%）。对比老年人患慢性病比例和健康自评情况，虽然中国八成以上老年人都患有慢性病，但约 1/3 的老年人自评健康水平为"好"，只有不到 1/4 的老年人自评健康水平为"差"。可见，老年人并未仅仅因为患有慢性病而认为自己健康状况不好。

2017 年进行的专项调查对这种现象进行了考察，通过与老年人的深度访谈发现，随年龄增长和健康水平下降，老年人对于自身健康的预期和评价在不断调适。通常，不同年龄阶段的老年人对自己的健康状况有不同的预期；随年龄增长，老年人逐渐接受带病生存的状态。在随年龄调整健康预期的基础上，如果老年人认为自己比大部分同龄人的健康状况更好，他们对自己的健康状况就会感到比较满意；如果认为自己比大部分同龄人的健康状况更差，他们对自己的健康状况就会感到不满意。因此，健康欠佳的低龄和中龄老年人的健康自评较差，而健康状况较好的高龄老年人则有较高的健康自评。

生活质量是一个相对的概念，是对客观状况的主观感受。因此，健康状况对于老年人生活质量的影响不仅在于客观患病情况，还在于老年人是否有与其年龄相适宜的健康预期。从全生命周期的角度看，在各个年龄阶段的健康教育中，都要充分认识到衰老是不可逆转的自然规律；在进行保健教育的同时，也要使人们了解衰老在各个年龄阶段的表现、各类疾病发生的可能性等。特别是对于老年人，要接受老年期带病生存是正常状态，要对自己的健康状况有合理预期，在日常生活中，也要做与自己年龄相适应的事情。

3. 老年人的孤独感随年龄而增长

近年来，随着中国经济社会的快速发展和公共卫生事业的不断进步，老年人的心理健康越来越受到重视。孤独感是老年人最主要的心理问题之一。2015 年问卷调查显示，中国有 36.6% 的老年人感到孤独。分城乡看，农村

老年人感到孤独的比例高于城镇老年人，43.9%的农村老年人感到孤独，29.9%的城镇老年人感到孤独。分性别看，女性老年人感到孤独的比例高于男性老年人，40.0%的女性老年人感到孤独，33.0%的男性老年人感到孤独。随年龄的增长，感到孤独的老年人的比例越来越高。近1/3的低龄老年人感到孤独，而感到孤独的高龄老年人则超过一半。

婚姻家庭状况对老年人的孤独感有直接影响。2015年问卷调查显示，有配偶的老年人感到孤独的比例为25.3%，而无配偶的老年人感到孤独的比例高达65.8%。居住安排对老年人是否感到孤独影响显著。与配偶共同居住的老年人感到孤独的比例为26.1%，独居老年人感到孤独的比例则高达71.3%。可见，婚姻家庭状况对老年人生活质量的影响极大，不仅体现在经济支持和生活照顾上，更体现在心理抚慰和精神支持上。可以说，在基本的生存需要和照顾需要得到满足的情况下，和谐的家庭关系和适宜的居住安排是提高老年人生活质量的关键。

重视家庭是中国传统文化的特点，婚姻家庭对中国老年人的精神心理状态有特别重要的影响。在从传统社会向现代社会变迁的过程中，家庭制度也发生了巨大的转变，个人和家庭之间原本紧密的联系逐渐变得松散。一方面，个人对于家庭的依赖程度降低；另一方面，家庭对于个人的影响力和约束力也逐渐减弱。与年轻一代相比，目前的老年人对家庭抱有更多的期待，家庭联系的断裂和家庭关怀的缺失会令其产生深深的孤独感。

在未来社会，人们的高质量生活既需要拥有和睦的家庭关系，还需要建立有意义的社会关系。对于目前的老年人来说，可通过参与志愿服务、教育活动、文化娱乐活动等方式扩展社会关系，并在其中获得精神上的满足。老年人社会组织（如基层老年协会）也应协助老年人融入社会、贡献社会，在提升老年人生活质量上发挥更加积极的作用。

（四）经济保障

1. 城镇老年人的经济状况明显好于农村

2015年问卷调查显示，中国老年人最主要的收入来源是社会保障性收入，包括养老金、离退休金等社会保障收入，占到老年人总收入的62.7%。分城乡看，城镇老年人收入中保障性收入的比重占到73.4%，而农村老年人的社会保障性收入仅占51.2%。农村老年人的主要收入来源中有21.0%是工作收入，还有15.2%的收入来自农业生产劳动。

老年人收入状况是衡量老年人生活质量的客观指标，而老年人自我感知的自评经济状况是衡量老年人生活质量的主观指标。2015年问卷调查显示，中国16.1%的老年人认为自己经济宽裕，58.5%的认为自己基本够用，25.4%的认为自己经济困难。分城乡看，城镇老年人的经济自评状况明显好于农村老年人。城镇老年人认为自己经济宽裕的比例为20.3%，基本够用的比例为61.2%，经济困难的比例为18.5%；农村老年人自评经济宽裕、基本够用、经济困难的比例依次为：11.6%，55.5%，32.8%。分性别看，男性老年人的经济自评水平好于女性老年人。

2. 老年人普遍对生活水平不断提高感到满意

为了解经济状况对老年人主观生活质量的影响，2017年质性调查对此问题做了进一步的考察。调查发现，经济水平的绝对值对老年人的客观生活质量有直接影响，但老年人将现在的生活对比从前生活的纵向比较对老年人主观感受的影响也很大。例如，经历过战争动荡年代的高龄老人对现在过上了安定的生活感到非常幸福；中低龄老年人对新中国成立初期的艰苦生活记忆犹新，对现在衣食无忧的生活感到非常满意；长期以来都没有社会保障的农村老年人对现在可以享受到基本养老保险、医疗保险以及其他社会保障和福利服务感到十分满意。

3. 老年人对城乡差距及阶层差距大感到不满意

在横向比较中，较低社会阶层的老年人在与较高阶层的老年人进行比较时会产生相对剥夺感，这对老年人的生活满意度有显著影响。例如，农村老年人与城市老年人相比，企业职工与机关事业单位人员相比，前者认为自己所享受的社会保障待遇比后者要低；他们对这种不公平待遇表示不满意，并提出了进一步提高待遇、改善服务的希望。

（五）医疗服务

1. 绝大部分老年人能获得较便利的医疗服务

健康问题是老年期要应对的首要问题，对老年人来说，最重要的社会服务就是医疗卫生服务。问卷调查显示，目前中国绝大部分老年人都能比较便利地获得医疗服务。2015年，老年人就诊距离不足一公里的占38.0%，一至二公里的占24.7%，二至五公里的占18.7%，五公里以上的占18.6%。分城乡看，城镇老年人就诊距离不足一公里的占39.5%，一至二公里的占了27.9%，二至五公里的占了19.4%，五公里以上的占了13.3%；农村老年人获取医疗服务的便利程度低于城市老年人，这四项的比例依次为36.3%、21.3%、18.1%、24.3%。

2017年专项调查显示，老年人对以医疗卫生服务为主的公共服务的满意程度和老年人的需要密切相关。相对而言，健康状况较差的老年人，对于医疗卫生服务的需求较多。如果相关服务得到较好满足，他们的满意度会上升，有益于生活质量的提高。反之，如果相关服务需求得不到满足，他们的满意度就会下降，对其生活质量就会有更多负面影响。

2. 看病贵严重影响患大病老人的生活质量

全民医保的建立是中国医疗保障制度建设取得的重大成就，对于提高城乡老年人生活质量有重要贡献。2015年问卷调查显示，目前，中国20.6%的老年人享受城镇职工基本医疗保险，77.8%的老年人享有城乡居民基本医疗保险（包括新型农村合作医疗、城镇居民基本医疗保险，以及二者合一的城乡居民基本医疗保险），还有1.7%的老年人享有公费医疗。

虽然覆盖全体居民的医疗保险制度基本建立，但目前的保障水平仍然较低。老年人罹患大病时，仅靠医疗保险不足以支付医药费。2015年问卷调查显示，收费太高是老年人反映最强烈的医疗问题，有44.7%的老年人认为就诊收费太高。2017年专项调查对此进行了更深入的调查研究。对老年人的深度访谈显示，当谈及农村医疗保险时，大部分农村老年人认为，农民看病从以前完全自费到现在能够报销一部分医药费是很大的进步，和上辈人相比他们感到非常幸运；同时他们也觉得，现在医保报销的比例较低，如果得了大病，经济负担还是非常重的。与农村相比，城市老年人的医疗保障水平较高，老年人的满意度也更高。但大病对城市老年人及其家庭生活的影响也很大，因病致贫的现象同样存在。2015 年问卷调查显示，中国仅有10.8% 的老年人享受城乡居民大病保险，农村（13.0%）高于城镇（8.8%）；仅有3% 的老年人享有职工大额医疗补助，城镇（5.7%）高于农村（0.2%）。总之，由于医疗保障水平较低，看病贵仍然是中国老年人最主要的医疗问题之一。一旦患病，特别是大病，老年人及其家庭的生活质量都受到严重影响。

（六）居住环境

1. 老年人对住房条件不断改善感到满意

2015 年问卷调查显示，47.5% 的老年人对现在的住房条件表示满意，38.8% 的老年人认为一般，13.7% 的老年人表示不满意。城镇老年人对住房条件感到满意的比例（50.8%）高于农村老年人（43.9%），感到不满意的比例（11.9%）则低于农村老年人（15.8%）。

住房满意度是一个主观指标，在现有住房客观条件的基础上受到老年人与过去对比的纵向比较以及与他人对比的横向比较的影响。2017 年的专项调查发现，在今昔对比中，老年人对于住房条件的不断改善感到非常满意。中华人民共和国成立前的一二十年间，连年战争使很多人居无定所，人们的居住条件和生活环境都受到极大破坏。在中华人民共和国成立后的前 30 年间，人民的居住条件得到一定改善，但水平仍然不高。在部分农村地区，农民的住房破旧、设施简陋，且 30 年来变化不大。中国自 20 世纪 80 年代初实施改革开放政策以来，无论是在城市还是在农村，居民住房条件的进步都是巨大的。农村实行联产承包责任制和放开副业之后，生产力得到极大的解放，农民收入普遍提高，大部分农村住宅得到修缮或新建。在社会主义新农村建设中，农村居民的居住设施和生活环境进一步得到改善。在城市，随着住房改革的推进和住房市场化的发展，城市居民的居住和生活条件也得到了

很大提升。

2. 大部分老年人反映住宅适老化水平较低

虽然大部分老年人对现在的住房表示满意，但表示不满意的比例也不小，这主要与老年人住宅适老性不足有关。随年龄增长，老年人越来越多地留在家里，住宅的适老性对老年人的日常生活和居住安全都有较大影响。不适合老年人的住宅设施是造成老年人跌倒等伤害事件的最主要原因。

2015 年问卷调查显示，60.8% 的老年人反映自己现在的住房有问题，其中城镇老年人反映现住房有问题的比例为 56.4%，农村老年人反映现住房有问题的比例为 65.6%，农村高于城镇。在现住房存在的问题中，第一，39.5% 的老年人反映"没有呼叫/报警设施"，是老年人反映最多的问题。第二为"住房内没有扶手"，其比例为 24.6%。第三为"住房内光线昏暗"，其比例为 22.0%。第四为"厕所/浴室不好用"（16.1%）。第五为"门槛绊脚或地面高低不平"（12.5%）。第六是"有噪音"（7.4%）。第七是"门用起来不合适"（6.1%）。第八是"地面滑"（4.2%）。除了噪音干扰这一项是城镇老年人反映多于农村老年人的，其他方面的问题都是农村老年人反映得更多。总的来看，目前中国老年人住宅的适老性水平还比较低，这影响老年人日常家居生活的重要问题，不仅关系到居住的舒适度，更与老年人的居住安全密切相关。

住房环境与老年人的日常生活密切相关，对老年人生活质量有直接影响。大部分老年人的住房建设年代较早，设施老旧问题突出，缺乏适老化设计，造成老年居民生活上的诸多不便，有的甚至对老年人身体造成伤害。在目前的情况下，推进住房适老化改造、加强社区无障碍建设是提升老年人生活质量的有效手段。在老龄社会形势下，应充分认识到老年友好环境建设在老龄社会中的重要作用，在全社会倡导全生命周期应对老龄化的新观念，建设适合所有人居住的通用型住宅。

（七）社会参与和文化生活

随着中国社会保障制度的建立和逐步完善，老年人的基本生活得到保障。在此基础上，适度的社会参与有益于老年人生活质量的提高。全面进入小康社会以后，老年人将更加关注物质生活条件改善后的精神生活。根据个人意愿和能力，老年人继续工作或从事生产经营活动、参加公益活动或志愿服务、参与老年人群众组织及其活动、继续学习、参加休闲娱乐活动等，能够使老年人保持一定的社会交往，有助于其建立积极的自我认同、保持健康的心态，感到人生更有价值、生活更有意义，从而全面提高老年人生活质量。

1. 大部分老年人关心社区事务

政治参与是老年人社会参与的重要组成部分。对大部分老年人来说，最主要的政治参与表现在关心社区事务，积极参加社区选举。2015 年，全国有 65.6% 的老年人参加了最近一次的社区选举。农村老年人参加社区选举的比例（72.2%）要高于城镇老年人（59.5%）。无论是城镇还是农村，男性老年人参加社区选举的比例都高于女性老年人。在城镇，有 61.4% 的男性老年人参加了最近一次的社区选举，高于女性老年人（57.9%）；在农村，有 75.7% 的男性老年人参加了最近一次的社区选举，高于女性老年人（68.9%）。随着年龄增长，老年人参加社区选举的比例逐步下降，80 岁及以上的高龄老年人参与的比例（54.2%），较 60~69 岁低龄老年人的参与比例（69.6%）下降了大约 15 个百分点。

2. 老年人普遍参加各类休闲娱乐活动

休闲娱乐活动的参与门槛较低，中国绝大部分老年人都有不同程度的参与。问卷调查显示，2015 年，中国 92.1% 的老年人参加了各类闲暇活动，城镇老年人闲暇活动的参与率（94.8%）高于农村老年人（89.2%）；男性老年人的闲暇活动参与率（94.1%）高于女性老年人（90.3%）。从老年人参加闲暇活动的内容看，仍然以看电视或听广播、散步或慢跑、读书或看报等传统方式为主。2015 年，89.0% 的老年人经常看电视或听广播，42.8% 的老年人经常散步或慢跑，20.9% 的老年人经常读书或看报，18.1% 的老年人经常种花养草等，13.5% 的老年人经常参加棋牌活动。

3. 老年人缺少继续学习的机会

随着老年人学习需求的增长和国家对终身教育的日益重视，各类老年学校应运而生。老年大学是老年教育中较为正式的以老年人为对象的教学机构。2015 年中国参加老年大学的老年人比例仅为 1.9%。分城乡看，城镇老年人参加老年大学的比例（2.9%）高于农村老年人（0.9%）。分性别看，男性老年人参加老年大学的比例（2.0%）与女性老年人（1.9%）差异不大。随年龄增长，老年人参加老年大学的比例逐渐下降。60~69 岁的低龄老年人中有 2.0% 参加了老年大学，70~79 岁的中龄老年人和 80 岁及以上的高龄老年人参加老年大学的比例分别为 1.9% 和 1.5%。总的来看，目前中国老年教育资源比较短缺，只有极少数老年人有机会进入老年大学学习。

4. 老年人较少参加正式社会组织

基层老年协会是老年人自我管理、自我教育、自我服务的老年群众组织，是目前中国最主要的正式老年人组织。根据全国老龄办发布的数据，截至"十二五"末，中国城乡社区老年协会已达 55.4 万个，建会率达 81.9%。但 2015 年的问卷调查显示，中国仅有 10.2% 的老年人参加老年协会的活动，城镇老年人参加老年协会的比例（10.9%）略高于农村老年人（9.5%）。无论是城镇还是农村，男性老年人参加老年协会的比例都略高于女性老年人。可见，虽然基层老年协会的建会率很高，但实际参与率较低。高建会率和低参与率的巨大落差说明，大量已经挂牌的基层老年协会的工作并未真正开展起来，其在组织老年人参与社会生活方面的职能有待进一步提高。

5. 电子智能设施对老年人生活质量的影响两极分化

近年来，电脑、智能手机等电子设备在人们生活中的应用越来越多，使用这些设备的老年人也越来越多。2015 年，有 5.0% 的老年人经常上网。城镇老年人上网的比例（9.2%）显著高于农村老年人（0.5%）；男性老年人上网的比例（6.6%）明显高于女性老年人（3.6%）。电子设备及其应用的增多对老年人生活质量的影响不尽相同。对于未能学会使用的老年人来说，智能设施的广泛应用反而给他们的生活带来诸多不便，降低了生活质量；而对于那些学会了使用的老年人来说，则在日常生活觉得更加便利，生活质量得到提高。可以预期，未来社会中电子和智能设备的应用会越来越多，这种趋势对老年人生活质量的影响还有待进一步观察。

三　老年人生活质量评价

人类学科体系发展的历史表明，对一个问题的研究既要有定性的判断，也要有定量的分析，更需要建立系统化、可操作的指标体系。老年人生活质量问题是人类迈入老龄社会之后面临的重大问题之一，涉及方方面面，既不能泛泛而谈，也不能从定量上做碎片化的分析，必须在建构相关理论的基础上，运用指标体系的思想和方法，全面梳理涉及老年人生活质量各个维度的问题，并建构全面测度老年人生活质量的指标体系。

老年人生活质量问题既是伴随人类社会历史始终的老问题，又是人类迈入长寿社会的一个新问题。中国学者对老年人生活质量问题的探讨始于 20 世纪 80 年代末。在从指标体系角度对这一问题进行研究探索上，国内外学者都做出了许多努力。但到目前为止，中国作为世界上第一老年人口大国，尚没有系统化的能够评价全国老年人生活质量的指标体系。为此，本报告在对老年人生活质量及其指标体系进行理论梳理的基础上，根据科学性与实用性相结合、客观与主观相结合、多学科视角相结合等原则，结合四次中国城乡老年人生活状况问卷调查和老年人生活质量专项质性调查，第一次提出了以老龄国情调查为支撑的全面评价老年人生活质量指标体系的中国版本（1.0 版）。该指标体系分为健康状况、经济状况、居住环境、精神状况和主观感受五大维度，其下又具体分为慢性病发生率、失能率、抑郁倾向发生率、孤独感发生率、人均年收入、单独居住的房间拥有率、住宅适老化率、休闲娱乐活动参与率、健康自评、经济自评、住房满意度、子女孝顺评价和主观幸福感共计 13 个二级指标。本研究运用层次分析法（AHP 法）确定上述各指标的权重，并利用 2015 年第四次中国城乡老年人生活状况抽样调查数据，首次对中

国老年人生活质量进行了分省评价。总体来看，这一指标体系（1.0 版）也可以看作中国特色老年人生活质量指数的基础。评价结果如下。

（一）客观生活水平仍是影响老年人生活质量的最主要因素

老年人生活质量指数综合排名前 20 的省份依次是：北京市、上海市、天津市、福建省、浙江省、江苏省、辽宁省、山东省、重庆市、广东省、江西省、四川省、新疆维吾尔自治区、青海省、黑龙江省、广西壮族自治区、吉林省、宁夏回族自治区、陕西省和内蒙古自治区。按照中国经济区域的划分，排名靠前的大部分位于东部地区，居中的以西北、东北和西南部为主，而落后的省份主要在中南部和部分边疆省份。显然，在当前中国经济发展水平还不高的条件下，客观生活水平仍然是影响老年人生活质量的最主要因素。

（二）东部地区老年人生活质量整体优于其他区域

从老年人生活质量的分指标看，老年人健康状况指数排名前 10 的省份依次是福建省、山东省、浙江省、广西壮族自治区、江苏省、辽宁省、天津市、北京市、上海市、重庆市，老年人健康状况指数均在 0.74 以上。

老年人经济状况指数排名前 10 的省份依次是北京市、上海市、天津市、浙江省、新疆维吾尔自治区、福建省、青海省、湖北省、辽宁省、江苏省，老年人经济状况指数位于 0.3 ~ 1.0，较为分散，显示各省份老年人的经济状况差异化程度高，各省份老年人经济状况之间的差距比较大。

老年人居住环境指数排名前 10 的省份依次是江苏省、青海省、吉林省、上海市、辽宁省、黑龙江省、福建省、新疆维吾尔自治区、广东省、湖北省，老年人居住环境指数均在 0.8 以上。

老年人精神状况指数排名前 10 的省份依次是北京市、上海市、天津市、青海省、辽宁省、福建省、新疆维吾尔自治区、吉林省、四川省、陕西省，指数均超过 0.9。

老年人主观感受指数排名前 10 的省份依次是天津市、江苏省、浙江省、北京市、西藏自治区、山东省、上海市、青海省、新疆维吾尔自治区、辽宁省，指数均在 0.6～1.0。东部地区老年人的主观感受指数总体上优于其他区域，与东部地区老年人客观生活质量较高相一致。

（三）各省都不同程度存在短板

从各省内部来看，老年人生活质量的各个分项指标的不均衡非常明显。老年人生活质量总指数排名前 10 且各分项指数排名亦进入前 10 的省份只有上海市和辽宁省两地，其他 8 个省份则分别有 1～4 项不等的分项指数排名于前 10 之外。从老年人生活质量指数排名前 10 位的省份看，各地在分项指数上并不是都有较好的表现，而是均有短板存在，有的省份短板非常明显。例如，综合排名第 1 的北京市，老年人健康状况指数（0.749）、主观感受指数（0.798）和居住环境指数（0.798）是明显短板；健康指数排名第 1 名的福建省，老年人抑郁倾向发生率（0.665）和孤独感发生率（0.687）是明显短板。总指数与分项指数的失衡问题揭示出，即使在老年人总体生活质量较好的省份，在生活质量的不同方面也存在明显的不足。

四　存在的主要问题

党的十九大对中国特色社会主义进入新时代作出了重要论断，指出中国社会主要矛盾已经转化为人民日益增长的美好生活需要和不平衡不充分的发展之间的矛盾。研究显示，目前中国老年群体存在的主要问题正是由发展不平衡、不充分而带来的问题。不充分主要体现在，老年人的物质保障水平较低、老年人的精神文化生活比较单调。不平衡主要体现在，老年人生活质量在城乡之间差距较大、阶层之间差异显著、区域之间差异明显。本报告即从以上方面检视存在于中国老年人生活质量中的不充分和不平衡问题。

（一）物质保障水平有待提高

新中国成立以来，中国的社会保障制度和医疗保障制度逐步完善，至今已经实现城乡社会保障体系全覆盖。特别是新农保和城居保的实施将长期以

来缺乏社会养老保障的农村老年人和城市无业老年人纳入了社会保障范围，这是中国社会发展进步的一大成就。但同时也要认识到，目前中国农村居民和城市居民的保障水平还较低，与满足老年人基本生活需要相比还有一定差距，大部分老年人仍然需要劳动收入和子女转移收入作为经济补充。由于收入水平不高，老年人在衣食住行、医疗保健、居住环境等方面的生活质量都比较低。疾病和失能仍然是威胁老年人的主要风险。特别是在农村地区，基本养老和医疗保障标准较城市居民更低。虽然大部分农村老年人都充分肯定近年来农村生活水平普遍得到提高，但他们对不同保障体系间存在的不均衡问题也表示不满意。

（二）精神文化生活尚不丰富

随着经济社会发展和老年人基本生活得到保障，越来越多的老年人有继续参与社会活动和继续学习的愿望。总的来看，中国城乡老年人的社会参与程度在不断提高、精神文化生活日趋丰富。但同时也要看到，老年人的精神文化生活仍然比较单调。如老年群众组织未能有效组织老年人参与各类活动，老年教育资源存在总体性短缺和结构性短缺，老年人可参与的休闲娱乐活动种类较少等，因此难以满足城乡老年人日益增长的精神文化需求。其中，老年教育资源短缺、分布不均问题尤其突出，只有极少数老年人有机会进入老年大学学习。

（三）农村老年人生活质量明显低于城镇

长期以来，中国实行城乡二元化经济社会制度。计划经济时期，国家实行农业补贴工业的宏观政策，在社会公共事业上的投入也是偏重城市，造成了城乡之间的巨大差异。20世纪80年代实施经济体制改革之后，国家加大对农村的投入，农村公共事业获得较大进步，但城乡之间仍然差异显著。现在的农村老年人大多成长在集体经济时期，城乡差异对他们的生活产生了深刻影响。这种差异首先体现在老年人的基本素质方面。由于城乡教育事业发展不平衡，以及城市对较高教育水平人才的吸纳，农村老年人的受教育程度要远远低于城镇老年人。相应的，农村老年人的经济状况、健康状况、居住状况和精神文化生活等，都要落后于城镇老年人。

农村居民的社会保障水平和生活条件都显著低于城镇老年人。在经济收入方面，无论是从收入的稳定性、有存款的比例看，还是从经济自评看，城镇老年人的生活质量都远高于农村老年人。农村居民所享受的医疗卫生服务也远不如城镇居民，其直接后果就是农村老年人的健康水平总体上低于城镇老年人。在躯体健康方面，农村老年人患慢性病的比例高于城镇；在心理健康方面，农村老年人感到孤独的比例高于城镇老年人；在对健康状况的自我感知方面，农村老年人的健康自评水平低于城镇老年人。在居住环境方面，农村老年人在拥有房屋产权、独立居住房间等方面都不如城镇老年人；而农村老年人的住房比城镇老年人的住房存在更多不适老的问题，因此，农村老年人对住房的满意程度也低于城镇老年人。

由于农村老年人受教育水平较低，经济社会地位较低，所享受的社会保障和服务水平也较低，他们对子女的依赖性高于城镇老年人。然而，农村老年人对子女的孝顺程度的评价总体上低于城镇老年人，遭受家庭虐待的比例明显高于城镇老年人。当老年人出于健康等原因生活需要照料时，与城镇老年人相比，更多的农村老年人的照料需求得不到满足。在基本生存需求未能得到较好满足的情况下，农村老年人在社会参与和精神文化生活等方面也落后于城镇老年人。农村老年人参加老年协会、参加老年大学、参加闲暇活动、上网等的比例都显著低于城镇老年人。总体来看，农村老年人的生活质量低于城镇老年人。

（四）阶层差异依然显著

户籍制和单位制是中国最主要的社会分层机制（李强、王昊，2014）。一般来说，农民的户籍在农村，企业职工和机关事业单位从业人员是城镇户籍，也有少量交错的情况。根据拥有的不同户籍和单位身份，大致可将中国老年人的身份划分为：农民、城镇居民、城镇企业职工、机关事业单位工作人员。目前中国的社会保障制度和医疗保障制度仍然按照不同户籍和单位属性分为不同的体系，且保障待遇存在明显差别。城市主要实行的是

机关事业单位退休制度和城镇职工养老保险制度，从未正式就业老年人适用于城镇居民社会养老保险制度，农村主要实行的是新型农村社会养老保险制度。

目前，中国不同社会保障体系之间的保障水平差距较大，特别是农村居民的社会养老保险和基本医疗保险待遇处于较低水平。虽然农村老年人普遍对现在的生活感到比较满意，但当进行横向比较时，很多老年人都因城乡差距较大而感到不满意。在城市，企业职工对于自己的养老保险和医疗保险待遇大大低于机关事业单位人员也感到不满意。特别是与单位属性相关联的、非个人因素造成的保障水平低于同辈群体，会降低老年人的生活满意度。总体来看，城乡居民的社会保障待遇低于城市职工，城市职工待遇低于机关事业单位人员。农民享受社会保障最晚，待遇也最低。

（五）区域不平衡明显存在

当前中国整体经济发展水平在稳步提高，但仍然存在区域之间不均衡的问题，如东部地区的经济发展水平明显高于中西部及东北地区。在经济发展水平较高的地区，老年人的社会保障水平、所享受的社会服务和医疗服务质量等也相对较高，老年人的经济状况、健康状况等也相对较好。

从总体上讲，生活在东部省份的老年人的生活质量明显高于生活在其他省份的老年人。中国老年人生活质量指数排名前 10 的省份依次是：北京市、上海市、天津市、福建省、浙江省、江苏省、辽宁省、山东省、重庆市和广东省。在排名靠前的这 10 个省份中，有 8 个位于东部地区。分领域看，老年人经济状况指数排名前 10 的省份依次是：北京市、上海市、天津市、浙江省、新疆维吾尔自治区、福建省、青海省、湖北省、辽宁省和江苏省，其中有 6 个省份属于东部地区。老年人健康状况指数排名前 10 的省份依次是：福建省、山东省、浙江省、广西壮族自治区、江苏省、辽宁省、天津市、北京市、上海市和重庆市，其中有 7 个位于东部。老年人的居住环境和精神状况从全国来看相对均衡。

五 政策建议

党的十六大报告提出"全面建设小康社会",十七大对此提出了具体要求。十八大提出到2020年"全面建成小康社会",届时建成富强、民主、文明、和谐的国家。2017年10月,中国共产党第十九次全国代表大会在北京召开。会议对中国特色社会主义进入新时代作出了重要论断,指出中国社会主要矛盾已经转化为人民日益增长的美好生活需要和不平衡不充分的发展之间的矛盾。进一步对积极应对老龄社会作出部署,强调要"构建养老、孝老、敬老政策体系和社会环境,推进医养结合,加快老龄事业和产业发展"。这是今后全面提高老年人生活质量的重要指针。

新时代进一步提高老年人生活质量,必须落实党的十九大精神,立足当前老年人生活的实际,放眼今后各代老年人的生活预期,针对目前存在的突出问题,明确提升老年人生活质量的五个观念:全生命周期观念、年龄平等观念、性别平等观念、主体性观念和价值引领观念。一是全生命周期观念。要突破老龄问题只与老年人相关的传统观念,关口前移,及早谋划,重视全年龄人口的老年期。二是年龄平等观念。这是全生命周期观念的延伸,各个年龄阶段都有其重要性,消除各种形式的年龄歧视。三是性别平等观念。在生命周期的不同阶段,男性和女性各有其特点,在充分认识到性别差异的基础上关注男性和女性的不同需要。四是主体性观念。认识到个体主观能动性的重要意义,在各个年龄阶段特别是老年阶段,人们的生活质量不仅需要社会关注,更需要每个人自己高度重视并做出努力。五是价值引领观念。提高老年人生活质量不仅要注重物质生活的改善,更要关注人们的生活意义和价值实现,达到生活质量的全面提升。

坚持以上五个观念,为进一步提高新时代老年人生活质量,我们提出以下建议。

（一）着力加强顶层设计

中国进入老龄社会已经 20 年。截至目前，中国老龄政策体系的基本框架初步形成，其广泛实施对于提高老年人的生活质量发挥了积极作用。与此同时，目前的政策框架还存在不少薄弱环节，影响了政策实施的效果和作用的充分发挥。在人口年龄结构不断老化的社会背景下，老龄问题不仅涉及老年人，而且涉及生命周期各个阶段的所有人群；老龄政策不仅涉及老年人生活的方方面面，也涉及老年人家庭、社区，以及更大的社会范围。国家应从全局进行统筹考虑，不仅要提高老年人的生活质量，更要从政治、经济、文化和社会制度等各个层面全面积极应对老龄社会。一是增强制度的前瞻性，制定实施应对老龄社会的中长期发展规划，重点研究新时代"两步走"战略第一个十五年包括提高老年人生活质量在内的相关战略设计、制度安排、重大政策和重大工程，要把老年人生活质量的提高作为重要内容纳入国家和地方"十四五"规划。二是要把积极应对老龄社会上升为基本国策，并把涉及全体人民老年期生活质量的相关政策作为基本国策的重要内容。三是加强全国老龄委的统筹协调职能，整合政府、市场和社会三方面的力量，共同致力于提高全体人民老年期的生活质量。四是加强老龄工作体制机制建设，如习近平总书记 2016 年在中共中央政治局第三十二次集体学习时所指出的，确保"城乡社区老龄工作有人抓、老年人事情有人管、老年人困难有人帮"，"推动老龄工作向主动应对转变，向统筹协调转变，向加强人们全生命周期养老准备转变"。

（二）着力提高老年人的物质生活水平

物质生活是一定的生活质量的基础。在推动经济整体发展的同时，努力提升老年人在中等收入群体中的比重。继续完善城乡社会养老保障制度、福利救助制度，完善医疗保障制度，建立长期照护保障制度。在扶贫战略中充分关注老年人的生活水平。实施乡村振兴战略，推动农业农村发展，全面提高所有农村居民的生活质量。随着中国经济社会快速发展，社会消费水平也大幅提高。相对而言，中国社会保障水平的提高较为缓慢，一定程度上造成老年人整体生活水平落后于人民平均水平。中国城乡居民中的中等及以下收入老年人的医疗卫生保障水平偏低，特别是在贫困地区，特困人口看病难、看病贵问题依然突出。随着老龄化水平提高，高龄老年人将越来越多，慢性病和长期照护费用的负担也会逐渐增大，这对国家和家庭都将是巨大的挑战。提高老年人保障待遇，一方面要从保障制度本身着手，如建立健全家庭养老支持政策、尽快推广长期护理保障制度等；另一方面应注重发挥市场和社会力量对提高老年人生活质量的作用。

（三）着力建立健全老龄服务体系

2000年《中共中央、国务院关于加强老龄工作的决定》提出建设"家庭养老为基础、社区服务为依托、社会养老为补充"的养老服务体系，目前，中国社会养老服务体系的基本框架形成了。2017年国务院印发的《"十三五"国家老龄事业发展和养老体系建设规划》将"居家为基础、社区为依托、机构为补充、医养相结合"的养老服务体系作为未来五年老龄事业的发展目标。然而从实施效果来看，我国区域差异较大，经济发展水平不同，传统文化保留程度也不同，社会养老服务需求和供给能力之间存在较大差异，这也使得老年人实际获得的社会服务与各级政府在此项工作上做出的努力不成比例。今后，政府在推进社会养老服务体系建设时，应充分考虑各地的实际情况，因地制宜，切忌一刀切。在对各地工作进行考核评价时，不应单纯追求机构和设施的覆盖率，而要以是否有效满足当地老年人的实际需要为标准。在加强由家庭、社区、机构为老年人提供生活照顾和护理服务的同时，也要将老年人自身纳入老龄服务体系主体中来，注重发挥老年人的自主性和独立性，形成更加完备合理的老龄服务体系框架。

（四）着力丰富精神文化生活

老年人生活质量包括客观和主观两个方面，提高老年人生活质量不仅包

括物质生活水平的提升，还包括精神上的充实和心理上的满足。中国经济社会发展已经取得举世瞩目的成绩，社会保障制度不断完善，人民生活水平得到较大提升，但精神文化生活质量还有待进一步提高。政府应为老年人参与社会提供更多支持政策、创造更好条件。如大力发展基层老年人协会，着重提高老年人的参与率；建设各类老年学校，为有需要的老年人提供学习机会；根据老年人特点开展多种多样的文化活动，满足老年人参与社会、人际交往、自我实现等多元化需要。

（五）着力尽快补齐短板

中国老年人生活质量目前还存在着显著的城乡差异、阶层差异和区域差异，且大部分地区都存在不同短板。为尽快补齐短板，切实提高全体老年人的生活质量，应推进社会保障制度和公共服务均等化改革，缩小存在于城乡之间、阶层之间、区域之间的显著差异，特别推出向中西部地区、向农村地区倾斜的扶持鼓励政策。各级党委政府应高度重视老龄问题，适时逐步提高老年人的养老保障和医疗保障标准，提高重大疾病医疗费用的报销比例，加强农村养老服务体系和卫生服务网络建设，推进年龄友好社区和宜居环境建设，促进老年人的社会参与，丰富老年人精神文化生活。各级政府应将老龄政策纳入当地总体发展规划和政策制定规划，确保老龄工作与经济社会同步发展。总之，各级党委政府应根据各地的实际情况，发挥优势、补齐短板，提升全体老年人的生活质量，化解老年人对美好生活的需要和发展不平衡不充分之间的矛盾。

（六）着力动员全社会共同行动

迈入老龄社会是 21 世纪全球性的重大世情，也是中国今后发展长期面临的重大国情。要认清未来老龄社会条件下的人类发展问题，必须提升对老龄社会这一新的社会形态的认知层次，树立人类发展的新引领和新希望。这既是面向全社会开展老龄社会国情教育的主基调，更是建设理想老龄社会所必须取得的基本共识。在老龄社会条件下，把我国建设成为富强民主文明和谐美丽的社会主义现代化强国，是中华民族共同的梦想。建立全生命周期的老龄观念，让老年人拥有幸福的晚年，后来人就有可期的未来，这是发展老龄事业的重要目标。为此，通过广泛开展老龄社会国情教育，动员全社会共同行动，为提高全年龄人口各人生阶段的生活质量打好基础，这是当前积极应对老龄社会战略的必然选择。

参考文献

党俊武：《超老龄社会的来临——长寿新时代人类的伟大前景》，华龄出版社，2018。

潘允康、林南：《中国的纵向家庭关系及对社会的影响》，《社会学研究》1992年第6期。

郭志刚、刘鹏：《中国老年人生活满意度及其需求满足方式的因素分析——来自核心家人构成的影响》，《中国农业大学学报》（社会科学版）2007年第3期。

李强、王昊：《中国社会分层结构的四个世界》，《社会科学战线》2014年第9期。

邬沧萍：《提高对老年人生活质量的科学认识》，《人口研究》2002年第5期。

理论政策篇

Theory and Policy

B.2
老年人生活质量的理论探析

李志宏

摘　要:　本文在分析国内外关于生活质量定义的基础上，指出老年人生活质量是指老年人的客观生活条件、生活行为及其主观感受的总和。在一定社会条件和文化价值体系下，老年人的生活质量包括老年人的客观生活条件和生存状态，以及老年人对客观生活条件和生存状态的主观感受。本文建构了老年人生活质量的理论框架，认为"需要"是老年人生活质量评价的初始动因，老年人需要的满足是通过对外部资源的拥有、享用和消费来完成，最终将产生两种客观结果：客观外在生活条件、生存状态。而老年人对生活质量的主观感受，主要取决于预期的生活条件、生存状态与实际生活条件、生存状态之间的差距。老年人的社会人口特征、价值观念、参照标准，通过影响预期进而影响老年人的主观感受。本文同时就生活质量与经济发展、老年人生活质量与全人口生活质量、生活质量与生活数量、老年人问题与老年人生活质量、老年人提高自身生活质量的策略以及中国老年人生活质量提升的特殊性等基础性问题做出理论假设和预判。

关键词： 生活质量　需要　生活条件　生存状态

21 世纪是全球人口老龄化的世纪，人类社会整体已经步入长寿时代。在世界各国共同应对老龄社会挑战的过程中，如何在保持经济社会可持续发展的前提下，顺应广大老年人过上美好幸福生活的向往，不断提升日益扩大的老年群体的生活质量，成为 21 世纪一个具有鲜明时代特征的人类发展课题。

一　老年人生活质量的概念界定

（一）生活质量研究的缘起和派别

"生活质量"作为一位经济学家提出的社会学概念，缘起于发达国家的社会指标运动，由 20 世纪 50 年代美国经济学家 J. K. Calbraith 在其所著的《富裕社会》一书中首次提出。该概念源于作者对当时美国社会物质生活水平高但社会矛盾丛生的反思，J. K. Calbraith 的在经济增长同时，应追求和谐、悠闲和有保障生活的社会发展新观点[①]，反映了作者对经济增长与社会发展、生活质量改善之间关系的认识。美国经济学家罗斯托（W. W. Rostow）在 1971 年出版的《政治和经济增长阶段》一书中将工业化进程划分为"传统社会阶段、准备起飞阶段、起飞阶段、走向成熟阶段、

---

① 冯立天、戴星翼：《中国人口生活质量再研究》，高等教育出版社，1996，第 2 页。

大众消费阶段、追求生活质量阶段"，用"生活质量"的提高作为衡量社会发展成就的标志。该研究被学术界普遍认为是生活质量问题研究的开端。此后，生活质量研究在发达国家蓬勃发展，产生了大量调查研究项目、研究报告和学术专著，成为诸多学科如经济学、社会学、人口学、统计学、心理学、医学等的共同热点论题。

中国学术界和政策理论界自20世纪80年代以来，开始介绍国外关于生活质量研究的成果、实施居民生活质量调查研究项目、建立生活质量评价指标体系。不同于发达国家的生活质量研究大多侧重主观指标评价，中国生活质量研究的重点在客观指标上，特别是集中在总人口群体生活质量的客观指标上，与小康社会指标、现代化指标等相融合[①]。

迄今为止，学术界对生活质量的研究形成了三种派别。一是客观派。这一流派将研究重点放在人们的物资和精神生活的客观条件方面。认为，人们的生活质量主要取决于经济收入、资产、寿命、健康、教育、居住、工作时间、社会支持、生活环境等客观外在资源。二是主观派。这种流派把个人的幸福感和满意度等主观感受作为研究的中心和出发点，侧重于具体生活领域的研究。认为，个体由于年龄、经历、文化背景、参照对象、心理特征、健康素质、需求状况、社会阶层等不同，对生活质量的评价也会不同，仅用客观生活条件来衡量生活质量是片面的。三是主客观结合派。这一流派认为单纯的客观条件和主观感受都不能真实反映人们的生活质量，应当把客观生活条件和主观生活感受结合起来，通过不同的主客观指标的组合得出真实的生活质量评价。主客观结合派成为当今生活质量研究的主导流派。

（二）生活质量定义的争论

不同的学科、不同的学者选择不同的指标、研究方法和研究重点对生活质量进行研究，甚至得出不同的研究结论，这也导致目前学术界对生活质量没有一致的看法和定义。尽管如此，多数研究者认为生活质量应该是

---

① 孙娟鹃：《中国老年人生活质量研究》，知识产权出版社，2007，第25页。

一个多维复合概念，在研究过程中不同程度上涉及经济收入、消费支出、躯体健康、心理健康、自理能力、认知功能、社会交往、家庭情感支持、健康服务可获性、闲暇生活、教育程度、居住条件以及生活满意度、幸福感等方面。

对生活质量的界定，比较典型的定义有以下几种。第一种定义是强调客观生活条件的好坏、优劣，认为生活质量就是各种生活条件的综合反映，是生活条件的优劣程度。第二种定义强调主观感受的好坏，认为生活质量就是人们对于生活及其各个方面的评价和总结。比较典型的代表就是世界卫生组织关于生活质量的定义，即生活质量就是个人依据其生活的文化和价值体系，对自身生活的主观感受，这种感受与个人的目标、期望、标准和喜好相关。第三种定义是对上述两种定义的综合，从客观生活条件和主观生活感受的关系角度界定生活质量，认为生活质量包括主客观两个方面，是社会提供给个体的生活条件的充足程度以及人们生活需求的满足程度，是社会成员对自身及其所处的各种环境的感受和评价。这三种定义，事实上也是上述三种研究流派观点的分歧在生活质量内涵界定上的具体体现。

（三）老年人生活质量的界定

由于生活质量是一个多学科交叉研究的多维复合概念，因此对老年人生活质量的界定也是仁者见仁智者见智。国内学术界关于老年人生活质量比较有代表性的定义有以下几个。一是1995年中华医学会老年医学专科委员会的定义，认为老年人生活质量是60岁或65岁及以上老年人群对自己的身体、精神、家庭美满程度和老年生活的全面评价[1]。二是赵宝华主编的《提高老年生活质量对策研究报告》的定义：老年人的生活质量是指在一定社会条件下老年人在物资生活、精神生活、健康状况和生活环境等方面的客观状态及老年人自我感受的总和[2]。三是邬沧萍教授的定义：老年人生活质量

---

① 化前珍：《老年护理学》，人民卫生出版社，2006，第28页。

② 赵宝华：《提高老年生活质量对策研究报告》，华龄出版社，2002。

是指老年人对自己的物质生活、精神文化生活、身心健康、自身素质、享有的权利和权益以及生存（生活）环境等方面的客观状况和主观感受所做的总评价①。四是孙鹃娟在《中国老年人生活质量研究》中的定义：一定社会条件下，老年人对物质生活、精神文化生活、健康状况等方面的充分程度和老年人自身对这些方面需求的满足程度所作的评价②。

以上定义的共同点有三个：第一，老年人生活质量包括客观生活条件和主观感受两个方面。第二，老年人生活质量的评价主体是老年人自身，而非其他社会主体，客体是客观生活条件、自身生存状态与预期生活条件、生存状态之间的差距。第三，定义中都不同程度涉及物质生活、精神文化生活、健康状况、生活环境等老年人生活质量构成的主要方面。

综合以上定义，本报告认为老年人生活质量是指老年人的客观生活条件、生活行为及其主观感受的总和。在一定社会条件和文化价值体系下，老年人的生活质量包括老年人的客观生活条件和生存状态，以及老年人对客观生活条件和生存状态的主观感受。与老年人个体和群体相对应，老年人生活质量也有微观个体生活质量和宏观人口生活质量之分。

二 老年人生活质量的理论框架

（一）需要是评价老年人生活质量的初始动因

1. 老年人的需要具有一般性和特殊性

需要是老年人从事一切社会实践活动的初始动因，也是老年人生活质量评价的逻辑起点。老年人需要既具有人类需要发展的一般规律性，也具有不同于其他年龄群体的特殊性。在一般规律性方面，老年人的需要同样会经历由低级需要向高级需要、由生存型需要向享受型和发展型

---

① 邬沧萍：《提高对老年人生活质量的科学认识》，《人口研究》2002 年第 5 期，第 3 页。
② 孙鹃娟：《中国老年人生活质量研究》，知识产权出版社，2007，第 48 页。

需要的发展过程，同样存在生理需要、安全需要、尊重需要、归属和爱的需要、自我实现的需要等分类和层次递进性。另外，和其他年龄群体一样，老年人的需要会因为城乡、年龄、性别、健康、受教育程度等不同而呈现差异。

但是，由于老年群体在生理、心理、社会角色等方面的特殊性变化，老年人的需要具有自身的特殊性。比如随着年龄的增长，生理、心理健康功能会下降，对健康保障和服务的需要会更加强烈；退出劳动生产领域后，收入减少，对社会保障和家庭经济保障的需要增加；伴随退休、丧偶等重大事件的发生，原有社会角色集丧失，需要进行社会角色丛的重构，对人际交往、归属感的需要逐步凸显；老年人闲暇时间增加，对休闲娱乐、体育健身、旅游的需求会更为强烈；老年人社会活动范围和半径缩小，对家庭环境和社区公共环境的宜居需要更为突出。这些需要的特殊性，会导致老年人对生活质量的关注重点和评价呈现自身的特征。

2. 老年人需要的发展变化趋势

个体老化的过程总是嵌入在既定的经济社会结构之中，老年人的需要必然与经济社会发展呈现密切互动关系。一方面，老年人需要的不断拓展和升级成为推动经济社会发展的动力源泉，同时经济社会发展又培育和引导老年人需要的内容趋于丰富、层次趋于升级。在经济社会发展水平较低阶段，老年人需要与其他年龄群体的需要都聚焦于物质性需要、生存型需要，差异并不大。在经济社会发展较高阶段，随着物质生活条件的改善，精神文化需要、享受型和发展型需要更为突出，老年人需要的特殊性也将随之展现。可以预见，随着中国全面建成小康社会目标的实现和建设社会主义现代化国家新征程的开启，中国老年人的需要将呈现如下发展趋势：在需要结构和优先序列方面，物质需要的重要性下降，精神文化需要越来越明显，同时生存型需要地位下降，发展型和价值实现型需要上升，越来越追求物质生活的好品质、精神生活的高品位、社会生活的深参与；在消费需要方面，老年人的消费需要将超越模仿型排浪式消费阶段，个性化、多样化消费逐渐成为主流；从需要的实现形式来看，将从过去被动接受照顾型向主动寻求社会参与型转

变，老人更加渴望丰富、多彩、富有尊严的晚年生活。需要的层次和侧重点的变化，意味着老年人生活质量评价的内容和重点也将随之改变。

（二）需要满足情况的客观结果

老年人需要的满足是通过对外部资源的拥有、享用和消费来完成的。老年人在这一过程中，实现对物资、服务、产品、知识等客体的主体化，内化为自身的生存状态。在需要满足过程中，对老年人而言将存在两个客观结果，一是相对于老年人这一社会主体的外在生活条件；二是作为主体的老年人自身的实际生存状态。

一般而言，客观外在的生活条件的充足性、便利性、可及性将决定老年人生活质量评价的高低。生活条件越充足、获取越便利、可及性越高，老年人的生活质量评价也就越高。这种外在的生活条件构成老年人生活质量评价的客观基础。

客观外在生活条件在现实中表现为各种针对老年人的社会支持体系，与老年人需要对应，具体表现为以下8组关系：老年人的经济保障需要，通过家庭养老保障和社会养老保障体系来满足；健康需要，通过健康保障和服务体系来满足；生活照料需要，通过家庭和社会照料服务体系来满足；精神文化需要，通过家庭精神慰藉以及社会文化娱乐和教育体系来满足；维权需要，通过老年人权益保障体系来满足；价值实现需要，通过老年人社会参与支持体系来满足；宜居需要，通过老年宜居环境支持体系来满足；老年人的吃穿住行等日常生活需要，则通过老年消费市场体系来满足。在这8组对应关系中，前者是老年人的具体需要，后者是老年人客观外在生活条件的具体表现。两者的交互作用、矛盾运动，贯穿老年人生活质量提升过程的始终。

老年人对外部资源、生存条件的拥有、享用和消费，实现客体的主体化，最终表现为老年人自身素质和能力的客观存在，也就是老年人的实际生存状态。其中老年人的素质主要表现为健康素质、科学文化素质和思想道德素质等三项素质。老年人的能力主要表现为日常生活能力，感知觉与沟通能力、社会参与能力等三项能力。

（三）实际与预期之间的差距决定对生活质量的主观感受

在欠发达国家和发展中国家，人们通常把物质生活的改善作为提高生活质量的主要任务，倾向于研究客观生活质量。而在欧美等发达国家，客观物质生活已经比较富裕，人们把生活质量的改善转向主观感受方面，倾向于研究主观生活质量。作为转型发展中的人口大国，中国仍将长期处于社会主义初级阶段，生活质量的界定也具有转型和过渡的特征，兼具主客观生活质量的意涵。

老年人对生活质量的主观感受，主要取决于预期的生活条件、生存状态与实际生活条件、生存状态之间的差距。预期等于或者低于实际，则老年人生活幸福感和满意度为正向评价；反之，预期超过实际，则老年人生活幸福感和满意度为负向评价；预期和实际之间的差距大小，决定了老年人生活幸福感和满意度评价的高低程度。

老年人的社会人口特征、价值观念、参照标准，通过影响预期进而影响老年人的主观感受。老年人由于性别、年龄、婚姻、职业、教育程度、民族等社会人口特征不同，就会对生活条件、生存状态产生不同的预期，进而导致在实际生活条件、生存状态相同的情况下，产生对生活质量不同的主观评价。老年人的价值观念，则影响对生活条件好坏、生存状态优劣的评判，影响对自身生活条件、生存状态的预期。参照标准，即老年人在评价自身生活质量的时候，是选择"向上比"还是"向下比"，选择"向上比"则意味着老年人将生活条件、生存状态好的群体作为参照群体，必然抬高预期；选择"向下比"则意味着老年人将生活条件、生存状态差的群体作为参照群体，必然降低预期。"向上比、比上不足"，则降低幸福感和满意度；"向下比、比下有余"，则提升幸福感和满意度。

通过以上分析，老年人生活质量评价的逻辑路线如下：需要老年人进行生活质量评价的初始动因，老年人需要的满足通过对外部资源的拥有、享用和消费来完成，最终体现为客观外在的实际生活条件、生存状态，老年人在

既定文化价值体系下、选择一定的参照标准确定预期的生活条件、生存状态，进而根据实际和预期之间的差距，作出主观感受评价。

三 老年人生活质量的理论假设

（一）生活质量与经济发展的关系

一部人类社会生产力发展的历史，就是人类为了提高生活水平和生活质量而斗争的历史。老年人需要的层次和内容随着经济发展而不断提升和拓展，衡量老年人生活质量的标准也随之提高。任何国家或地区在任何经济发展阶段，都存在着生活质量问题。提高居民生活质量是经济发展的重要目的。在经济发展和生活质量的关系方面，学术界对老年人生活质量是随经济发展提高还是下降，存在争议。本文认为，从总体和长远趋势看，伴随经济发展阶段由低级阶段向高级阶段的过渡，生活质量也由低级向高级提升。但是，由于生活质量包括客观生活条件和主观感受两个方面，因此经济发展与生活质量提升并不是线性关系，经济发展可以直接改善客观生活条件，但是并不意味着能够直接提升老年人的生活满意度和幸福感。

（二）老年人生活质量与全人口生活质量的关系

人类社会已经进入长寿时代。长寿时代的国家或地区老年人占总人口的1/3将是普遍现象。从横剖面看，占总人口1/3的老年人的生活质量没有得到提高，就不可能有全人口生活质量的提高。由于生理、心理、社会角色、成长时代背景的特殊性，老年人生活质量具有不同于其他年龄人口生活质量的特殊性。同时，老年人自身又是异质性人口，不同年龄、性别、职业、文化程度、地区、民族的老年人生活质量又呈现各自的特殊性，老年人生活质量的异质性又远大于其他年龄群体。从纵剖面看，少儿人口、劳动年龄人口最终要成为老年人。作为个体的老年人，其生活质量是终身积累的结果；作为群体的老年人，其生活质量则是少儿人口和劳动年龄人口生活质量发展延续的结果。提高老年人生活质量，需要确立终身发展和世代更替的视角，将提升生活质量对策措施的关口前移，同时要根据不同特征老年人生活质量的特殊性因类施策。

（三）老年人问题与老年人生活质量的关系

老年人问题包括"发展层面"的人口老龄化问题，也包括"人道主义层面"的老年人问题。老年人问题的本质是公民老年期的生存与发展需要同社会支持系统之间矛盾的体现①。当社会支持系统不能满足老年人的相应需要时，就演化为各种具体老年人问题。而老年人生活质量就是老年人需求满足结果的客观体现以及对满足程度的主观评价。老年人对生活质量的评判内含着自身需要与客观外在支持系统之间的矛盾。老年人在现实生活中面临的各种问题，都直接或间接地与生活质量的范畴有关。老年人问题的程度越深，老年人生活质量就越低。在评价主体上，两者的区别在于老年人生活质量的评判者侧重于"老年人"，而老年人问题的评判者侧重于老年人之外的社会主体。

（四）老年人提高自身生活质量的策略

老年人提高自身生活质量的过程，也是老年人对外部资源占有、享用和消费的过程。如果把老年人的客观外在生活条件和相关资源归结为"外部环境"，那么老年人与外部环境的互动呈现两种策略：一是改变外部客观环境来适应自己；二是改变自己来适应外部客观环境。为提高自身的生活质量，老年人将根据需要的序列和权重优先选择改善对自己影响较大的环境条件。当外部环境条件不可控时，比如面临退休、丧偶、收入降低等情况时，老年人将会选择调整自身需要的优先序列和参照群体，进而提高对客观生活质量的主观感受。在此情况下，老年人更倾向

---

① 李志宏：《人口老龄化对中国经济社会发展的负面"元效应"分析（二）》，《老龄科学研究》2014 年第 11 期，第 3 页。

于把自己与他人做向下比较，即选择比自己差的人做比较，从而提升自身的幸福感和满意度。

（五）中国老年人生活质量提升的特殊性

中国社会主要矛盾已经转变为人民日益增长的美好生活需要与发展不平衡不充分之间的矛盾。这意味着包括老年人在内的广大城乡居民已经超越生存型需要阶段，而是追求更高层次的享受型和发展型需要的满足，许多领域需求的满足也不再局限于有没有、数量的多不多，而是追求品质的"好不好"，提高生活质量已经成为新时代广大人民群众的客观要求。不同于发达国家，中国发展不平衡、不充分问题还比较突出，整体上仍处于未富先老和未备先老状态。老年人生活质量由低向高的发展过程，也是中国人口老龄化压力不断显现、老龄问题逐步突出的过程，这必然加大中国"发展与民生"的二元张力。在此背景下，必须妥善处理生活质量和经济社会可持续发展的关系。经济社会可持续发展的目的是持久地提高包括老年人在内的人民群众的生活质量，而合理、有效地提高生活质量对于实现可持续发展也至关重要。可持续的高生活质量应是合理和科学的，发展的增量也应该被合理地配置，以此做到在保持发展后劲的同时有效地提高生活质量，同时应寻求在资源有限的条件下，通过各种资源的合理配置、整合，最大限度地提升老年人生活质量，最终实现发展与老年人生活质量提高的双赢。

参考文献

曾毅、顾大男：《老年人生活质量研究的国际动态》，《老龄科学研究》2002年第5期。

陈薇、周琼：《关于老年人生活质量研究的综述》，《老龄科学研究》2008年第1期。

B.3
中国老年人生活质量的政策发展

肖文印

摘　要： 保障老年人基本生活，不断改善老年人生活质量，是制定老龄政策的出发点和落脚点。自中华人民共和国成立伊始，国家就十分重视解决老年人的生活问题。改革开放以来，我国逐步建立起经济保障、医疗卫生保障、服务保障等各项老龄政策，有效地满足了老年人的基本生活需求。进入老龄化社会以后，我国的老龄政策进一步健全完善，保障范围不断拓展，保障水平显著提高，老年人的生活质量有了极大提升。但在日益严峻的人口老龄化形势下，要不断满足亿万老年人对美好生活的新要求、新期待，现行老龄政策还存在不少短板和薄弱环节，还需要加强制度设计和创新，增强政策的针对性和可操作性，并强化政策的有效实施。

关键词： 老年人生活质量　老龄政策　政策评估

一　概述

民之所望，我之所为。保障和改善老年人的福祉，不断提高老年人的生活质量和水平，是我国老龄工作、老龄事业的主要目标与核心内容，也是制定出台老龄政策的根本出发点。自中华人民共和国成立以来，特别是改革开放的基本国策实施以后，社会秩序稳定，经济持续发展，医疗卫生条件不断改善，各类群众性文体活动普遍开展，国家陆续出台实施了离退休、劳动保

险、医疗保障、农村"五保"、社会救济等一系列政策措施，老年人的生活条件得到较大改善，生活水平有了明显提高，初步实现了老有所养、老有所依、病有所医、住有所居的民生目标。

为切实维护老年人的合法权益，确保老年人安度晚年，依照宪法，1996年8月29日，第八届全国人大常委会第二十一次会议审议通过了《中华人民共和国老年人权益保障法》，这是我国有史以来第一部专门保障老年人权益的基本法律。随后，各省、自治区、直辖市乃至一些地级市，也相继颁布了配套法规和实施办法，老年人的生活得到了切实的法律保障。

世纪之交，我国进入人口老龄化社会。积极应对老龄社会，成为国家的一项长期战略性任务。而保障和提高老年人生活质量，则是这一战略性任务的重要组成部分。2000年8月，中共中央、国务院出台了《关于加强老龄工作的决定》，作为指导推动老龄工作开展的重要纲领性文件，明确提出要完善社会保障制度，确保老年人生活、医疗等方面的基本需求。2010年10月28日，《中华人民共和国社会保险法》正式颁布，确立了我国社会保险体系建设的总体框架、基本方针、基本原则和基本制度，标志着我国社会保障制度建设走上了法制化轨道。2012年12月28日，新修订的《老年人权益保障法》颁布，为保障老年人权益作出了更具基础性、前瞻性的制度安排，是我国老龄事业发展史上重要的里程碑。在此前后，各种涉老法规政策陆续出台，并配合国民经济和社会发展五年规划发布了4部国家老龄事业发展规划，逐步形成一整套老龄政策法规体系，为全面提高我国老年人生活质量提供了必要的制度支撑和政策保障。

党的十九大确立了习近平新时代中国特色社会主义思想在我党指导思想中的重要地位，提出了我国发展新的历史方位，即中国特色社会主义进入了新时代，社会主要矛盾已经转化为人民日益增长的美好生活需要和不平衡、不充分的发展之间的矛盾。为满足人民群众特别是亿万老年人对美好生活的新期待，党的十九大报告对加强社会保障体系建设和积极应对老龄社会做了进一步部署，强调要"构建养老、孝老、敬老政策体系和社会环境，推进医养结合，加快老龄事业和产业发展"。这是在新的时代背景下，面对日益严峻的人口老龄化形势，为开创老龄事业新局面发出的总动员令，是进行伟大斗争、建设伟大工程、推进伟大事业、实现伟大梦想的重要组成部分。从此，我国的老龄事业进入了一个新的历史时期。

当前，我国以提升老年人生活质量为主要目标的老龄事业既面临着难得的发展机遇，也面临着诸多严峻挑战。为积极应对老龄社会，不断满足老年人对美好生活的新要求、新期待，必须立足于我国新的历史方位，加强顶层政策设计，推动老龄政策创制，补齐政策短板，完善政策体系，并强化政策的贯彻落实。

二 主要政策领域

（一）经济保障政策

经济保障是人类生存发展的物质基础和前提条件。人进入老年，通过自己的即时劳动获得生活资料的能力逐渐减弱，家庭、社会或国家理应在其经济困难的情况下，给予必要的接济。国家通过政策设计和制度安排，对退出工作岗位的劳动者给予必要的物质保障，是保障民生福祉、维护社会稳定、完善现代国家治理的重要内容。我国老年人的经济保障就是建立在一系列法规政策和制度的基础上的，并随着制度的逐步健全而不断提高保障水平。

1. 养老保险政策

我国的养老保险制度设计首先着眼于国家机关工作人员和企业职工。早在新中国成立之初，国家就尝试建立退休制度和劳动保险制度，先后颁布了《劳动保险条例》（1951）、《国家机关工作人员退休处理暂行办法》（1955）和《关于工人、职员退休处理的暂行规定》（1957）等，明确了机关工作人员和企业职工的养老保险待遇，保障了退休、退职人员的基本生活。

随着经济体制改革的深入，计划经济体制被逐步打破，国家开始探索建立具有中国特色的社会保障制度。1984 年，在公有制企业中进行退休费用社会统筹试点。1991 年，国务院出台《关于企业职工养老保险制度改革的

决定》，养老保险不再由政府、企业包办，职工也要按标准工资缴纳 3%，变企业保险为社会保险。次年，国家人事部印发《关于机关事业单位养老保险制度改革有关问题的通知》，对机关事业单位养老保险制度进行改革试点；农业部发布《乡镇企业职工养老保险办法》，开始探索建立乡镇企业职工养老保险制度。

在总结探索经验的基础上，中共中央于 1993 年 11 月发布《关于建立社会主义市场经济体制若干问题的决定》，明确提出建立社会统筹和个人账户相结合的多层次养老保险制度。随后，国务院先后印发《关于深化企业职工养老保险制度改革的通知》（1995）和《关于建立统一的企业职工基本养老保险制度的决定》（1997），按照社会统筹和个人账户相结合的原则，统一了企业职工个人缴费比例、个人账户规模和基本养老金计发办法，标志着具有中国特色的企业职工基本养老保险制度初步形成。

随着经济社会发展，我国基本养老保险的覆盖面不断扩大，纳入保障范围的群体越来越多。2000 年，国务院发布《关于完善城镇社会保障体系的试点方案》，选取东北三省进行城镇居民养老保险制度试点。2005 年 12 月，国务院发布《关于完善企业职工基本养老保险制度的决定》，将基本养老保险的范围扩大到城镇各类企业职工、个体工商户和灵活就业人员。2009 年 12 月，国务院办公厅转发人社部、财政部《城镇企业职工基本养老保险关系转移接续暂行办法》，将农民工纳入城镇企业职工基本养老保险覆盖范围。2011 年 6 月，国务院发布《关于开展城镇居民社会养老保险试点的指导意见》，在城镇居民中试点建立个人缴费和政府补贴相结合的保险制度。

长期以来，占劳动人口绝大多数的农民，进入老年后主要依靠土地和家庭保障。1992 年，民政部发布《县级农村社会养老保险基本方案（试行)》，对农民养老保险制度进行了探索，并取得了一定的成果。由于当时我国农村尚不具备普遍实行社会保险的条件，这次探索于 1997 年被中止。但如何解决亿万农民的养老问题，始终是党和政府关注的重点之一。党的十六大报告要求"在有条件的地区探索建立农村养老、医疗保险和最低生活保障制度"，十七大报告提出"探索建立农村养老保险制度"，十七届三中全会则第一次提出了"新型农村社会养老保险"的概念，并明确实行个人缴费、集体补助、政府补贴相结合的原则。2009 年 9 月，国务院印发《关于开展新型农村社会养老保险试点的指导意见》，广大农民终于有了属于自己的社会养老保险。

2014 年，国务院发布《关于建立统一的城乡居民基本养老保险制度的意见》，决定将新型农村社会养老保险和城镇居民社会养老保险合并为城乡居民基本养老保险，进一步促进了基本养老保险的公平性、普惠性和规范化。

2. 社会救助和福利政策

获得物质帮助权是宪法赋予公民，尤其是老年公民的一项基本权利。1954 年《宪法》明确规定："中华人民共和国劳动者在年老、疾病或者丧失劳动能力的时候，有获得物质帮助的权利。"这一原则性规定在此后颁布的三部宪法中都得以继承延续。《老年人权益保障法》也强调，"国家对经济困难的老年人给予基本生活、医疗、居住或者其他救助"，"国家建立和完善老年人福利制度"。这些法律规定，是我国实施社会救助和社会福利政策的法律基础。

中华人民共和国成立之初，国家拨付大量粮食和经费，对城市中衣食无着的社会群体进行救济，举办社会福利院收养孤寡老人。在农村开展捐献"一把米"、"一把菜"、"一件衣"、"一元钱"活动，组织群众互助互济，保障贫困老年人的基本生活。1956 年颁布的《高级农业生产合作社示范章程》对农村弱势群体做出了"保吃、保穿、保烧、保教、保葬"的"五保"规定，农村"五保"制度由此成为我国一项长期的社会福利保障政策。

社会实践的发展，推动我国社会救助和社会福利政策进入法制化轨道。在城市，1997 年 8 月，国务院发出《关于在各地建立城市居民最低生活保障制度的通知》，对城市"三无"人员、失业下岗人员和特殊贫困家庭提供兜底保障，所需资金列入政府财政预算。1999 年 9 月，国务院颁布《城市居民最低生活保障条例》，以法律的形式规定了城市低保标准，为解决城市特困老人社会救助问题提供了制度和经费保障。在农村，五保供养是社会保

障领域最完善、体制最健全的一项制度安排。1994 年 1 月，国务院发布《农村五保供养工作条例》，从法律上明确了农村五保供养工作的基本原则、任务和流程。2006 年 1 月又对该条例进行重新修订，明确农村五保供养资金主要由财政承担，在地方政府财政预算中安排，实现了农村五保供养制度的历史性变革。

2009 年 6 月，民政部办公厅转发《关于宁夏建立高龄老人津贴制度有关政策的通知》，要求各地借鉴宁夏做法，探索建立高龄津贴制度。2014 年 9 月，财政部、民政部和全国老龄办联合发布了《关于建立健全经济困难的高龄失能等老年人补贴制度的通知》，鼓励各地根据经济社会发展水平、人口老龄化程度，制定经济困难的高龄和失能等老年人的补贴政策。此外，《国务院关于进一步加强和改进最低生活保障工作的意见》（2012）、《国家卫生计生委等 5 部门关于进一步做好计划生育特殊困难家庭扶助工作的通知》（2013）、《国务院关于进一步健全特困人员救助供养制度的意见》（2016）和《国务院办公厅关于加强困难群众基本生活保障有关工作的通知》（2017）等政策的出台，进一步夯实了社会救助的政策基础。

2015 年 2 月，国务院发布《社会救助暂行办法》，整合各类社会救助政策，并上升为国家的法律法规，对包括困境老年人在内的困难群体提供了有力的兜底保障。

3. 商业养老保险政策

与社会养老保险相比，我国商业养老保险在政策设计上相对滞后，但一些保险公司一直在进行积极的探索，不断推出商业养老保险产品。2014 年 6 月，中国保监会发布《关于开展老年人住房反向抵押养老保险试点的指导意见》，探索"以房养老"模式，保障和改善老年人的晚年生活。8 月，国务院出台《关于加快发展现代保险服务业的若干意见》，提出创新养老保险产品和服务，为不同群体提供个性化、差异化的养老保障。2017 出台的《关于加快发展商业养老保险的若干意见》，鼓励创新商业养老保险产品和服务，启动个人税收递延型商业养老保险试点。这些政策的出台，在一定程度上刺激了各商业保险公司的积极性，养老保险的品种和保费收入都有了较大幅度的增加。

（二）医疗卫生和健康支持政策

健康是促进人的全面发展的重要条件。对老年人来说，能否获得可靠、便捷、充分的医疗卫生服务和健康保障，直接关系到晚年的生活质量和幸福程度。中华人民共和国成立以后，尤其是党的十八大以来，我国医疗保障制度逐步健全，卫生服务事业取得了长足进步，老年人的医疗卫生服务需求得到一定程度的满足，健康水平有了显著提高。

1. 医疗保险政策

我国企业职工和农民的医疗保障制度几乎是同时建立的。1951年颁布的《劳动保险条例》，在全民所有制企业和较大规模的集体所有制企业中实行了职工劳保医疗制度，并对职工供养的直系亲属给予半费医疗待遇；政务院通过《关于全国各级人民政府、党派、团体及所属事业单位的国家工作人员实行公费医疗预防的指示》（1952），对单位职工及离退休人员、高校学生、伤残军人实行公费医疗。在农村地区，广泛实行合作医疗制度，建立乡村卫生保健站（所），培养"赤脚医生"队伍，在一定程度上解决了亿万农民无处就医和无钱就医的问题。

改革开放以来，针对医疗费用急剧膨胀、企业不堪重负的现实，各地对企业医疗保险制度进行了探索性改革，职工开始承担小部分医疗费用。1992年，劳动部下发《关于试行职工大病医疗保险费用社会统筹的意见》，对开支较大的病种统筹使用医疗保险基金，有效减轻了企业和个人的负担。党的十四届三中全会决议提出"建立社会统筹与个人账户相结合的新的医疗保险制度"。1994年和1996年，国家体改委、财政部等4部门先后联合发布了《关于职工医疗制度改革的试点意见》和《关于职工医疗制度改革扩大试点的意见》，对医疗保险统账结合模式进行了探索。在此基础上，1998年12月，国务院发布《关于建立城镇职工基本医疗保险制度的决定》，提出建立职工社会医疗保险制度。与此同时，农村合作医疗制度也进行了调整，探

索出村办村管、村办乡管、乡村联办和乡办乡管四种合作医疗模式，很好地发挥了农村合作医疗的保障作用。

进入老龄化社会以来，我国完善医疗保险制度的步伐进一步加快。2000年2月，国务院办公厅转发了国务院体改办、国家计委等8部门《关于城镇医药卫生体制改革的指导意见》，要求建立适应社会主义市场经济要求的城镇医药卫生体制，促进卫生机构和医药行业健康发展，让群众享有价格合理、质量优良的医疗服务。随后，劳动和社会保障部先后出台《关于城镇职工灵活就业人员参加医疗保险的指导意见》（2003）和《关于推进混合所有制企业和非公有制经济组织从业人员参加医疗保险的意见》（2004），进一步扩大了医保制度的覆盖范围。2007年7月，国务院发布《关于开展城镇居民基本医疗保险制度的指导意见》，对城镇居民参与医疗保险进行试点。随后出台了《关于开展城镇居民基本医疗保险统筹的指导意见》（2009）和《关于基本医疗保险异地就医结算服务工作的意见》（2009）等相关配套政策。

2002年10月，中共中央、国务院颁布了《关于进一步加强农村卫生工作的决定》，提出逐步建立以大病统筹为主的新型农村合作医疗制度，一些地方开始进行试点。2006年，卫生部、国家发改委等7部门联合下发《关于加快推进新型农村合作医疗试点工作的通知》，进一步扩大了新型农村合作医疗试点范围。5月，劳动和社会保障部发布了《关于开展农民工参与医疗保险专项扩面行动的通知》，鼓励与用人单位建立劳动关系的农民工参加医疗保险。为有效解决城乡居民大病致贫、大病返贫问题，2012年，国家发改委、卫生部等6部委发布《关于开展城乡居民大病保险工作的指导意见》，2015年国务院办公厅又出台了《关于全面实施城乡居民大病保险的意见》，对患大病的城乡居民发挥了较好的兜底保障作用。

在城乡居民基本养老保险制度合并之后，2016年1月，国务院出台《关于整合城乡居民基本医疗保险制度的意见》，推动建立统一的城乡居民基本医疗保险制度，在覆盖范围、筹资政策、保障待遇、医保目录、定点管理、基金管理等六个方面进行统一管理，在实现城乡居民在医疗保险待遇公平方面，迈出了实质性的步伐。

2. 卫生服务政策

我国专门的卫生服务政策是从城市社区开始启动的。2006 年 2 月，国务院下发《关于发展城市社区卫生服务的指导意见》；6 月，卫生部、中医药局制定《城市社区卫生服务机构管理办法（试行）》，明确了城市社区卫生服务机构的 12 项服务职能。2015 年 3 月，国务院办公厅出台《关于进一步加强乡村医生队伍建设的实施意见》，着力加强乡村医生队伍建设，织密农村医疗卫生服务网，确保农村居民也能获得便捷、价廉、安全的基本医疗服务。

为合理配置医疗卫生服务资源，提高服务能力和资源利用效率，增强服务的可及性，2015 年 3 月，国务院办公厅印发了《全国医疗卫生服务体系规划纲要（2015～2020 年)》；5 月，又发布《关于城市公立医院综合改革试点的指导意见》，推动构建布局合理、分工协作的医疗服务体系和分级诊疗的就医格局；2017 年 4 月，《国务院办公厅关于推进医疗联合体建设和发展的指导意见》发布，进一步明确了医疗机构间的分工协作机制和分级诊疗制度。

3. 健康支持政策

健康老龄化是应对老龄社会的一项战略目标。尤其对老年群体来说，保持身心健康是确保晚年幸福的重要条件。《中国老龄事业发展"十二五"规划》提出了建立老年健康支持体系的目标。2014 年 9 月，发改委、民政部等 10 部委联合发布《关于加快推进健康与养老服务工程建设的通知》，要求重点加强健康服务体系、养老服务体系和体育健身设施建设，健康支持政策有了具体的项目和抓手。在此前后，《国务院关于促进健康服务业发展的若干意见》（2013）、《中国食物与营养发展纲要（2014～2020 年)》(2014)、《全民健康素养促进行动规划（2014～2020 年)》(2014) 等文件陆续出台，提出了建立和完善包括老年人在内的国民健康支持体系的系列重要举措。特别是中共中央、国务院于 2016 年 10 月印发的《"健康中国 2030"规划纲要》，描绘了健康中国的宏伟蓝图，提供了具体的行动方案，

为提高国民的健康水平、实现健康老龄化指明了方向和路径。

4. 医疗救助政策

医疗救助是对基本医疗保险的必要补充,是医疗保障制度体系的重要组成部分。卫生部在 2002 年启动了"让老年人重见光明行动",组建眼科专业医疗队为西部 12 万名老年白内障患者做复明手术。这是医疗救助工作的重要尝试。

2003 年 11 月,民政部、卫生部和财政部联合下发《关于实施农村医疗救助的意见》,三年的时间内,这一制度在我国所有涉农县(市、区)全面建立。2005 年 7 月,国务院办公厅转发民政部、卫生部等 4 部委《关于建立城市医疗救助制度试点工作的意见》,在全国部分城市地区进行试点。2009 年 6 月,民政部、财政部等 4 部门联合发布《关于进一步完善城乡医疗救助制度的意见》,对城乡医疗救助制度进行整合,并拓展了救助范围,从住院救助扩大到兼顾门诊救助。2015 年 4 月,国务院办公厅转发民政部等部门《关于进一步完善医疗救助制度 全面开展重特大疾病医疗救助工作的意见》,进一步细化、实化了医疗救助措施。

2016 年 4 月,全国老龄办等 4 部门联合发布《关于开展老年人意外伤害保险工作的指导意见》,鼓励地方政府、保险公司为老年人办理意外伤害保险,以有效降低老年人因意外伤害而承担的经济压力。此外,机关事业单位人员医疗补助制度和企业职工补充医疗保险制度也逐步建立起来。

(三)养老服务政策

长期以来,老年人的照护服务基本上由家庭成员负担,除了城乡部分孤寡老人由政府兜底保障、提供基本的照顾服务以外,我国并没有出台相应的养老服务政策。进入老龄化社会以后,养老服务与养老金、医保一样,成为与老年人生活最为密切、最受老年人关注的问题。近些年,国家出台的各类专项老龄政策中,养老服务的内容占比最高,发挥的社会效果也最为明显。

1. 机构养老服务政策

中华人民共和国成立之初,民政部门在全国大中城市成立了一批福利救济性质的养老院，用以安置、养护孤寡老人。广大农村地区在实施"五保"供养制度的同时，开始试办敬老院，为孤寡老人提供集中生活场所和基本照料服务。后来又依据五保老人的不同情况，采取集中供养、分散供养和由亲友邻居包养等多种模式进行照顾。而绝大部分老年人都在家庭养老，自我服务或由家庭成员提供照护。

随着老龄化社会的到来，社会化养老的观念逐步为人们所接受。《老年人权益保障法》明确提出鼓励、扶持社会组织和个人兴办老年福利院、敬老院、老年公寓、托老所、老年医疗康复中心和老年文化活动场所等设施。一些个人、企业或社会组织开始涉足养老服务领域。2000年，国务院办公厅转发民政部等11部委《关于加快实现社会福利社会化的意见》，引导社会力量参与养老机构建设，社会上掀起了兴办养老服务机构的热潮。2001年，民政部发布《社会福利机构基本规范》，将民办养老服务机构作为社会福利事业的组成部分，纳入依规运营的发展轨道。

2006年2月，国务院办公厅转发了《关于加快发展养老服务业意见的通知》，提出逐步建立和完善以居家养老为基础、社区服务为依托、机构养老为补充的服务体系。《中国老龄事业发展"十二五"规划》和《社会养老服务体系建设"十二五"规划（2011~2015）》进一步将养老服务体系调整为居家为基础、社区为依托、机构为支撑，大大加快了机构养老服务的发展步伐。《"十三五"国家老龄事业发展和养老体系建设规划》根据养老服务事业新的发展需要，提出了构建居家为基础、社区为依托、机构为补充、医养相结合的养老服务体系发展目标。

近年来，《养老机构设立许可办法》（2013）、《养老机构管理办法》（2013）、《养老机构医务室基本标准（试行）》（2014）和《养老机构护理站基本标准（试行）》（2014）等行政规范、行业标准先后颁布，有效规范了养老机构等的建设、管理和运营。2017年3月，民政部等6部委开展了全国养老院服务质量建设专项行动，促进了养老机构养老服务质量的整体提升。

2. 社区居家养老服务政策

较长一个时期里，养老服务只是城镇社区服务的一个方面。随着新农村

建设事业的推进，农村社区也逐步发展起来，社区对居家老年人的服务功能日益显现，国家开始出台相关政策，鼓励和引导社区养老服务的发展。

民政部于1986年要求面向城镇民政对象开展社区服务，次年提出"建立和完善社区服务体系"的目标；1991年又倡导"社区建设"，兴建老年人活动中心和综合服务站，举办街道敬老院。2001年5月，民政部下发《关于印发"社区老年福利服务星光计划"实施方案的通知》，利用福彩资金，在全国启动"星光计划"，建立健全社区老年福利服务体系和网络，城乡老年福利服务设施严重匮乏的状况得到了一定程度的缓解。

2006年4月，国务院发布《关于加强和改进社区服务工作的意见》，明确了政府、社区居委会、民间组织、驻社区单位、企业和居民个人等各类主体在社区服务中的重要作用。2008年1月，全国老龄办等10部门联合发布《关于全面推进居家养老服务工作的意见》，以社区为平台，发展居家养老服务，社区居家养老服务从此被明确为我国养老服务体系的重要组成部分。

随着城镇老龄化程度越来越高，养老服务设施建设明显滞后。2014年6月，民政部、国土资源部等4部门联合下发《关于推进城镇养老服务设施建设工作的通知》，要求在城镇建设一批老年服务设施。住建部、民政部发布《关于加强养老服务设施规划建设工作的通知》（2014）和《关于加快推进养老服务工程建设工作的通知》（2015），强化了养老服务设施的规划审查和建设监管，并对项目工程进度做出了具体的规定。

3. 医养结合政策

老年人大多是慢性病患者，在接受养老服务的同时，还需要一定的医疗辅助服务。推动养老服务和医疗服务融合发展，是提升养老服务质量、满足老年人养老和日常医疗服务需求的重要途径。2013年7月，国家中医药管理局发布《关于加强中医护理工作的意见》，要求各地充分发挥中医护理优势，并逐步向老年护理、慢病护理、临终关怀等领域延伸，这是医养结合政策的先声。

2014年6月，国家发改委、民政部、国家卫计委联合下发《关于组织开展面向养老机构的远程医疗政策试点工作的通知》，决定在北京、湖北和云南进行试点，探索建立养老机构与医疗机构融合发展的合作机制。2015年11月，国务院办公厅转发国家卫计委等部门《关于推进医疗卫生与养老服务相结合的指导意见》，鼓励养老服务机构与医疗卫生服务机构开展多种形式的合作。自此，医养结合作为养老服务发展的重要方面，在养老服务机构和社区服务站（点）普遍开展起来。2017年7月，国务院专门派出督察组，对18个省份的医养结合政策落实情况进行督查，查找并解决政策执行过程中存在的问题，促进了医养结合工作的深入开展。

4. 养老服务产业政策

我国养老服务产业起步较晚，但发展较快，很重要的原因是产业政策的推动。早在2012年，民政部就出台了《关于鼓励和引导民间资本进入养老服务领域的实施意见》，要求各地落实优惠政策，鼓励和引导民间资本投资养老服务业。特别是2013年《国务院关于加快发展养老服务业的若干意见》出台，明确了一系列扶持措施，在社会上影响巨大，促进了养老服务业的快速发展。

针对养老服务业发展面临的体制机制问题，2014年，民政部、国家发改委联合发出《关于开展养老服务业综合改革试点工作的通知》，探索优化养老服务业发展的政策环境。民政部办公厅还专门下发《关于做好养老服务业综合改革试点工作的通知》，进一步明确了试点的各项举措和要求。2016年12月，国务院办公厅印发《关于全面放开养老服务市场　提升养老服务质量的若干意见》，提出加快推进养老服务业供给侧结构性改革，繁荣养老市场，这一政策的贯彻实施，使一些制约养老服务业发展的制度性障碍得以系统解决。

为扩大养老服务供给主体，2015年初，民政部发布《关于鼓励民间资本参与养老服务业发展的实施意见》，为民间资本的进入打开了方便之门；同年，国务院出台《关于加快发展服务贸易的若干意见》，放开了养老服务业领域的外资准入限制。

为发挥财政资金的引导、撬动效应，更好地鼓励和扶持社会力量参与养老服务业发展，2014年8月，财政部、国家发改委等4部门发布《关于做

好政府购买养老服务工作的通知》，要求通过政府购买的方式为老年人提供养老服务。10月，民政部和财政部分别下发《关于民政部门利用福利彩票公益金向社会力量购买服务的指导意见》和《关于支持和规范社会组织承接政府购买服务的通知》，进一步明确了政府购买服务的对象和具体措施。

此外，在服务队伍建设方面。2005年，劳动和社会保障部发布《养老护理员国家职业标准（试行）》，明确了养老护理员的活动范围、工作内容、技能要求和知识水平，促进了老年护理行业的专业化、科学化。2014年6月，教育部等9部门联合出台《关于加快推进养老服务业人才培养的意见》，对解决养老服务行业人才短缺问题，发挥了一定的作用。

在土地政策方面。2014年4月，国土资源部办公厅印发《养老服务设施用地指导意见》，规定养老服务设施用地按医卫慈善用地予以供应，在一定程度上缓解了养老服务业用地短缺的困难。

在护理保险方面。2016年4月，人社部办公厅发布了《关于开展长期护理保险制度试点的指导意见》，在全国选取15个城市，开展长期护理保险制度试点，对从制度层面解决失能老年人的长期护理费用问题，迈出了重要一步。

（四）家庭支持政策

家庭是老年人日常活动、获得照护和亲情慰藉的重要场所，居家是老年人主要的养老方式。《宪法》和《老年人权益保障法》都明确规定了家庭成员在赡养和扶助老年人中的基本义务，我国老龄事业发展规划和社会养老服务体系建设专项规划也将居家养老明确为社会养老服务体系的基础，但我国尚未出台系统的家庭养老支持政策。

2012年重新修订的《老年人权益保障法》提出，"用人单位应当按照国家有关规定，保障赡养人探亲休假的权利"；"国家建立健全家庭养老支持政策，鼓励家庭成员与老年人共同生活或者就近居住，为老年人随配偶或者赡养人迁徙提供条件，为家庭成员照料老年人提供帮助"。一些省份据此出台了子女照护老年人的带薪护理假制度。

中国老龄事业发展五年规划也提出了类似的政策建议，如《"十三五"国家老龄事业发展和养老体系建设规划》要求，"大力发展居家社区养老服务。逐步建立支持家庭养老的政策体系，支持成年子女与老年父母共同生活，履行赡养义务和承担照料责任。支持城乡社区定期上门巡访独居、空巢老年人家庭，帮助老年人解决实际困难"。由于缺乏配套政策和实施细则，上述这些原则性规定要具体落地，还有较长的路要走。

（五）居住环境保障政策

住有所居，是每个社会成员的基本需求。对于老年人来说，居所还应该是一个适老化的环境，各种设施要符合老年人的身心特点。全国老龄办最早提出了"老年宜居环境建设"的概念，强调不仅要建设适老化的硬件设施，还要营造孝老敬老助老的社会氛围，并推动将其写进老年法和国家相关规划，牵头制定了相关指导性政策文件，有力地促进了老年宜居环境建设工作的开展。

1. 老年法的规定

新修订的《老年人权益保障法》专设"宜居环境"一章，要求保障老年人获得安全、便利和舒适的居住环境。具体包括：在制定城乡规划时，要统筹考虑适合老年人的公共基础设施、生活服务设施、医疗卫生设施和文化体育设施建设；在建设标准方面，要制定和完善涉及老年人的工程建设标准体系和无障碍设施工程建设标准，并在建设过程中执行这些标准；在社区建设方面，倡导建设老年宜居社区，开发老年宜居住宅，对老年人家庭实施无障碍设施的改造；等等。

2. 老龄事业发展规划的规定

《中国老龄事业发展"十二五"规划》提出构建老年宜居环境体系的发展目标，改善老年人居住条件，开发老年宜居住宅，推动无障碍改造，建设老年友好型城市和老年宜居社区。《"十三五"国家老龄事业发展和养老体系建设规划》提出要推动设施无障碍建设和改造，营造安全绿色便利的生活环境，弘扬敬老养老助老的社会风尚。

3. 其他专门性文件

1999 年 5 月，建设部、民政部发布《老年人建筑设计规范》行业标准；2003 年 5 月，建设部批准《老年人居住建筑设计标准》为国家标准，确保了老年人建筑设计更符合老年人的实际需求。

2007 年，建设部等 9 部委联合发布《廉租住房保障办法》，对符合条件的老年人和低收入家庭通过货币补贴和实物配租等方式进行救助，有效保障了困境老年人的基本住房需求。

2012 年 6 月，国务院发布《无障碍环境建设条例》，将无障碍环境建设纳入法制轨道。《关于加强老年人家庭及居住区公共设施无障碍改造工作的通知》（2014）和《关于加强村镇无障碍环境建设的指导意见》（2015）对老年人家庭、居住区、村镇等的无障碍环境建设提出明确要求。

2016 年，全国老龄办牵头、14 个部门联合发布的《关于推进老年宜居环境建设的指导意见》，是我国第一个老年宜居环境建设的专门指导性文件，提出了老年宜居环境建设的重点任务，为最大限度地保障老年人的生活独立、功能维持和社会融入提供政策支持。

（六）精神文化生活政策

提高老年人生活质量，不仅要满足其物质生活需求，还要丰富其精神文化生活，实现老有所学、老有所为、老有所乐。中共中央办公厅、国务院办公厅印发的《关于加快构建现代公共文化服务体系的意见》，明确提出要将老年人等特殊群体作为公共文化服务的重点对象，保障其基本文化权益。《老年人权益保障法》和中国老龄事业发展五年规划，都对丰富老年人精神文化生活、提高老年人精神生活质量做出了明确的规定。

1. 老年教育政策

老年大学、老年学校是开展老年教育的重要形式，是老年人老有所学、老有所为、老有所乐的重要场所。1983 年，山东省红十字老年大学成立，这是我国第一所老年大学，迈出了中国特色社会主义老年教育的第一步。2001 年 4 月，教育部宣布取消普通高校招生对年龄和婚姻状况的限制，为老年人群接受高等教育提供了机会。6 月，中组部、文化部、教育部和全国老龄办发出《关于加强老年教育工作的通知》，就老年教育管理体制、经费来源、师资队伍建设等做出了规定，推动了老年教育的发展。

2016 年 7 月，教育部等 9 部门发布的《关于进一步推进社区教育发展的意见》，提出结合养老服务体系建设，将老年教育作为社区教育的重点内容，建设一批在本区域发挥示范作用的老年人学习场所和老年大学。同年，国务院办公厅印发《老年教育发展规划（2016～2020 年)》，提出了发展老年教育的五项主要任务，是我国历史上第一部老年教育的专项规划。

此外，教育部组建了高校第三年龄大学联盟、老年开放大学，文化部启动了全国文化系统老年大学规范化建设试点，都在一定程度上促进了老年教育事业的发展，推动了老有所学目标的逐步实现。

2. 老年文化政策

1999 年 8 月，文化部发布《关于加强老年文化工作的意见》，提出要切实做好老年文化工作，丰富老年人精神文化生活。2004 年，文化部、国家文物局下发通知，要求各级文化场所对老年人实行优待，以方便老年人参加各种公共文化活动。2012 年 10 月，全国老龄委 16 个成员单位联合印发了《关于进一步加强老年文化建设的意见》，明确了加强老年文化建设的指导思想、目标任务、基本原则、主要内容和保障措施，是推动我国老年文化大发展大繁荣的重大举措。此外，《关于促进旅游业改革发展的若干意见》（2014）的出台，在一定程度上促进了老年旅游业的发展。

3. 老年体育政策

2000 年，国家体育总局发布《老年人体育工作发展规划》，要求在城乡修建适合老年人体育健身的场地和设施，开展适合老年人特点的体育示范活动。同年出台的《2001～2010 年体育改革与发展纲要》，要求体育主管部门和相关机构为老年人参与体育活动提供帮助和科学指导。2014 年，国务院出台《关于加快发展体育产业　促进体育消费的若干意见》，促进了老年体育产业的发展。2015 年，国家体育总局等 10 部门联合印发《关于进一步加强新形势下老年人体育工作的意见》，要求做好老年人体育工作，充分发挥

体育在应对人口老龄化、推进全民健身事业全面发展过程中的积极作用。

4. 社会参与政策

鼓励老年人继续参与社会，积极开发老年人力资源，是保持老年人生机活力的重要手段，也是老年人的一项重要权利。1996 年的《老年人权益保障法》专设了"老年人社会参与"一章，鼓励老年人继续参与社会活动。2003 年起，全国老龄委在全国组织开展"老年知识分子援助西部大开发行动"，即"银龄行动"，吸引了大批离退休人员参加，成为实现老有所为的重要平台。

三 政策评价

（一）老龄政策的贯彻执行，使老年人生活质量得到切实保障并不断提高

1. 老有所养的物质基础逐步夯实

很长一段时期，我国的养老保险制度是建立在统收统支的计划经济基础上的，与社会福利、社会救助政策一起，为广大城乡老年人提供了基本生活保障，对于稳定社会秩序、调动人民群众的劳动热情、促进国民经济发展，发挥了重要作用。十八大以来，我国的养老保障制度不断完善，制度安排从选择性走向了普惠性，从改革试验状态逐渐成熟、定型。以社会保险、社会救助、社会福利为基础，以基本养老、最低生活保障制度为重点，以公益慈善事业、商业保险为补充的老年人经济保障体系进一步健全，社会养老保险实现了制度的全覆盖，为夯实老有所养的物质基础提供了重要保障。

基本养老保险的保障水平显著提高。截至 2018 年末，全国共有 94240 万人参加了基本养老保险。企业退休人员基本养老金已经连续 15 年递增，城乡居民基本养老保险基础养老金最低标准也进一步提高，由最初的 55 元提高到现在的 88 元。

老年人社会救助和福利水平稳步增长。在我国，随着脱贫攻坚工程稳步

推进，符合条件的贫困老年人全部纳入了低保救助。截至 2018 年底，全国共有 4528 万人享受城市或农村居民最低生活保障，455 万人享受农村特困人员救助供养，其中很大比例是老年人。各地普遍出台了高龄津贴政策、生活困难老年人养老服务补贴制度，大部分省份提供了失能老年人护理补贴。计划生育家庭奖励扶助制度、计划生育特殊家庭老年人扶助关怀制度也在逐步探索建立，失独老人的晚年生活得到基本保障。

2. 病有所医的目标基本实现

计划经济时代的城镇职工劳保、公费医疗和农村合作医疗制度，为改善卫生条件、降低死亡率和延长寿命发挥了非常重要的作用。我国人口平均预期寿命由 1949 年前的 35 岁提高到 1981 年的 68 岁，就是这一制度优越性的鲜明体现。

近年来，我国加强了医疗卫生服务设施建设。截至 2018 年底，全国医疗卫生机构达到 100.4 万个，床位 845 万张，卫生技术人员 950 万人。绝大部分三级医院还启动了医联体建设，促进了不同层级医疗机构之间的互动与合作。

我国的全面医保制度进一步完善，覆盖面进一步扩大，保障水平进一步提高。截至 2018 年底，参加基本医疗保险的人数达到 121414 万人；城镇职工医疗保险和城镇居民医疗保险政策范围内住院医疗费用待遇水平稳步提高，平均分别达到 80% 以上和 70% 左右，新农合政策范围内报销比例也达到 75% 左右。

我国医疗卫生体制改革成效明显，老年人成为主要的受益群体。医疗费用上涨的势头得到有效控制，广大患者尤其是老年人的医疗费用负担明显减轻。医疗费用异地结算的目标即将实现。疾病应急救助制度开始实施，家庭医生签约服务制度逐步推广，城乡居民大病保险制度实现全覆盖，重特大疾病医疗救助制度全面建立，大病患者实际报销比例在基本医保基础上普遍提高。

健康教育逐步开展，健康生活方式逐步养成，老年人的健康意识普遍有所提高。很多地方开始了健康管理和健康干预工作，国民健康素养有了明显

提升。

3. 社会养老服务体系基本建立

近年来，国家层面发布了 50 多项养老服务政策，涵盖养老设施建设、土地使用、政府购买服务、综合责任保险、社会资本进入、医养结合、标准化建设、人才培养、养老服务补贴、价格管理、金融支持、税费优惠等诸多方面，发挥了很好的政策支持、引导和规范作用，激发了养老服务业发展的动力和活力。

居家为基础、社区为依托、机构为补充、医养相结合的社会养老服务体系基本建立。以硬件设施为例，截至 2018 年末，全国养老服务机构达到 3 万个，养老床位 746.3 万张，社区服务中心 2.7 万个，社区服务站 14.5 万个，我国养老服务设施长期短缺的状况得到了有效缓解。持续开展的全国养老院服务质量建设专项行动，有效改善了养老院的服务条件，提升了服务水平，促进了养老服务质量的明显提升。

养老服务队伍不断发展壮大。各地政府重视鼓励和资助养老护理人员、养老机构管理人员参加技能培训，持证上岗的比例明显提升。截至 2016 年底，各类养老服务机构中共有养老护理人员 40 多万人，持有职业资格证书的比例达到 33.73%。近两年，随着培训工作的普遍开始，服务人员队伍进一步扩大，待遇也有了明显改善。

医养结合政策体系、标准规范和管理制度初步建立。截至 2017 年 7 月底，全国共有医疗卫生主管部门认可的医养结合机构 5814 家，床位总数达到 121.4 万张。除西藏外的 30 个省（区、市）都出台了推进医疗卫生与养老服务相结合的实施意见，大部分养老机构内设了医疗设施，或是与医疗机构建立密切的业务联系，开辟方便老年人及时就医的绿色通道。

4. 老年人居住环境持续改善

在城乡规划、住房和公共设施建设中，老年宜居的理念得到鲜明的体现，老年群体的生理和心理特性得到充分的照顾，适老化、无障碍改造工作进一步加强。截至 2016 年底，全国有 650 多个城市和 1600 多个县城参与"全国无障碍建设市（县）"创建活动。北京、上海、广州等大城市中出现了一批按照适老化标准建设的老年社区，颇受老年人青睐。宁波、上海、南京、湖州等地对经济困难老年人的住宅在安全性、便利性方面进行适老化改造。一些地方政府对农村老年人居住条件进行了清查，发现老年人居所差于子女的，对子女进行批评教育，并责令及时调整，大大改善了农村老年人的居住条件。

5. 老年人精神文化生活进一步丰富

总体上看，老年文化政策的贯彻实施，有力地推动了我国老年教育体育文化事业的繁荣发展，老有所学、老有所乐、老有所为的目标初步实现。

老年教育事业有了较快发展。截至 2016 年底，我国老年大学（学校）发展到 5.4 万个、在校学习人员达到 710.2 万人。全国目前建有 180 个国家级、500 多个省级社区教育实验区、示范区，参与社区教育活动的 60% 以上都是老年人。

老年文化活动丰富多彩。2002 年，全国老龄办等 5 部门联合北京市人民政府举办了全国老年人文艺调演，此后连续多年举办中国老年文化艺术节和中国老年合唱节，各地群众文化机构为老年人组织专场文艺活动，创作了一大批反映老年人生活的优秀作品。通过示范效应，在广大老年人群体中推行愉悦身心、传播正能量的文艺活动。近年来，老年春晚开始兴起，其丰富多彩的文化艺术形式，为老年人提供了丰盛的文化大餐，很为老年人所关注。

老年人参与体育活动的兴趣更加浓厚。自 2002 年起，全国老龄办联合国家体育总局和中国老年人体育协会，每年举办老年人健身展示大会，大大激发了老年人参加健身活动的热情。各类全国性老年人体育活动不断举办，经常参加体育健身的老年人数量不断增多。

作为老有所为和老年人社会参与的重要手段和形式，我国已经持续开展 16 年的"银龄行动"，组织老年知识分子为贫困地区提供智力支持，为促进经济社会全面发展继续贡献力量，得到了社会各界的普遍关注和赞誉。老年志愿服务活动普遍开展，据不完全统计，目前全国老年志愿者超过 2000 万，约占老年人口总数的 10%。

（二）老龄政策体系还需要进一步健全和完善

1. 制度设计上还存在不少短板和缺项

经过多年的政策创制，我国的涉老政策体系框架基本形成。但离政策体系的健全完善还有较长的距离，还存在不少短板和缺项。

在养老保险制度方面，我国主要依靠基本养老保险这个第一支柱，职业年金的建立还处在起步阶段，个人养老储蓄计划远没有成为社会的共识。随着老年人口比例的增加，我国养老基金支付压力逐年加大，有专家预测，在2028 年前后就会出现当期收不抵支，2035 年前后可能会耗尽全部基金结余。在这方面，国家尚未出台有效的应对政策。此外，在养老金的异地领取方面，还存在着制度上的障碍。

在医疗卫生服务方面，现行法律规定退休人员不需要缴纳医疗保险费用，而这一群体所花费的医保费用却远高于其他社会群体，随着老龄化程度的加深，医保基金的支付压力越来越大。在缴费比例难以提高的情况下，现行医保制度设计还难以满足人们对扩大医保基金覆盖范围和提高报销比例的要求。健康支持政策不完善，导致对健康管理和术后康复重视不够，健康教育相对滞后。

在养老服务方面，制度导向设计的偏差，导致在具体实践中存在着重设施建设轻服务供给、重机构建设轻社区居家服务；相当一部分的养老设施布局不够科学合理，结构错位，"一床难求"与床位闲置并存，服务质量偏低，服务人员匮乏。

政策上的缺项最为明显的是长期照护保障政策和家庭养老支持政策。因为缺乏有效的筹资模式，长期护理保险制度仍然停留在试点阶段，绝大多数失能老年人的长期照护需求无法得到制度保障。家庭养老支持政策的缺失，导致子女照护服务面临很多困难，家庭养老的功能难以有效发挥。

2. 制度的公平性有待进一步彰显

长期以来形成的"双轨制"和"城乡二元体制"，在涉老政策的制定中也不同程度地存在着，导致不同的老年群体享受着不同的养老待遇。

不同性质单位退休的职工，退休待遇悬殊。如企业退休职工与机关事业单位退休职工，在养老金水平和医疗保险报销水平上明显不同。企业退休职工每月平均养老金只有2000多元，而广大农民的基本养老金，每月平均更是只有88元。同是干部身份，任职时的级别不同，退休后的养老、医疗等方面的保障也差异很大。很多老年大学设置了准入门槛，主要面向有一定级别的离退休干部，一般老年人很难进入。

处于不同地区的老年群体，在政策的保障上也不一样。老年人在获得养老服务资源、医疗卫生资源、文化资源方面存在着明显的地域、城乡差异。一般来说，东部地区比中西部地区保障好，城市地区比农村地区保障好。农村地区、西部地区的养老服务设施匮乏，医疗卫生保障水平偏低，贫困地区老年人和家庭困难老年人看病难、看病贵问题依然严峻；农村文化设施和文化活动相对短缺，农村老年人孤独问题突出。

3. 政策的可操作性有待进一步加强

老龄政策的最终指向，是千千万万个老年人个体，必须能落地，能给老年人带来切切实实的福利和实惠。但很多政策的规定过于原则，过于笼统，在操作上还存在不少困难。

最典型的是养老服务支持政策，很多政策性文件中，都强调要对养老服务机构的用地、融资、用电用水用气等实现政策性倾斜或优惠，消除消防审批难、养老机构内设医疗机构申报医保资质难等政策壁垒，但在实际操作中就土地具体如何划拨，如何降低银行对养老机构贷款的风险，如何补偿对养老机构用电用水用气实施优惠而导致的供电供水供气公司的损失，如何确保养老机构达到消防验收水平、满足医保定点资格的要求等，并没有相关政策的配套衔接，导致这些政策性文件中的扶持措施无法落地。另外，由于人手不足、手段有限，对养老服务质量的监管常常流于形式，很多小型养老服务机构的服务质量难以得到保证。

因缺乏完善的整合机制和激励机制，国家所大力倡导的医养结合模式、医联体建设和分级诊疗制度等，在具体的实施过程中，往往形式大于内容，很多机构并没有真正做到有机融合，既难以实现优势互补，也无法做到取长

补短。

加强老年宜居环境建设的意识已经深入人心，但相关政策大多是倡导性建议，缺乏具体实施办法。如给老旧小区居民楼安装电梯，以方便老年人出行，因改造资金难筹措、居民意见分歧等，实际操作起来非常困难。近年来建设了不少城市老年人活动场所，但因为规划布局上缺乏统筹考虑，由争场地或噪音扰民而引发的冲突时有发生。

4. 政府和市场之间的界限时有模糊

老龄政策的贯彻实施，需要明确不同实施主体的责任，最重要的是政府和市场主体的责任。但目前不少老龄政策并没有很好地界定政府的责任边界，对市场和社会力量的作用动员和发挥不够，从而导致资源浪费、效率低下。

比如，发展机构养老服务，有较长一个时期，都是过于突出政府的责任，公建、公办、公营的养老机构是养老服务供给的主角，很多机构属于事业单位性质，政府部门自己搭台自己唱戏，不仅效益不高，还扰乱了市场，导致不同经营主体在市场竞争中处于不公平的地位。在政府补贴上，也主要是补贴公办机构，或是非营利性质的民办非企业单位，因担心国有资产流失而不愿补贴企业性质的养老机构。目前这种情况有所改观，但公办性质的养老机构比例还在一半以上，运营成本高、服务意识弱的现象还不同程度存在着，改革还有待进一步深入。

再如，在养老、医疗保险方面，也存在着侧重发展社会保险，对商业性质的保险重视不够、引导不够、扶持不够，第三支柱没有能很好地建立起来，从而导致政府与企业责任偏重，个人与社会责任偏轻，市场作用和个人的积极主动性未能得到充分发挥。

又如，针对老年消费群体发展起来的老龄产业，还处于起步阶段，需要政策的引导和扶持，但由于对老龄产业的边界界定不清晰，常常把扶持老龄事业发展的政策简单套用在老龄产业发展上，大多按照财政、投融资、税收、土地、人才、就业培训政策等简单列举优惠政策条款，缺乏产业政策的思维和视角，对产业政策应具有的一些核心内容，如怎样促进老龄产业结构的合理化和优化，如何形成最优的产业组织形态，怎样确定合适的产业发展序次，以及怎样促进产业技术升级等，都缺乏相应的政策安排。

5. 政策的碎片化严重，有待进一步整合

近年来，我国出台各类老龄政策性文件达 300 多件，仅"十三五"期间涉及老龄政策的发展规划就达到 68 部，政策出台频繁，牵头部门多，部门之间沟通不足，导致政策的碎片化情况严重，甚至存在着相互抵触现象。

如养老服务机构放宽准入与日常监管政策不衔接，特别是消防安全门槛高、历史遗留问题难解决，实行注册制后，相关监管仍按审批标准来要求，形成了难解的"死结"。现在办养老服务机构实行注册制，不用长期等待审批，但检查标准还是老标准，一遇检查就只能关停。再如，高龄津贴、养老服务补贴与残疾人补贴、精准扶贫、社会救助等政策，有很多相通之处，但因主管部门不同，相互之间就缺乏衔接，导致补贴发放程序繁杂，目标也不够精准。

有些政策相互抵触，执行起来常常无所适从。如 2016 年发布的《国务院办公厅关于全面放开养老服务市场提升养老服务质量的意见》，鼓励银行业金融机构以养老服务机构有偿取得的土地使用权等进行抵质押，但《物权法》及全国人大法工委《关于私立学校、幼儿园、医院的教育设施、医疗卫生设施能否抵押的请示》的答复均明确：养老机构等公益行业不区分营利性或非营利性，其设施一律不得抵押，导致信贷支持政策无法落实。再如，《"十三五"国家老龄事业发展和养老体系建设规划》允许养老机构依法依规设立多个服务网点，实现规模化、连锁化、品牌化运营。但是《民办非企业单位登记管理暂行条例》修订尚未完成，现行条例第 13 条明确规定民办非企业单位不得设立分支机构，导致民非性质养老机构无法开展连锁化、规模化经营。

此外，老年人免费乘公交、用餐优惠等政策，因为主管部门不同，缺少配套政策，实际上是政府请客、企业买单，不利于调动企业参与的积极性，在具体实施和推行中也面临着种种困难。

四 政策发展建议

（一）加强制度顶层设计

老龄政策不仅涉及老年人生活的方方面面，也与每一个社会成员的切身利益息息相关，需要从国家的层面、站在全局的角度进行统筹考虑，在科学设计政策框架的基础上，构建科学周密的政策体系，尽可能避免政策的部门化、碎片化。

应加强积极应对老龄社会战略研究，准确把握我国人口老龄化的特点和发展趋势，客观分析面临的问题和挑战，为制定相应战略决策提供理论基础和科学依据。

应科学设计老龄制度和政策的基本框架，注重制度设计的前瞻性和延续性。如推进养老、医疗等社会保险全国统筹、转移接续、异地领取或结算等，就需要整合相关部门的职能，保证政策之间的衔接配套；出台鼓励老年人参与社会服务的"时间银行"政策，就需要做长远的政策规划，给参与提供服务的志愿者提供稳定可靠的未来预期。

应将老龄政策的出台纳入国民经济和社会发展规划纲要，确保老龄政策与国家其他大政方针保持协调一致。如在实施乡村振兴战略、脱贫攻坚战略过程中，要有针对性地出台配套的老龄政策，将老龄政策纳入这些战略规划之中，同步推动，同步实施，逐步解决农村贫困老年人的养老、医疗、服务等问题。

应充分发挥全国老龄委及其办公室的综合协调、督促检查的作用。作为议事协调机构，全国老龄办能超脱于部门本位主义之上，统一协调老龄政策的制定、出台，对不同政策制定主体的老龄政策进行有机整合，消除因政出多门而导致的相互抵触和执行中的梗阻现象，同时对政策实施效果进行客观公正的跟踪评估。

（二）着力补齐制度短板

在做好顶层政策框架设计的基础上，针对现行政策体系中的弱项、缺项和短板，要依据人民群众的关切程度和问题紧迫程度，区分轻重缓急，着力加强弱项、弥补缺项、补齐短板。

应依据我国人口老龄化形势和经济社会发展水平，坚持养老保障三支柱模式，确保各支柱分工合理、比例适当。应依据精算平衡原则，做好基础养老金的征缴和发放，确保社保基金的保值增值；要在试点的基础上，积极推进个人税收递延型养老保险的发展，发展补充养老保险，鼓励个人储蓄型养老保险。

应及时总结试点经验，拓宽筹资渠道，加快长期护理保险制度建设，在此基础上，建立适合我国国情的长期照护保障制度，做好解决老年人长期护理服务费用、人员等各方面的制度安排。

应结合养老服务体系建设，加快制定家庭养老支持政策，包括家庭成员的护理培训、带薪看护、喘息服务、心理疏导，以及对老年人家庭进行适老化改造等，以巩固居家养老的基础地位。

应注重发挥市场和社会力量的作用。社会力量是推动老龄事业、产业发展的生力军，市场是配置资源的最佳方式，合理界定政府、社会、家庭、个人的责任边界，避免重蹈西方国家"福利陷阱"的覆辙。应坚持政府兜底保障和市场供给相结合，及时清除社会力量进入养老服务和老龄产业市场的政策性障碍，加快养老服务领域的放管服改革，全面开放养老服务市场，推动养老服务的多元化发展。应在放宽养老服务市场准入的同时，加强市场监控，不断提升养老服务质量和水平。

（三）努力实现制度公平

平等、公正是社会主义核心价值观在社会层面的价值取向。老龄政策的设计，也要注意平等、公正、公平，确保不同地域、不同阶层的老年群体都能共享社会经济发展成果，都能安度晚年。

应进一步健全和完善统一的城乡居民养老保险和城乡居民医疗保险制度，适当提高农民和城镇居民的基本养老金水平，提高困难群体重大疾病医疗费用的报销比例。应着力构建农村地区三级卫生服务网络，增强农村医疗

卫生服务的可及性，完善大病救助制度，妥善解决农村老年人看病难、看病贵问题。

应对中西部地区和农村地区实行一定程度的政策倾斜，加大中央财政支持力度，加强中西部地区和农村地区的养老服务体系建设，加强对留守、空巢、失独等农村老年人的服务保障和精神关爱。

应结合各地实际采取有效措施，依托现有农村基础设施，兴办农村社区文化活动场所，组建农民文化团体，开展农民喜闻乐见的文化活动，丰富农村老年人精神文化生活。

应对老年人优待实行同城同待遇政策，打破户籍限制，对随子女进城生活的老年人，在乘公交车、看病、进入公共活动场所等方面，实行与城市老年居民同等的待遇。

（四）增强政策的可操作性

老龄政策能否惠及老年人，关键是看政策是否具有可操作性，能否真正得以贯彻落实。

老龄政策的制定必须坚持问题导向，直面老年人生活面临的难点、痛点问题，制定针对性的举措，采取有效手段和方式，确保政策能真正解决老年人的实际问题。

应将老龄政策的指导性指标和约束性指标有机结合起来，减少空泛的原则性的倡议，增加约束性指标的比重。同时应注重政策中的项目配套，通过项目来确保政策目标的实现，确保出台的政策有抓手、能落地，提高政策含金量。

应明确政策执行的责任主体，细化责任分工，强化机构、人员、资金等配套保障措施；应加强对政策执行过程的监督检查，对事关老年人切身利益、重大利益的政策，应纳入政府绩效考核的范围；应通过第三方机构，对政策执行情况进行评估，并做好评估反馈工作，以促进政策的不断完善和有效实施。

老年人生活是多维度的，老年人生活质量的提升也是一个系统性工程，不仅包括物质上的富裕，也包括精神上的充实和心理上的满足。有些方面通过老年人个人努力可以实现，有些需要家庭和社会的辅助，还有些需要市场来供给和保证，国家政策在其中起着重要的引导、推动作用，尤其是对于最困难的老年群体，还需要国家政策的兜底保障。正如党的十九大报告中指出的，"我国社会主要矛盾已经转化为人民日益增长的美好生活需要和不平衡不充分的发展之间的矛盾"。随着经济社会的发展和人类文明的进步，老年人生活质量的提升没有止境，相应的，老龄政策的制定和完善也没有止境，需要随着时代的发展而发展，随着形势的变化而调整。"人民对美好生活的向往，就是我们的奋斗目标"。同样，不断提高老年人生活质量，确保"老有所养、老有所依、老有所乐、老有所安"，就是我们制定和实施老龄政策的根本出发点和落脚点。

参考文献

吴玉韶：《老龄工作实践与思考》，华龄出版社，2014。

曹健、刘清瑞：《中国老龄事业发展概览》，华龄出版社，2012。

顾严：《且富且老：中国养老困局与治理出路》，中国财政经济出版社，2017。

国家统计局：《中华人民共和国 2017 年国民经济和社会发展统计公报》，2018年 2 月。

国家统计局：《中华人民共和国 2018 年国民经济和社会发展统计公报》，2019年 3 月。

李兵、张航空、刘洋：《我国老龄政策体系评估和"十三五"时期政策创新研究》，全国老龄办 2016 年度委托研究课题成果。

调研篇

Research Reports

B.4
中国老年人生活质量的定量研究*

彭青云 冀 云

摘　要: 定量研究可以通过数据分析,较直观地呈现老年人客观生活质量状况。本报告根据 2015 年第四次中国城乡老年人生活状况抽样调查数据,对当前中国老年人的基本情况、健康状况、经济与保障、居住环境、家庭关系、公共服务、社会参与和文化生活、权益保障等方面进行全面分析。目前,中国城镇老年人口比例已经超过农村,女性老年人口数量多于男性老年人口,老年人整体文化程度偏低,空巢独居老年人家庭比例逐年提高。调查表明,大部分老年人家庭关系融洽,需要时能够得到子女的经济支持和生活照顾;大多数老年人自评健康状况良好,心理健康积极;十八大以来,老年人的收入

＊ 本文数据全部来源于第四次中国城乡老年人生活状况抽样调查的长短表数据,长表的数据进行特别标注,没有特别标注的均为短表数据。

水平显著提高，但老年人收入和社会保障待遇城乡差异较大；老年人自有产权房的比例较高，但住宅适老化水平较低；老年人医疗保障待遇接近全覆盖，但看病贵等问题仍有待解决；中国养老服务业稳步发展，养老服务的可及性明显提高；大部分老年人关心社区事务，积极参加各类休闲娱乐活动；大部分老年人的合法权益得到了保障。总体来看，中国老年人的生活质量在稳步提升。

关键词： 老年人　生活质量　定量研究

对老年人生活质量进行研究，首先必须清楚老年群体的基本生活状况，尤其是老年人的健康状况、经济状况、居住环境、家庭关系等，这些方面都是老年人生活质量的重要表现，也是衡量老年人生活质量的重要指标。本报告根据"第四次中国城乡老年人生活状况抽样调查"结果，对中国老年人的基本情况、健康状况、经济与保障、居住环境、家庭关系、公共服务、社会参与和文化生活、权益保障等方面进行全面分析。

一　基本情况

（一）人口特征

1. 女性老年人占多数

调查显示，截止到 2015 年，我国女性老年人口占 52.2%，男性老年人口占 47.8%，女性老年人口比例比男性老年人口高出 4.4 个百分点。2016 年总体人口中，女性人口占 51.2%，男性人口占 48.8%①，女性仅比男性多

① 来源于中华人民共和国国家统计局 2016 年国民经济和社会发展统计公报。

出 2.4 个百分点。相比总体人口，老年人口中的女性比例更高。原因在于男性一生中各年龄段的死亡率都高于女性，因此到老年期存活的男性老年人数要比女性少，老年人口中尤其是高龄老年人中女性老年人占绝大多数。

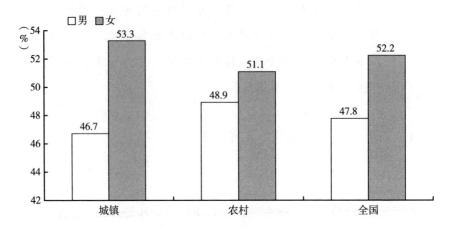

图 1 分城乡老年人的性别特征

分城乡和性别看，城镇老年人口中的女性比例较高，为 53.3%，农村老年人中的女性比例为 51.1%，城镇女性老年人口比农村老年人口高出 2.2 个百分点。反之，农村男性老年人的比例（48.9%）高于城镇男性老年人的比例（46.7%）。

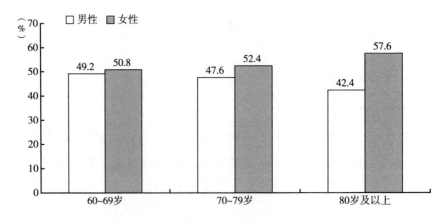

图 2 分年龄组老年人的性别特征

分性别和年龄组看，随着年龄提高，女性老年人的比例越来越高。低龄组（60~69岁）老年人口中，女性比例（50.8%）略高于男性（49.2%），仅高出1.6个百分点；中龄组（70~79岁）中女性比例比男性老年人高出4.8个百分点；高龄组（80岁及以上）女性比例比男性老年人高出15.2个百分点。高龄老年人口中女性老年人居多的状况值得关注，相关研究表明伴随着身体机能的退化，高龄女性老年人口的生活质量并不乐观。

2. 低龄老年人超过半数

调查显示，低龄组（60~69岁）老年人口占56.5%，中龄组（70~79岁）老年人口占29.7%，高龄组（80岁及以上）老年人口占13.8%。低龄组老年人所占比例最高，超过了中高龄组老年人的总和，占老年人口总体的一半以上。说明当前中国老龄化的严峻形势尚未真正显现，但是随着时间的推移，中龄组和高龄组老年人将越来越多，未来几十年内的高龄化趋势将日益显现。相对于低龄老年人，高龄老年人的健康状况更差，自理能力更低，生活质量更加堪忧，未来老龄化形势将更加严峻。

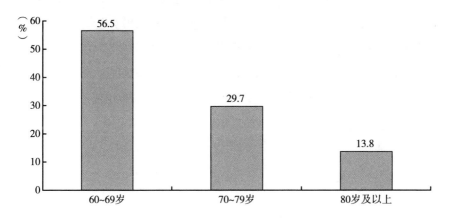

图3　老年人的年龄结构

分城乡看，城镇老年人口中低龄组（60~69岁）占54.0%，中龄组（70~79岁）占30.4%，高龄组（80岁及以上）占15.6%；农村老年人口中低龄组（60~69岁）占56.3%，中龄组（70~79岁）占30.3%，高龄组（80岁及以上）占13.4%。城镇低龄组老年人口比例低于农村，城镇高龄组老年人口比例

明显高于农村。这是因为，相比农村老年人，城镇老年人生活水平更高，医疗卫生条件更好，平均预期寿命更高，活到较高年龄的比例更多。

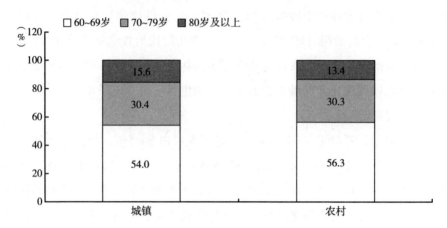

图4　分城乡老年人的年龄构成

从图5可以看出，老年人年龄构成的性别差异明显，中龄组（70～79岁）之前男性比例高于女性，中龄组（70～79岁）之后女性比例高于男性。这是由于高龄段男性老年人口的死亡率高于女性，越往高龄段男女老年人口存活比例相差越大，导致了高龄老年人口中女性显著多于男性的现状。由于高龄段女性老年人口占多数，而随着年龄的增长，老年人的体能和机能显著下降，高龄女性老年人口日常生活自理能力进一步下降，其生活质量状况堪忧。

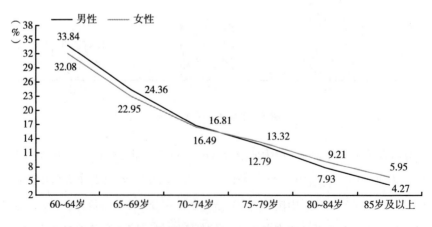

图5　分性别老年人的年龄构成

3. 大部分老年人生活在城镇

调查数据显示，中国老年人口城乡分布比较接近，2015 年城镇老年人口比例（52.0%）略高于农村老年人口比例（48.0%），高出了 4 个百分点。2000 年城乡调查数据显示，当时中国城镇老年人口占 34.2%，农村老年人口占 65.8%，城镇老年人口比例的提升是中国城市化进程快速推进的结果，也是经济水平提高和社会进步的重要表现，侧面反映了随着时代的发展、城镇化的推进，老年人生活质量也在不断提高。

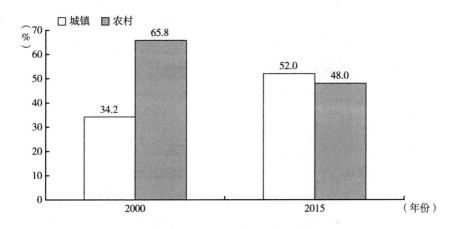

图 6   2000 年、2015 年老年人口的城乡构成

（二）社会经济特征

1. 老年人文化程度整体偏低

调查显示，老年人中未上过学的占 29.6%，小学文化程度的占 41.4%，上过初中、高中的占 25.9%，上过大专及以上的占 3.1%。与其他年龄段人口相比，老年人口总体受教育水平偏低，老年人口文盲率较高，但是与历史相比已经有较大幅度的提高。今后，随着"60 后"、"70 后"和"80 后"群体进入老年期，老年人的文化程度将进一步提高。在当前的信息社会中，教育水平的提高有利于老年人获取和使用丰富的信息资源，随时随地获得网络知识，这将大大提升老年人的信息可及性，有利于提升老年人的生活质量。

分性别看，男性老年人在各个层次的文化程度都明显高于女性老年人。女性老年人有43.2%从未上过学，而男性老年人此比例仅有14.5%。女性老年人仅有1.7%的有大专及以上文化程度，男性老年人有4.7%的为大专及以上文化程度。老年人受教育水平的性别差异有一定的历史原因，历史上的"重男轻女"、"女子无才便是德"等传统思想，使得女性很少有接受正规教育的机会。

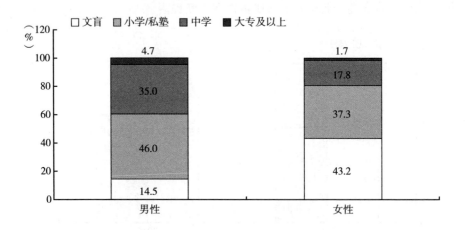

图7　分性别老年人口的文化程度

分城乡来看，城镇老年人受教育水平高于农村老年人。城镇老年人中，接受过中学教育的比例（35.5%）比农村（15.6%）高出19.9个百分点，接受过大学专科及以上教育的比例（5.9%）比农村（0.1%）高出5.8个百分点。老年人受教育水平城乡差异，与中国城乡教育事业发展不平衡，以及城市化过程中城市对较高教育水平人才的吸纳有关。

分年龄看，80岁及以上高龄段老年人口文盲比例最高，达到53.7%，而60~69岁低龄段老年人文盲比例最低（仅为21.5%）；60~69岁老年人上过小学（包括私塾）的比例最高，为44.7%，80岁及以上的老年人口中上过小学（包括私塾）的比例最低，为30.3%；60~69岁上过中学（包括高中、中专和职高）比例最高为31.1%，80岁及以上的老年人口中上过中学（包括高中、中专和职高）的比例最低，为12.6%。60~69岁

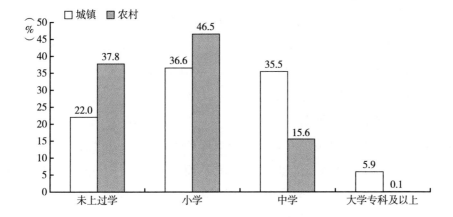

图8 分城乡老年人口的文化程度

低龄组老年人受教育程度最高，因为这一波老年人在新中国成立后出生，在新中国成立后中国教育事业取得了长足发展，更多老年人接受了小学和中学教育。受教育水平的提高，为老年人生活质量的改善奠定了基础。拥有较高文化程度的老年人，更有能力去掌握更丰富的科学文化知识，更加注重自我保健和科学的生活方式。

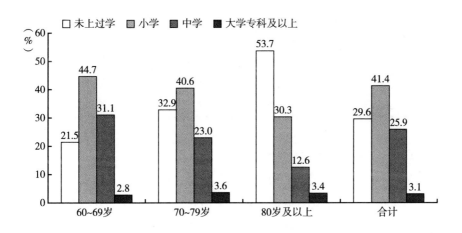

图9 分年龄老年人口的文化程度

2. 丧偶老年人随年龄增长而增加

2015 年，老年人口中有配偶的占 71.7%，丧偶的占 26.0%，离婚的占 0.8%，从未结过婚的占 1.5%，合计无配偶的老年人占 28.3%。分城乡来看，城镇老年人有配偶的比例（73.0%）要比农村老年人（70.4%）高出 2.6 个百分点。分性别来看，男性老年人有偶率（81.0%）高于女性老年人（63.3%）。随着年龄增长，老年人中有偶率迅速下降，从 60～69 岁的 81.0% 下降到 70～79 岁的 65.6%，再下降到 80 岁及以上组的 37.6%。现代家庭结构日益呈现核心化和少子化趋势，而且子女成年后往往都有自己的小家庭，有配偶的老人一般都会与配偶同住，与配偶同住的老年人长期有配偶的陪伴和支持，生活上彼此照顾，精神上相互关心。因此，是否有配偶反映了老年人的居住状况，是否有配偶的陪伴和支持还影响老年人的生活质量和幸福感。

表 1　分城乡性别、年龄的婚姻状况

单位：%

城乡	配偶情况	男性	女性	60～69 岁	70～79 岁	80 岁及以上	合计
城镇	有配偶	84.3	63.3	85.2	67.8	41.4	73.0
	无配偶	15.7	36.7	14.8	32.2	58.6	27.0
农村	有配偶	77.7	63.4	83.3	63.1	32.8	70.4
	无配偶	22.3	36.6	16.7	36.9	67.2	29.6
全国	有配偶	81.0	63.3	84.3	65.6	37.6	71.7
	无配偶	19.0	36.7	15.7	34.4	62.4	28.3

3. 老年人平均拥有三个以上子女

调查显示，中国老年人平均有 3.2 个子女，儿子与女儿数量相当。农村老年人平均有 3.5 个子女，城镇老年人平均有 3.0 个子女，农村老年人的子女数量要高于城镇。另外，中国还有 1.8% 的老年人是无子女的孤寡老人，农村的孤寡老人比例达到 2.2%，比城镇高出 0.9 个百分点。由于长期执行计划生育政策，独生子女因病或意外死亡后，产生了失独老人家庭，很多失独老人不仅生活水平较低，其精神健康状况更令人担忧，他们的生活质量问题值得全社会重视并着力解决。

表2 城乡老年人的子女数量

单位：个

分类	儿子数量	女儿数量	子女数量	无子女比例
全国	1.6	1.6	3.2	1.8
城镇	1.5	1.5	3.0	1.3
农村	1.8	1.7	3.5	2.2

随老年人年龄的降低，老年人子女数量亦呈现下降趋势。85岁及以上老年人平均拥有子女的数量最高，为4.3个，80~84岁老年人平均有4.2个子女，75~79岁老年人平均有3.9个子女，70~74岁老年人平均有3.4个子女，65~69岁老年人平均有2.9个子女，60~64岁老年人平均子女数量最低，为2.5个。子女数量的减少对老年人生活质量的影响值得关注，低龄老年人子女数量减少，家庭照料供给资源将相应减少，未来独生子女家庭将面临照料老年人的巨大负担和压力。

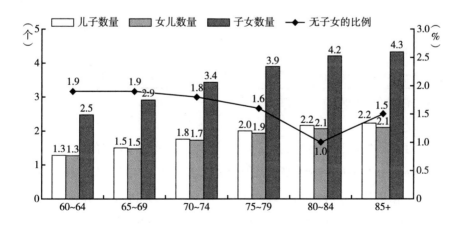

图10 不同年龄段老年人子女数量

4. 超过半数老年人生活在空巢家庭

如表3所示，中国老年人家庭结构趋于小型化。有超过半数（51.3%）的老年人家庭是空巢家庭。其中，独居老年人占13.1%，还有38.2%仅与配偶同住。另外，还有7.0%的老年人与子女以外的其他人同住，例如与孙子女、与父母、与兄弟姐妹或与保姆同住等。女性老年人独居（15.0%）比例高于男性（11.0%），女性老年人与子女同住比例（44.5%）也高于男性（38.7%），仅与配偶同住女性老年人比例（34.2%）低于男性（42.6%）。另外，与城镇老年人相比，农村老年人独居以及与其他人同住的比例更高。农村女性老年人独居的比例最高，达到15.4%，城镇男性老年人独居的比例最低，仅为9.0%。城镇女性老年人与子女同住的比例最高，达到45.4%，农村男性老年人与子女同住的比例最低，为37.6%。

表3　城乡分性别老年人的居住方式

单位：%

居住方式	全国			城镇			农村		
	男性	女性	合计	男性	女性	合计	男性	女性	合计
独居	11.0	15.0	13.1	9.0	14.6	12.0	13.1	15.4	14.3
与配偶同住	42.6	34.2	38.2	44.2	34.2	38.9	40.9	34.2	37.5
与子女同住	38.7	44.5	41.7	39.8	45.4	42.8	37.6	43.4	40.6
其他	7.7	6.4	7.0	7.0	5.8	6.3	8.4	7.0	7.7

注：本表中的其他居住方式包括与女婿和（外、重）孙子女同住。

随年龄的增加独居老年人比例快速增加，从60～64岁的7.2%，增加到70～74岁的15.0%，85岁及以上增加到23.7%。相反，与配偶居住的比例随着年龄的增加先上升后下降，由60～64岁的40.8%先上升到65～69岁的43.7%，然后下降到75～79岁的37.3%，再降到85岁及以上的16.0%。与其他年龄段的老年人相比，85岁及以上高龄老年人与子女同住的比例明显增加，达到56.0%，超过一半的高龄老人与子女同住，这与高龄老人自理能力下降有直接关系。70～74 岁老年人与子女同住比例最低，仅为40.5%。

十几年来，空巢老年人家庭比例迅速提升。2000 年的城乡调查显示，60岁及以上老年人家庭中，城乡合计"空巢"老年人占 38.9%（其中独居户8.1%，夫妻户 30.8%）；2006 年城乡调查数据显示，城乡合计"空巢"老年人占 41.3%（其中独居户 9.1%，夫妻户 32.2%）；2010 年的城乡调查显示，城乡合计"空巢"老年人占 49.3%。相比 2000 年、2006 年和 2010 年，2015年空巢老年人家庭的比例分别提高了 12.4 个、10 个和 2 个百分点。

目前，与子女同住的老年人虽然达到 41.7%，但这一比例已然不足半数。未来在城市，随着城市化的推进，城市空巢老年人家庭的比例将进一步提升。农村地区，随着农村流动人口进一步外流，农村青壮年劳动力大量外出，农村留守老人比例也将进一步增长，子女在老年人身边陪伴的时间越来越少，老年人的情感需求将无法得到及时满足，农村老年人情感孤独的比例也将进一步提升。研究表明，独居不仅影响老年人的精神状况，独居老年人在年老、失能时，其生活照料需求也无法及时获得满足，这将严重影响其晚年的生活质量。

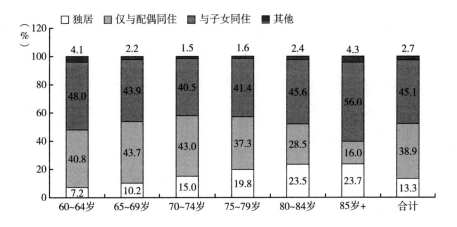

图 11　不同年龄老年人居住方式

注：没有填报年龄的样本未计入。

5. 一成老年人仍在工作

年老后继续参加工作不仅增加老年人的经济收入，还反映了老年人参与社会的程度高，工作是老年人自我实现的一种重要方式。

根据调查，有10.2%的老年人还在从事有收入的工作。城镇老年人中有9.7%仍在工作，农村老年人中有10.6%仍在工作，农村老年人工作的比例略高于城镇老年人。女性老年人中有5.8%仍在工作，男性老年人中有15.0%仍在工作，男性老年人在工作的比例高于女性。

综合城乡、性别看，农村男性在工作的比例为15.7%，城镇男性老年人在工作的比例为14.3%，二者相差了1.4个百分点，相差不太大。农村女性老年人与城镇女性老年人仍在工作的比例也相差不大。总体而言，城镇女性老年人从事有收入工作的比例（5.7%）最低，农村男性老年人在工作的比例（15.7%）最高。这里要注意的是，农村和城市老年人的工作内容不同，农村地区低龄老年人从事的工作一般指外出务工（并非指参加农业生产劳动），而城镇老年人的工作通常是指在某个单位就业，一般是指退休后返聘，以及退休后延聘等情况。

综合城乡年龄看，农村低龄组60~69岁老年人在工作的比例最高，为15.8%，其次为城镇低龄组60~69岁老年人仍在工作的比例为15.3%，排第三位的是农村中龄组70~79岁老年人仍在工作的占5.2%，城镇中龄组仍在工作的占4.3%。高龄组老年人在工作的比例明显低于低龄组。老年人工作比例的城乡差异，主要是由于城市有退休制度的限制，劳动法规定城镇男性60岁、女性工人50岁、女性干部55岁退休，这在一定程度上降低了城市老年人参与工作的比例。

表4 分城乡、性别、年龄老年人工作状况

单位：%

城乡	男性	女性	60~69岁	70~79岁	80岁及以上	合计
城镇	14.3	5.7	15.3	4.3	0.9	9.7
农村	15.7	5.8	15.8	5.2	1.0	10.6
全国	15.0	5.8	15.6	4.7	1.0	10.2

二　健康状况

（一）身心健康

老年人健康状况主要包括躯体健康和心理健康两个方面。老年期的健康状况直接关系到老年人的生活质量。

1. 半数以上老年人患有两种及以上慢性病

根据调查，仅有17.3%的老年人未患慢性病，32.1%的老年人患有1种慢性病，50.5%的老年人患有2种及以上慢性病。也就是说，超过八成（82.6%）的老年人患有慢性病。

随着年龄的增长，老年人慢性病患病率越来越高，1种及以上慢性病患病率最低的是60~69岁低龄老年人，为78.9%，其次为70~79岁中龄组老年人（为86.8%），80岁及以上高龄老年人最高（为88.3%）。2种及以上慢性病患病率也随年龄增加而上升，从60~69岁的45.4%，增加到70~79岁的56.5%，再增加到80岁及以上的57.7%。慢性病患病率提升最快的阶段是70~79岁年龄段，最突出表现在75~79岁年龄段，1种及以上慢性病患病率达到87.5%，说明该年龄段是慢性病患病率升高的主要时期。

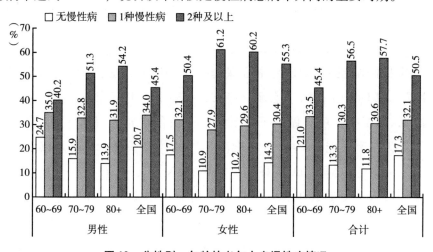

图12　分性别、年龄的老年人患慢性病情况

分性别来看，女性老年人慢性病患病率（85.7%）高于男性（79.4%），高出了6.3个百分点，慢性病患病率男女差异比较明显，女性老年人更要注重慢性病的预防和治疗。分城乡看，城镇老年人1种及以上慢性病患病率为82.0%，农村老年人患病率为83.4%，农村老年人患病率高于城镇老年人，高出了1.4个百分点。

综合来看，城镇女性80岁及以上高龄老人慢性病患病率最高，为90.1%，农村低龄男性老年人慢性病患病率最低，为76.6%。

表5　分性别、城乡的老年人患慢性病情况

单位：%

城乡	患慢性病状况	男性	女性	全国
城镇	无慢性病	21.3	15.1	18.0
	1种慢性病	33.1	30.1	31.5
	2种及以上	45.5	54.8	50.5
农村	无慢性病	20.0	13.4	16.6
	1种慢性病	34.8	30.8	32.8
	2种及以上	45.2	55.8	50.6
合计	无慢性病	20.7	14.3	17.3
	1种慢性病	34.0	30.4	32.1
	2种及以上	45.4	55.3	50.5

2. 失能老年人照护问题突出

沿用中国老龄科学研究中心课题组（2011）"关于失能老人的判定标准"：ADLs 6项指标（吃饭、穿衣、上厕所、上下床、在室内走动和洗澡），只要有1项"做不了"就为完全失能老年人（有1~2项"做不了"为轻度失能；3~4项"做不了"为中度失能；5项及以上"做不了"为重度失能）；没有任何1项"做不了"，但有至少1项"有些困难"就为半失能老年人；所有项目均为"不费力"即为完全自理老年人。

2015年城乡调查数据显示我国老年人中有4.2%为完全失能老年人，

其中有 1.3% 为重度失能老年人，0.5% 为中度失能老人，2.3% 为轻度失能老人。

分城乡来看（见表 6），城市有 3.97% 失能老年人，农村有 4.33% 失能老年人，城市老年人失能率低于农村。农村老年人失能率高于全国平均水平，亟待加强农村医疗卫生保障建设，提高农村老年人自身的健康意识。

分性别来看，男性老年人的失能率为 3.46%，女性老年人的失能率为 4.77%，女性老年人失能率比男性老年人高出 1.31 个百分点。进一步分析发现，农村男性老年人的失能率（3.48%）与城市男性老年人（3.44%）差异不大，但农村女性老年人的失能率（5.13%）高于城市女性老年人（4.44%），这也显示出农村女性老年人的照护服务需求相对较高。

表 6　分城乡、性别老年人失能情况

单位：%

性别	城市	农村	全国
男性	3.44	3.48	3.46
女性	4.44	5.13	4.77
全体	3.97	4.33	4.20

老年人的失能状况随着年龄的增长呈现上升趋势，如图 13 所示。随着年龄的增长老年人的失能率增高速度先慢后快，60 岁老年人失能率为 1.08%，70 岁老年人失能率为 2.73%，80 岁老年人的失能率上升到 8.76%，而在 90 岁老年人中失能率则高达 24.33%。这个结果提示，随着我国人口预期寿命的增加，失能老年人的比例也将随之增加，如何降低失能率、增加老年人的健康期望寿命、贯彻健康老龄化战略是我国老龄事业发展面临的重大课题。

数据分析发现，75 岁是失能率变化的转折点，75 岁之前的老年人失能

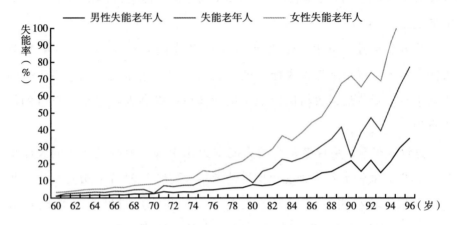

图13 分性别、年龄老年人的失能率

率上升速度较缓，75岁以后老年人失能率呈现加速上升态势，其中女性老年人失能率的上升速度较快，男性老年人失能率的上升速度较慢；90岁以上老年人的失能率则呈不稳定上升态势，有较大起伏。上述数据表明，在我国老年人生活质量问题上高龄老年人的照护问题最为突出，其中高龄女性老年人的照护任务最为艰巨。

3. 近四成老年人视力状况良好

从总体上看，近四成（39.4%）的老年人视力状况较好[①]，25.7%的老年人视力一般，32.4%的老年人看得不太清楚，2.5%的老年人几乎/完全看不清。城乡老年人在视力方面存在显著差异。城镇老年人视力状况较好的比例为45.2%，好于农村老年人（33.2%）。

分性别来看，男性老年人视力状况较好的比例（44.1%）高于女性老年人（35.1%）。分年龄来看，随着年龄的增长老年人视力情况变得越来越差。仅有不到三成的（26.0%）高龄（80岁及以上）老年人视力状况较好。

---

① 视力状况较好指看得非常清楚或比较清楚（包括戴眼镜）。

表7　分类别老年人视力情况

单位：%

城乡	视力情况	男性	女性	60～69	70～79	80+	全国
城镇	非常清楚	12.8	9.0	13.5	8.5	5.9	10.8
	比较清楚	37.7	31.5	37.9	32.7	25.7	34.4
	一般	25.1	25.6	25.0	25.9	25.7	25.4
	不太清楚	23.0	31.5	22.8	30.8	37.5	27.5
	几乎/完全看不清	1.4	2.4	.9	2.1	5.3	1.9
农村	非常清楚	8.0	5.3	8.6	4.6	2.8	6.6
	比较清楚	29.6	23.7	30.7	23.5	16.3	26.6
	一般	26.6	25.4	27.0	25.9	21.8	26.0
	不太清楚	33.5	41.8	32.3	42.6	50.2	37.8
	几乎/完全看不清	2.3	3.8	1.4	3.5	8.9	3.0
合计	非常清楚	10.4	7.3	11.1	6.6	4.5	8.8
	比较清楚	33.7	27.8	34.4	28.3	21.5	30.6
	一般	25.8	25.5	26.0	25.9	24.0	25.7
	不太清楚	28.1	36.4	27.4	36.4	43.1	32.4
	几乎/完全看不清	1.9	3.0	1.1	2.8	6.9	2.5

4. 七成老年人听力状况良好

总的来说，大部分老年人听力状况较好，67.8%的老年人能够听清楚（包括戴助听器），仅有8.4%的老年人很难听清楚。分城乡来看，可发现，城乡老年人在听力方面存在显著差异，城镇老年人听力状况好于农村老年人，其中，城镇老年人能听清楚的比例为72.1%，高于农村老年人（63.2%）。

进一步分性别来看，男性老年人能听清楚的比例为68.4%，女性老年人能听清楚的比例为67.3%，男性老年人的听力状况与女性老年人差别不大。分年龄来看，60～69岁的老年人能听清楚的比例为78.2%，70～79岁的老年人能听清楚的比例为61.9%，80岁及以上的老年人能听清楚的比例

为40.6%，表明老年人的听力状况随着年龄的增长逐渐变差，尤其是80岁以后，听力显著下降。

表8　老年人听力情况

单位：%

城乡	听力	性别		年龄组			全国
		男性	女性	60～69	70～79	80+	
城镇	很难听清楚	6.7	7.0	3.8	7.0	17.1	6.9
	需要别人提高声音	20.8	21.2	13.8	25.6	37.4	21.0
	能听清楚	72.4	71.8	82.4	67.4	45.5	72.1
农村	很难听清楚	9.6	10.4	6.0	11.2	24.3	10.0
	需要别人提高声音	26.1	27.5	20.2	32.8	41.1	26.8
	能听清楚	64.2	62.1	73.8	56.0	34.6	63.2
合计	很难听清楚	8.1	8.6	4.9	9.0	20.3	8.4
	需要别人提高声音	23.4	24.1	16.9	29.0	39.1	23.8
	能听清楚	68.4	67.3	78.2	61.9	40.6	67.8

5. 近一成老年人尿失禁

从2015年城乡调查数据看，有不到一成（8.1%）的老年人存在尿失禁的情况。失禁严重影响老年人的日常生活，因此老年人尿失禁情况非常值得关注，应尽早预防和治疗。

分性别看，女性老年人尿失禁的比例（8.3%）略高于男性老年人（7.9%），比例相差不大。分城乡看，农村老年人尿失禁的比例（9.3%）高于城镇（7.0%），高出了2.3个百分点。分城乡和性别看，农村女性老年人尿失禁的比例（9.5%）最高，城镇男性老年人（6.7%）最低。分年龄看，随着年龄的提高老年人尿失禁的比例不断提高，从60～69岁的5.4%，提高到70～79岁的9.4%，再提高到80岁及以上的15.8%。

表9　分城乡、性别、年龄老年人尿失禁情况

单位：%

性别	城乡		年龄组			全国
	城镇	农村	60~69	70~79	80+	
男性	6.7	9.1	5.2	9.6	15.8	7.9
女性	7.2	9.5	5.6	9.2	15.7	8.3
合　计	7.0	9.3	5.4	9.4	15.8	8.1

6. 超过四成的老年人睡眠质量好

从全国来看，超过四成（44.0%）的老年人睡眠质量好（包括非常好和比较好），但睡眠质量差（包括非常差和比较差）的老年人也占到21.7%。分城乡来看，可发现，城乡老年人在睡眠质量方面存在一定差异。相对于农村老年人，城镇老年人睡眠质量更高。城镇老年人睡眠质量非常好和比较好的比例合计为47.2%，高于农村（40.4%）。

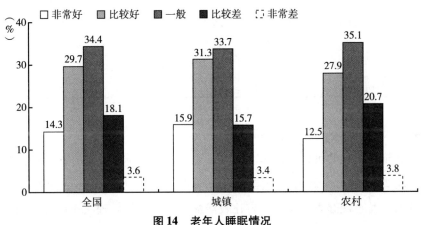

图14　老年人睡眠情况

进一步分性别来看，男性老年人睡眠质量非常好和比较好的比例为51.3%，女性老年人睡眠质量非常好和比较好的比例为37.1%，男性老年人的睡眠质量明显优于女性老年人。分年龄来看，60~69岁老年人睡眠质量非常好和比较好的比例合计为45.7%，70~79岁老年人睡眠质量非常好和比较好的比例合计为41.9%，80岁及以上老年人睡眠质量非常好和比较好的比例合计为41.7%，表明随着年龄的增长老年人的睡眠质量有所下降。

表10　分城乡、性别、年龄的睡眠质量情况

单位：%

城乡	睡眠质量	性别		年龄组			全国
		男性	女性	60~69	70~79	80+	
城镇	非常好	19.9	12.3	16.5	15.0	15.4	15.9
	比较好	35.1	28.0	32.7	29.5	30.2	31.3
	一般	31.3	35.8	33.5	34.1	33.6	33.7
	比较差	11.6	19.4	14.5	17.5	16.9	15.7
	非常差	2.0	4.5	2.9	3.9	3.9	3.4
农村	非常好	15.9	9.2	13.1	12.6	10.2	12.5
	比较好	31.8	24.1	29.0	26.4	26.5	27.9
	一般	34.1	36.0	34.7	35.6	35.7	35.1
	比较差	15.8	25.5	19.4	21.7	23.7	20.7
	非常差	2.4	5.1	3.8	3.7	4.0	3.8
合计	非常好	17.9	10.9	14.8	13.9	13.1	14.3
	比较好	33.4	26.2	30.9	28.0	28.6	29.7
	一般	32.7	35.9	34.1	34.8	34.5	34.4
	比较差	13.7	22.3	16.9	19.5	19.9	18.1
	非常差	2.2	4.8	3.3	3.8	3.9	3.6

7. 大部分老年人心理健康积极

老年人心理健康包含的内容繁多，心理特征指标细致多样，测量工具繁多，而2015年城乡调查作为国情调查，仅限于面上数据资料的搜集，因而涉及老年人心理健康的调查内容比较浅显。老年人的心理状态可分为积极方面（大部分时间觉得心情愉快，认为现在活着是件好事）和消极方面（整天觉得烦躁和坐立不安，常常感到情绪低落）。

首先，考察老年人心理的积极方面。认为"大部分时间觉得心情愉快"的老年人比例为62.5%，"认为现在活着是件好事"的老年人比例为54.5%，表明约六成老年人心理积极健康。"大部分时间觉得心情愉快"的比例，城镇老年人（69.0%）高于农村老年人（55.4%），男性老年人（65.3%）高于女性老年人（59.9%）。随年龄的增长，老年人大部分时间觉得心情愉快的比例在下降,高龄老年人(55.9%)较低龄老年人(65.4%)低近10个百分点。"认为现在活着是件好事"的比例城镇老年人(52.3%)低于农村老年人(56.8%),男性老年人(56.1%)高于女性老年人(53.0%),60~69岁、70~79岁、80岁及以上三个年龄阶段的比例依次为54.1%、55.8%、53.4%,不同年龄组间差异不大。

其次,考察老年人心理的消极方面。"整天觉得烦躁和坐立不安"的老年人比例为9.5%,"常常感到情绪低落"的老年人比例为13.7%。其中"整天觉得烦躁和坐立不安"的比例,城镇老年人(7.4)低于农村老年人(11.7),男性老年人(7.4)低于女性老年人(11.4),60~69岁、70~79岁、80岁及以上三个年龄段的比例依次为8.9%、10.0%、10.2%,表明随着年龄的增长老年人的消极情绪有所上升。"常常感到情绪低落"的比例,城镇老年人(11.2%)低于农村老年人(16.5%),男性老年人(11.6%)低于女性老年人(15.7%),60~69岁、70~79岁、80岁及以上三个年龄段的比例依次为12.2%、15.0%、16.5%。

总的来说,约六成老年人心理积极健康,约一成老年人心理消极抑郁。心理积极的老年人中男性高于女性,城镇高于农村。随年龄的增长,老年人心理消极的比例逐渐上升。

表11 分城乡、性别、年龄老年人心理健康状况

单位:%

心情状况	城乡	性别		年龄组			全国
		男性	女性	60~69	70~79	80+	
大部分时间觉得心情愉快	城镇	71.4	66.9	71.9	66.9	63.8	69.0
	农村	59.1	51.7	58.7	53.6	45.7	55.4
	合 计	65.3	59.9	65.4	60.5	55.9	62.5
认为现在活着是件好事	城镇	53.6	51.2	52.1	53.7	51.0	52.3
	农村	58.6	55.1	56.3	58.0	56.6	56.8
	合 计	56.1	53.0	54.1	55.8	53.4	54.5

续表

心情状况	城乡	性别		年龄组			全国
		男性	女性	60~69	70~79	80+	
整天觉得烦躁和坐立不安	城镇	5.8	8.8	6.9	7.8	8.1	7.4
	农村	9.1	14.4	11.1	12.4	13.0	11.7
	合 计	7.4	11.4	8.9	10.0	10.2	9.5
常常感到情绪低落	城镇	9.3	12.8	9.8	12.4	13.2	11.2
	农村	13.9	18.9	14.8	17.7	20.7	16.5
	合 计	11.6	15.7	12.2	15.0	16.5	13.7

8. 六成老年人记忆良好

随着全球人口老龄化成为普遍态势，阿尔茨海默病（Alzheimer's Disease, AD）正成为世界性的健康挑战，据估计约10%的60岁及以上老人受其困扰，目前还没有确定的影像和实验室方法用以早期诊断阿尔茨海默病。AD是以记忆功能障碍为突出特征的脑功能逐渐衰退性疾病，轻度认知障碍（MCI）则被认为是正常老年向AD进展的过渡阶段。情景记忆（episodic memory, EM）是AD最早的认知损害领域。[①] 情景记忆包括对熟悉的面孔、人名、地方、个人物品等记忆内容的提取。

调查显示，中国老年人有63.8%没有记忆障碍，即63.8%的老年人记忆良好。其中城镇老年人没有记忆障碍的比例为66.7%，比农村老年人（60.7%）高6个百分点。接近七成（69.7%）男性老年人没有记忆障碍，高于女性老年人（58.4%）。60~69岁、70~79岁、80岁及以上三个年龄阶段的老年人没有记忆障碍的比例依次为：69.0%、59.5%、53.4%，表明随着年龄的增长，老年人的记忆力逐渐衰退。

分具体情况来看，面孔记忆障碍（"突然对亲朋好友的面孔有陌生感"）的老年人的比例为7.9%，城镇老年人的比例（7.2%）低于农村老年人（8.7%），男性老年人的比例（7.1%）低于女性老年人的比例（8.7%）。

[①] 张洪英、高歌军、滕皋军：《阿尔茨海默病的情景记忆 fMRI 研究》，《中国 CT 和 MRI 杂志》2007 年第 3 期。

60～69 岁、70～79 岁、80 岁及以上三个年龄段的比例依次为 5.3%、9.4%、14.7%，表明随着年龄的增高老年人的面孔记忆障碍比例逐渐上升。

人名记忆障碍（"常常想不起亲朋好友的名字"）老年人的比例为 19.6%，城镇老年人（17.9%）低于农村老年人（21.4%），男性老年人（17.6%）低于女性老年人（21.4%）。60～69 岁、70～79 岁、80 岁及以上三个年龄段的比例依次为 14.7%、23.1%、30.1%，表明随着年龄的增高老年人的人名记忆障碍比例逐渐上升。

空间地理记忆障碍（"出门后一时找不到自己的家门"）的老年人的比例为 3.1%，城镇老年人的比例（2.8%）低于农村老年人（3.5%），男性老年人的比例（2.2%）低于女性老年人（4.0%）。60～69 岁、70～79 岁、80 岁及以上三个年龄段的比例依次为 1.9%、3.6%、6.6%，表明随着年龄的增高老年人的空间地理记忆障碍比例逐渐上升。

物品记忆障碍——（"经常忘记带钥匙"）的老年人比例为 22.9%，城镇老年人的比例（20.1%）低于农村老年人（25.9%），男性老年人的比例（18.4%）低于女性老年人（27.0%）。60～69 岁、70～79 岁、80 岁及以上三个年龄阶段的比例依次为 21.6%、25.0%、23.4%，表明随着年龄的增高老年人的物品记忆障碍比例先上升后下降，其中 70～79 岁的老年人物品记忆障碍的比例高于其他两个年龄段。对此初步结论还需要进一步深入研究论证。

当下事件记忆障碍（"常常忘记灶上还煮着粥或烧着水"）的老年人的比例为 17.1%，城镇老年人的比例（15.4%）低于农村老年人（18.9%），男性老年人的比例（11.7%）低于女性老年人（22.0%）。60～69 岁、70～79 岁、80 岁及以上三个年龄段的该比例依次为 16.2%、18.8%、16.8%，表明随着年龄的增高老年人的当下事件记忆障碍比例先上升后下降，其中 70～79 岁老年人的比例高于其他两个年龄段。对此初步结论也需要进一步深入研究论证。

总体来看，中国老年人记忆状况较好，有 63.8% 没有出现记忆障碍，其中有空间地理记忆障碍与面孔记忆障碍的比例较低（3.1%，7.9%），有

当下事件记忆障碍、人名记忆障碍与物品记忆障碍的比例较高（17.1%，19.6%，22.9%）。

表12　老年人记忆障碍的状况

单位：%

记忆状况	城乡	性别		年龄组			全国
		男性	女性	60~69	70~79	80+	
突然对亲朋好友的面孔有陌生感	城镇	6.3	8.0	4.6	8.4	13.3	7.2
	农村	7.8	9.6	6.0	10.4	16.5	8.7
	合　计	7.1	8.7	5.3	9.4	14.7	7.9
常常想不起亲朋好友的名字	城镇	16.3	19.3	12.8	21.5	28.0	17.9
	农村	18.9	23.8	16.7	24.9	32.8	21.4
	合　计	17.6	21.4	14.7	23.1	30.1	19.6
出门后一时找不到自己的家门	城镇	1.8	3.6	1.5	3.2	6.0	2.8
	农村	2.5	4.5	2.4	3.9	7.5	3.5
	合　计	2.2	4.0	1.9	3.6	6.6	3.1
经常忘记带钥匙	城镇	15.4	24.2	18.0	23.8	20.6	20.1
	农村	21.5	30.3	25.4	26.3	27.2	25.9
	合　计	18.4	27.0	21.6	25.0	23.4	22.9
常常忘记灶上还煮着粥或烧着水	城镇	10.4	19.7	14.3	17.8	14.5	15.4
	农村	13.0	24.7	18.1	19.9	19.7	18.9
	合　计	11.7	22.0	16.2	18.8	16.8	17.1
都没有	城镇	72.6	61.5	72.5	61.7	56.8	66.7
	农村	66.7	54.8	65.4	57.1	48.9	60.7
	合　计	69.7	58.4	69.0	59.5	53.4	63.8

9. 近四成老年人情感孤独

在被访的老年人中，36.6%的感到孤独，其中6.3%的被访老年人经常感到孤独，30.3%的被访老年人有时感到孤独（如表13所示）。

农村老年人心理孤独问题更为严重。接近三成（29.9%）的城镇老年人感到孤独感，超过四成（43.9%）的农村老年人感到孤独。33.0%的男性老年人感到孤独，40.0%的女性老年人感到孤独，女性老年人感到孤独的比例高于男性老年人。进一步分城乡、分性别来分析，结果表明，33.8%的城镇女性老年人感到孤独，25.5%的城镇男性老年人感到孤独，46.9%的农村女性老年人感到孤独，40.7%的农村男性老年人感到孤独。值得关注的是，农村女性老年人的孤独感比例最高，农村女性老年人的心理健康状况不容乐观。

分年龄分析，从表 13 可见老年人随年龄的增长，感到（"经常"及"有时"）孤独的比例越来越高，从 60~69 岁的 30.2% 上升至 80 岁及以上老年人的 52.6%，近 1/3 的低龄老年人感到孤独，超过一半的高龄老年人感到孤独。进一步分城乡、年龄来看，农村高龄老年人是孤独感最强的群体，经常感到孤独的比例为 13.8%，有时感到孤独的比例为 49.2%。因此，如何排解老年人的孤独感，是老龄工作面临的一个重要课题。

表 13 老年人孤独感状况

单位：%

城乡	孤独感	性别		年龄组			全国
		男性	女性	60~69	70~79	80+	
城镇	经常	3.9	5.2	3.3	5.2	8.0	4.6
	有时	21.6	28.6	20.8	27.8	36.3	25.3
	从不	74.4	66.2	75.9	67.1	55.6	70.0
农村	经常	8.0	8.4	6.1	9.7	13.8	8.2
	有时	32.7	38.5	30.4	39.6	49.2	35.7
	从不	59.3	53.0	63.5	50.7	37.0	56.1
合计	经常	5.9	6.7	4.7	7.3	10.6	6.3
	有时	27.1	33.3	25.5	33.4	42.0	30.3
	从不	67.0	60.0	69.8	59.2	47.4	63.4

分婚姻状况分析，从表 14 可见有配偶的老年人感到孤独的比例（25.3%）较低，无配偶的老年人感到孤独的比例较高（65.8%）。无配偶老年人感到孤独的超过六成，需要重点关注。分居住方式分析，独居老年人感到孤独的比例为 71.3%，与配偶共同居住老年人感到孤独比例为 26.1%，其他居住方式老年人感到孤独的比例为 54.6%。可见，独居老人的孤独感最强，独居老年人的孤独感与他们缺乏家庭温暖、家庭交流有关。

表14　分婚姻状况、分居住方式老年人孤独感状况

单位：%

城乡	孤独感	婚姻状况		居住方式		
		无配偶	有配偶	独居	与配偶	其他
城镇	经常	12.1	1.9	16.0	1.9	7.4
	有时	46.5	17.6	48.3	18.2	40.6
	从不	41.4	80.4	35.7	79.8	52.0
农村	经常	19.7	3.5	25.1	3.6	12.2
	有时	53.4	28.3	52.5	29.4	50.0
	从不	26.9	68.2	22.4	67.1	37.8
全国	经常	15.9	2.7	20.8	2.7	9.6
	有时	49.9	22.6	50.5	23.4	45.0
	从不	34.1	74.7	28.7	73.9	45.4

（二）健康自评

中国老年人自评健康"非常好"的比例为6.6%，"比较好"的比例为26.4%，"一般"的比例为42.3%，"比较差"的比例为19.8%，"非常差"的比例为5.0%。这表明中国老年人自评健康状况良好，75.3%的老年人自评健康等级为一般及以上。

城镇老年人自评健康良好、一般、较差的比例为：37.7%、42.6%、19.7%，农村老年人自评健康良好、一般、较差的比例依次为：27.9%、41.8%、30.3，表明城镇老年人的自评健康水平好于农村老年人。男性老年人自评健康良好、一般、较差的比例依次为：37.7%、41.1%、21.2%，女性老年人自评健康良好、一般、较差的比例依次为：28.6%、43.3%、28.1%。男性老年人自评健康状况明显优于女性老年人，城镇和农村的男性老年人均好于女性老年人。

60～69岁老年人自评健康由良好、一般到较差的比例依次为：38.2%、41.9%、19.8%；70～79岁老年人自评健康由良好、一般到较差的比例依次为：28.3%、43.2%、28.5%；80岁及以上老年人自评健康良好、一般、较差的比例依次为：22.5%、41.5%、36.0%。随着年龄的增高老年人自评健康水平逐渐下降。

表 15　老年人自评健康状况

单位：%

城乡	健康状况	性别		年龄组			全国
		男性	女性	60~69	70~79	80+	
城镇	良好	42.8	33.2	43.3	33.5	26.6	37.7
	一般	40.7	44.3	41.4	44.0	44.1	42.6
	较差	16.5	22.4	15.3	22.5	29.6	19.7
农村	良好	32.4	23.4	33.1	22.6	17.6	27.9
	一般	41.6	42.1	42.4	42.3	38.3	41.8
	较差	25.9	34.6	24.5	35.1	44.2	30.3
合计	良好	37.7	28.6	38.2	28.3	22.5	33.0
	一般	41.1	43.3	41.9	43.2	41.5	42.3
	较差	21.2	28.1	19.8	28.5	36.0	24.8

三　经济与保障

在一定时期内，人们的经济状况和保障状况反映了人们的生活质量。虽然生活质量并不等同于生活水平（收入水平），但在目前中国的经济和社会发展水平下，收入水平仍然是衡量老年人生活质量最直接、最客观的指标，是衡量生活质量的客观基础。社会保障是老年人收入的主要来源，也是反映老年人生活质量的重要指标。

（一）收支状况

1. 城乡老年人收入水平差异显著

调查显示，老年人总体的年均收入为 17585 元[1]，中位数 6339 元。

---

[1]　老年人个人收入主要调查了以下项目："工作收入，农业经济活动收入，社会保障收入（养老金、离退休金），遗属抚恤金，职业/企业年金，商业养老保险金，高龄津贴，养老服务补贴，护理补贴，最低生活保障金，五保/三无救助金，计划生育家庭奖励（特别扶助金，其他），还有房租收入和利息收入，农村土地出租/承包收入，原单位福利/集体补贴/分红，子女（孙子女）们给的钱（含实物），投资理财收入"。

2016 年，中国居民人均可支配收入为 23821 元，中位数 20883 元①。相比较而言，老年人年均收入的均值和中位数都低于全国平均水平，说明老年人群体在经济上是相对弱势的群体。分城乡看，城镇老年人年均收入为 27258 元，农村老年人年均收入为 7099 元，城镇老年人与农村老年人年均收入相差 20159 元，农村老年人年均收入仅为城镇的 26.0%，老年人年均收入城乡差距十分显著，农村老年人的经济劣势地位尤其突出。

分性别看，男性老年人年均收入为 21649 元，女性老年人年均收入为 13868 元，男女性老年人年均收入相差 7781 元，女性老年人年均收入仅为男性老年人的 64.1%，老年人收入水平的性别差异非常明显。收入水平的性别差异在其他年龄段的群体中也非常明显，但在老年人群体中表现得更为明显，这是女性老年人一生中收入水平的劣势累积的结果，是收入差距马太效应的具体体现。

分年龄看，总体而言，随着年龄的增加老年人收入水平不断降低。城镇 60～69 岁、70～79 岁、80 岁及以上老年人的收入分别为 28253 元、25966 元、26331 元，其中，70～79 岁老年人的收入水平最低。农村相应年龄段老年人的收入分别为 8614 元、5421 元、4523 元，随年龄增加农村老年人收入依次显著降低，农村高龄组 80 岁及以上的老年人收入仅为低龄组 60～69 岁组的 52.5%。

分城乡性别看，首先城镇男性老年人年均收入最高，为 33801 元。其次为城镇女性老年人，为 21520 元，占城镇男性的 63.7%。再次为农村男性老年人，为 9065 元，是城镇男性老年人人均收入的 26.8%。最后是农村女性老年人，为 5217 元，为农村男性老年人的 57.6%，是城镇女性老年人人均收入的 24.2%。由此可见，农村女性老年人是老年人群体中经济状况最差、经济上最弱势的老年群体，提高老年人的生活质量重点之一是提高农村女性老年人的收入水平。

---

① 来源于中华人民共和国国家统计局 2016 年国民经济和社会发展统计公报。

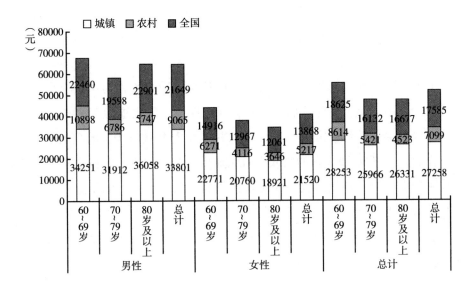

图15 分城乡、性别、年龄的老年人年均收入

综合城乡、性别、年龄看，城镇高龄男性老年人的年均收入最高，为36058元，农村高龄女性老年人群体的年均收入最低，为3646元，约为城镇高龄男性的1/10。城镇高龄男性老年人的人均收入是农村高龄女性老年人的10倍，这种城乡性别差距是城乡、地区、性别差异综合作用的结果。

老年人的收入是老年人生活质量的重要衡量指标，国家应该关注低收入老年人群体生活质量问题，尤其是农村高龄女性老年人收入低下的状况，通过提升社会保障水平来提高其生活质量。

2.社会保障性收入是老年人的主要收入来源

2015年中国城乡老年人生活状况调查，非常详细地调查了老年人各项具体收入情况，包括：年工作收入、年农业经济活动收入、年社会保障性收入、年租金利息及亲属支持收入、年投资理财收入这几个方面的收入，老年人年总收入为各项收入之和。老年人以上五项收入各自占总收入的比重即老年人收入结构。

从表16看出，老年人最主要的收入来源是社会保障性收入，如养老金/

离退休金等社保收入，占 62.7%；其次是房租、地租以及子女亲属的支持等收入，占 22.8%；然后农业经济活动的收入，占 9.7%；工作收入也占了6.4%；占比最低的是投资理财收入，仅占 0.6%。

分城乡看，城乡老年人收入占比都以社会保障性收入为主，但是二者差异较为明显。城市老年人收入中社会保障性收入的比重为 73.4%，而农村老年人社会保障性收入占 51.2%。农村老年人中有 21.0% 的收入是来源于工作收入，还有 15.2% 的收入来自农业生产劳动，说明农村老年人通过工作和农业生产劳动获得收入的比重比较高。城镇老年人的租金、土地和利息等收入占总收入的 17.9%，农村老人该项收入占总收入的比重达到28.2%。城市老年人的投资理财收入虽然比重很低，但要显著高于农村老年人。

表 16   不同群体的老年人各项收入占比的差异

单位：%

分类	工作收入占比		农业收入占比		社保收入占比		租金利息等占比		投资理财占比	
	均值	标准差	均值	标准差	均值	标准差	均值	标准差	均值	标准差
城镇	6.1	20.0	4.6	16.7	73.4	32.2	17.9	25.8	0.7	8.1
农村	21.0	20.5	15.2	27.2	51.2	33.0	28.2	27.7	0.4	6.3
男性	9.3	24.3	11.5	24.6	60.8	36.1	19.8	26.1	0.5	6.8
女性	3.7	15.7	8.1	21.3	64.5	32.7	25.6	27.9	0.6	7.7
60~69	9.8	24.8	13.6	26.5	56.9	36.1	21.7	27.1	0.7	7.9
70~79	2.8	13.7	6.5	18.7	67.2	31.8	24.8	27.6	0.5	6.6
80+	0.8	7.9	1.8	10.4	75.5	27.3	23.1	26.5	0.4	6.2
合　计	6.4	20.5	9.7	23.0	62.7	34.4	22.8	27.2	0.6	7.3

分性别看，女性老年人社会保障性收入占比（64.5%）要高于男性老年人（60.8%），女性老年人的其他租金利息等收入占比（包括子女亲戚支持的收入）（25.6%）也明显高于男性老人（19.8%）。而其他两项收入（工作收入和农业生产收入）的比重，男性老年人都高于女性老年人。从工作收入的比重看，男性老年人比女性老年人高出了近 6 个百分点。从农业收入的比重看，男性老年人比女性老年人也高出了约 3 个百分点。

分年龄组看，高龄组（80 岁及以上）老年人的社保收入占了总体收入的 75.5%，中龄组（70～79 岁）老年人的社保收入占了收入的 67.2%，低龄组（60～69 岁）老年人的社保收入仅占 56.9%，说明老年人的年龄越大，对社会保障基金的依赖性越强。低龄组（60～69 岁）老年人的工作收入、农业收入、投资理财收入所占比重都高于其他两个年龄组，说明老年人年龄越低，收入来源越多样化，70～79 岁中龄组老年人获得租金、利息和子女亲属支持的收入占比最高，说明中龄组的老年人对租金利息、子女亲属的依赖性较强。

总之，老年人年龄越大越依赖社会保障性收入，因此国家应该加大对高龄组老年人的社会保障投入。老年人年纪越轻，其收入来源越多样化，女性老年人的收入来源更加多样化，女性老年人来源于子女亲属支持的收入更多，农村老年人收入来源更为丰富多样，但金额数量不稳定。

3. 城乡老年人消费支出差异大

本次调查显示，老年人年均个人消费支出为 4986 元。分城乡看，城镇老年人年均消费支出为 6997 元，农村为 2806 元，农村是城镇的 40%。

综合城乡、性别看，城镇男性老年人年均消费支出最高，为 8171 元；其次为城镇女性老年人，年均消费支出为 5967 元；再次为农村男性老年人，年均消费支出为 3486 元；最后是农村女性老年人，年均消费支出为 2156 元，农村女性老年人年均消费支出最低。综合城乡、年龄看，城镇 60～69 岁组老年人年均支出为 7354 元；城镇 70～79 岁组为 6450 元，占 60～69 岁组的 88%；城镇 80 岁及以上老年人年均支出为 6825 元，占 60～69 岁组老年人年均支出的 93%；可见城镇中龄组 70～79 岁老年人年均支出最低。农村 60～69 岁组老年人的年均支出为 3294 元；70～79 岁组老年人年均支出为 2365 元，占 60～69 岁老年人年均支出的 72%；农村 80 岁及以上年均支出为 1757 元，占 60～69 岁老年人的 53%，农村老年人年均支出随年龄增加依次降低，农村高龄组老年人年均消费支出最低。

表17　分城乡、性别、年龄的老年人年均支出

单位：元

性别	年龄分组	城镇	农村	全国
男性	60～69 岁	8418	4059	6217
	70～79 岁	7384	2879	5176
	80 岁及以上	8888	2175	5974
	总　计	8171	3486	5870
女性	60～69 岁	6382	2509	4539
	70～79 岁	5633	1873	3872
	80 岁及以上	5254	1457	3549
	总　计	5967	2156	4178
总计	60～69 岁	7354	3294	5364
	70～79 岁	6450	2365	4495
	80 岁及以上	6825	1757	4582
	总　计	6997	2806	4986

综合城乡、性别、年龄看，城镇高龄男性老年人的年均支出最高（为8888元），农村高龄女性老年人的年均支出最低（为1457元），是城镇高龄男性的16.4%，与老年人收入水平在三个年龄组上的具体差异呈现较为一致，也是城乡、性别和年龄综合作用的结果，农村高龄女性老年人超低消费支出情况应该引起关注。

（二）医疗保障状况

调查显示，中国老年人医疗保障接近全覆盖。此处的医疗保障待遇主要包括：城镇职工基本医疗保险、城镇居民基本医疗保险、新型农村合作医疗、城乡居民基本医疗保险、城乡居民大病保险、职工大额医疗补助、公费医疗及其他等八项内容。

调查显示，99.1%的老年人都享有医疗保障待遇。城镇和农村都有99.1%的老年人享受医疗保障待遇。城镇男性老年人有99.2%享受医疗保障，农村男性和城镇女性有99.0%享有医疗保障。老年人医疗保障待遇接近全覆盖，各群体医疗保障覆盖面都超过或接近99%。

表 18　分城乡、性别、年龄老年人享受医疗保障情况

单位：%

性别	城镇	农村	60~69 岁	70~79 岁	80 岁及以上	合计
男性	99.2	99.0	99.1	99.3	99.2	99.1
女性	99.0	99.1	99.2	99.0	98.5	99.0
合　计	99.1	99.1	99.1	99.2	98.8	99.1

1. 二成多老年人享受城镇职工基本医疗保险

2015 年的调查显示，20.6% 的老年人享受城镇职工基本医疗保险，城镇老年人中有 96.9% 的老年人享有城镇职工基本医疗保险，还有 3.1% 的农村老年人也享受城镇职工基本医疗保险。男性老年人中有 23.5% 享受了城镇职工基本医疗保险，女性老年人中有 17.9% 享受城镇职工基本医疗保险。

分年龄看，随着年龄的提高老年人享受城镇职工基本医疗保险的比例不断提高。高龄老人（80 岁及以上）最高，为 22.5%；70~79 岁其次，为 21.8%；60~69 岁最低，为 19.4%。女性高龄老年人（80 岁及以上）享受城镇职工基本医疗保险的比例最低，为 17.1%，男性高龄（80 岁及以上）老年人享受城镇职工基本医疗保险的比例最高，为 29.7%。

2. 近八成老年人享有城乡居民基本医疗保险

2016 年国务院出台《关于整合城乡居民基本医疗保险制度的意见》，要求在全国范围内整合城镇居民基本医疗保险和新型农村合作医疗两项制度，建立统一的城乡居民基本医疗保险制度。但因为本次调查是在 2014 年进行的，制度还尚未整合，但已有部分地区统一称为城乡居民基本医疗保险。调查显示，有 6.8% 的老年人享有城镇居民基本医疗保险，16.5% 的老年人享受城乡居民基本医疗保险，54.5% 的老年人享受新农合医疗保险，因此合计有近八成（77.8%）的老年人享有城乡居民基本医疗保险。

2015 年，12% 的城镇老年人享受城镇居民基本医疗保险，农村也有 1.1% 的老年人享有城镇居民基本医疗保险。男性老年人有 5% 享受城镇居民基本医疗保险，女性有 8.4% 享受城镇居民基本医疗保险，女性老年人享

受城镇居民基本医疗保险的比例高于男性，这可能是因为城镇男性老年人多数有职工基本养老保险。分年龄看，随着年龄的增加男性老年人享受城镇居民基本医疗保险的比例明显降低，60～69岁、70～79岁、80岁及以上分别为3.1%、1.3%、0.5%。高龄男性老年人享受镇居民基本医疗保险比例最低，仅为0.5%，高龄女性老年人享受比例最高，为10.3%。

2015年，男性老年人中有15.5%、女性老年人中有17.4%享受城乡居民基本医疗保险。城镇有14.7%的老年人，农村18.4%的老年人享受城乡居民基本医疗保险。综合城乡性别看，农村女性老年人享受城乡居民基本医疗保险的比例最高，达到18.6%，城镇男性享受城乡居民基本医疗保险最低，为12.9%。各年龄段的老年人享受城乡居民基本医疗保险的差别不大，60～69岁为16.6%，70～79岁为16.1%，80岁及以上为16.7%。综合城乡和年龄看，享受城乡居民医疗保险比例最高的是高龄组80岁及以上的女性老年人，为18.2%，最低为高龄组80岁及以上的男性老年人，为14.8%。

表19　老年人享受城职保、城居保和新农合情况

单位：%

保险类别	性别	城镇	农村	60～69岁	70～79岁	80岁及以上	合计
城镇职工基本医疗保险	男性	52.0	2.5	21.0	25.5	29.7	23.5
	女性	44.9	0.6	17.9	18.4	17.1	17.9
	合　计	96.9	3.1	19.4	21.8	22.5	20.6
城镇居民基本医疗保险	男性	8.8	1.0	3.1	1.3	0.5	5.0
	女性	14.9	1.1	7.6	8.8	10.3	8.4
	合　计	12.0	1.1	6.5	6.7	7.7	6.8
新农村合作医疗保险	男性	30.3	78.3	56.2	53.1	45.6	53.9
	女性	33.1	79.7	56.2	54.5	51.8	55.0
	合　计	31.8	79.0	56.2	53.8	49.2	54.5
城乡居民基本医疗保险	男性	12.9	18.2	15.9	15.0	14.8	15.5
	女性	16.3	18.6	17.3	17.1	18.2	17.4
	合　计	14.7	18.4	16.6	16.1	16.7	16.5

3. 一半以上老年人享受新农合

2015 年城乡调查中有 54.5% 的老年人享受新农村合作医疗保险，农村 79% 的老年人享受新农合医疗保险，城镇也有 31.8% 的老年人享受新农合医疗保险。男性老年人中有 53.9% 享有新农合医疗保险，女性为 55.0%，享受新农合医疗保险的比例女性高于男性。农村女性老年人享受新农合医疗保险的比例最高，为 79.7%，城镇男性享受新农合医疗保险的比例最低，为 30.3%。

分年龄看，随着年龄的增加，老年人享受新农合医疗保险的比例依次降低，60～69 岁、70～79 岁、80 岁及以上依次为 56.2%、53.8%、49.2%。高龄男性享受新农合医疗保险的比例最低（为 45.6%），低龄男性和低龄女性享受新农合医疗保险的比例一致，为 56.2%。

4. 一成多老年人享受城乡居民大病保险

调查显示，仅有 10.8% 的老年人享受城乡居民大病保险，农村（13.0%）高于城镇（8.8%），女性（11.3%）高于男性老年人（10.3%）。农村女性享受城乡居民大病保险的比例最高，为 13.2%，城市男性享受城乡居民大病保险的比例最低，为 7.8%。出现这种情况的原因是城镇有职工大额医疗补助、公费医疗等，降低了城镇老年人享受城乡居民大病保险的比例。

分年龄看，各个年龄段老年人之间享受城乡居民大病保险的差异不大，60～69 岁为 10.9%，70～79 岁为 10.7%，80 岁及以上也是 10.7%。80 岁及以上的男性老年人比例最低（为 9.5%），80 岁及以上高龄女性老年人比例最高（为 11.6%）。

5. 3%老年人享有职工大额医疗补助

2015 年城乡调查显示（见表 20），有 3% 的老年人享有职工大额医疗补助。城镇为 5.7%，农村为 0.2%。农村女性老年人享受职工大额医疗补助的比例最低，为 0.1%。城镇男性老年人享有职工大额医疗补助的比例最高，为 6.7%。老年人分年龄享有职工大额医疗补助的差异不大，60～69 岁为 2.8%，70～79 岁为 3.4%，80 岁及以上为 3.2%。职工大额医疗保险是

指针对患重大疾病的职工医疗支出超出基本医疗保险最高支付限额以后的补助制度，老年人是重大疾病的高发群体，大额医疗补助制度是患重病老年人生活质量的重要保障。

表20　老年人享受大病保险、大额医疗补助、公费医疗情况

单位：%

项目	性别	城镇	农村	60～69岁	70～79岁	80岁及以上	合计
城乡居民大病保险	男性	7.8	12.9	10.6	10.1	9.5	10.3
	女性	9.6	13.2	11.2	11.3	11.6	11.3
	合　计	8.8	13.0	10.9	10.7	10.7	10.8
职工大额医疗补助	男性	6.7	0.3	3.1	4	4.6	3.6
	女性	4.7	0.1	2.5	2.8	2.2	2.5
	合　计	5.7	0.2	2.8	3.4	3.2	3.0
公费医疗	男性	4.2	0.5	1.4	2.5	6.4	2.4
	女性	1.8	0.0	0.7	1.1	1.7	1.0
	合　计	3.0	0.2	1.1	1.8	3.6	1.7

6. 不到2%老年人享有公费医疗

本次调查显示（见表20），有1.7%的老年人享有公费医疗。城镇公费医疗的比例（3.0%）高于农村（0.2%），男性公费医疗的比例（2.4%）高于女性（1.0%）。综合城乡性别看，城镇男性老年人享有公费医疗的比例最高（4.2%）。农村女性老年人享有公费医疗的比例为0。享有公费医疗的情况，不仅反映了中国老年社会保障的城乡差异，还反映男女两性老年人之间医疗保障的鸿沟。

分年龄看，随着年龄的提高老年人享有公费医疗的比例不断提高，从60～69岁的1.1%，提高到70～79岁的1.8%，再提高到80岁及以上的3.6%。低龄女性老年人享受公费医疗的比例最低，仅为0.7%，高龄男性老年人享受公费医疗的比例最高，为6.4%。老年人公费医疗的情况反映了中国老年人医疗保障的性别和城乡差异。

（三）经济自评

老年人收入状况是衡量老年人生活质量的客观指标，而老年人自我感知的自评经济状况是衡量老年人生活质量的主观指标。本次调查也调查了老年人自评经济状况，数据显示，老年人自评经济"宽裕"的比例为16.1%，"基本够用"的比例为58.5%，"困难"的比例为25.4%。

分城乡看，城镇老年人自评"宽裕"的比例为20.3%，"基本够用"的比例为61.2%，"困难"的比例为18.5%；农村老年人自评"宽裕"的比例为11.6%，"基本够用"的比例为55.5%，"困难"的比例为32.8%。这表明城镇老年人的经济自评状况明显好于农村老年人。自评经济"宽裕"的城镇老年人比例接近农村老年人的两倍，自评"困难"的城镇老年人比例约为农村老年人的一半。老年人经济水平城乡差异显著，提高农村老年人的经济水平是目前提升农村老年人生活质量的一项艰巨任务。

分性别看，男性老年人自评"宽裕"、"基本够用"、"困难"的比例依次为：17.3%、58.1%、24.5%。女性老年人选择"宽裕"、"基本够用"、"困难"的比例依次为：15.0%、58.8%、26.3%。数据表明，男性老年人的经济自评水平高于女性老年人，这与男性老年人经济收入水平要高于女性老年人的实际相吻合。

分年龄组看，60~69岁老年人选择"宽裕"、"基本够用"、"困难"的比例依次为16.9%、59.6%、23.6%；70~79岁老年人的经济自评由"宽裕"到"困难"的比例依次为15.0%、57.4%、27.6%；80岁及以上的老年人的经济自评由"宽裕"到"困难"的比例依次为15.8%、56.6%、27.6%，表明低龄组老年人的经济自评水平较高。总的来看，各年龄组老年人的经济自评等级差异不大，城市高龄老年人的经济自评状况好于农村高龄老年人。年龄越大老年人经济状况越差，因此，高龄老年人经济自评状况相对较差，高龄老年人的经济贫困状况尤其值得关注。

表21　老年人的自评经济状况

单位：%

城乡	经济自评	男性	女性	60～69岁	70～79岁	80岁及以上	合计
城镇	宽裕	22.5	18.3	20.2	19.9	21.1	20.3
	基本够用	60.7	61.7	62.4	60.4	58.9	61.2
	困难	16.8	20.0	17.4	19.6	19.9	18.5
农村	宽裕	12.1	11.3	13.4	9.4	9.1	11.6
	基本够用	55.5	55.4	56.6	54.1	53.7	55.5
	困难	32.4	23.3	30.0	36.5	37.2	32.8
全国	宽裕	17.3	15.0	16.9	15.0	15.8	16.1
	基本够用	58.1	58.8	59.6	57.4	56.6	58.5
	困难	24.5	26.3	23.6	27.6	27.6	25.4

四　居住环境

中国老年人的日常生活主要在社区内的居住环境中进行。有研究表明，中国城市老年人平均每天有21～22个小时是在居住环境里度过的。居住环境与老年人的生活状态及生活满意度密切相关，住房及周围环境对提高老年人的生活质量至关重要①。

（一）住房条件

1. 老年人房屋自有产权率超过六成

数据显示（见表22），中国老年人中自有产权房屋比例为65.9%。其中，城镇老年人中自有产权房屋的比例为71.4%，农村老年人中自有产权

---

① 曲嘉瑶：《城市居住环境对老年人生活质量的影响——以北京市为例》，《城市问题》2018年第12期。

房屋的比例为 60.1%，农村老年人自有产权房屋的比例明显低于城镇老年人。

表22　分城乡、性别老年人房屋产权拥有情况

单位：%

性别	城镇	农村	全国
男性	75.9	65.6	70.8
女性	67.3	54.8	61.5
合　计	71.4	60.1	65.9

分性别而言，男性老年人（或配偶）拥有自有产权房屋的比例为70.8%，女性老年人（或配偶）为61.5%。女性老年人拥有自由产权房屋的比例更低。

从老年人拥有产权房的数量来看，老年人（或配偶）拥有1套房屋产权的比例为94.4%，拥有两套房屋产权的老年人比例为4.8%，拥有3套及以上房屋产权的老年人比例为0.8%。

城镇老年人拥有房屋产权1套、2套、3套及以上的比例依次为92.2%、6.7%、1.1%；农村老年人拥有房屋产权1套、2套、3套及以上的比例依次为97.3%、2.3%、0.4%，表明城镇老年人拥有2套及以上产权房屋的比例高于农村老年人。

分性别分析，男性老年人（或配偶）拥有房屋产权1套、2套、3套及以上的比例依次为93.9%、5.2%、0.8%，女性老年人（或配偶）拥有房屋产权1套、2套、3套及以上的比例依次为95.0%、4.4%、0.6%。男性老年人拥有两套及以上产权房屋的比例高于女性老年人。

拥有2套及以上自有产权房屋的情况反映了老年人的固定资产水平。城镇老年人和男性老年人拥有2套及以上产权房屋的比例比较高，不仅反映城镇和男性老年人的居住条件更好，也反映了他们的固定资产水平更高。

表23　老年人拥有产权房的数量

单位：%

性别	住房套数	城镇	农村	全国
男性	1	91.3	97.1	93.9
	2	7.4	2.5	5.2
	3 及以上	1.2	0.4	0.8
女性	1	93.1	97.5	95.0
	2	6.0	2.1	4.4
	3 及以上	1.0	0.4	0.6
合计	1	92.2	97.3	94.4
	2	6.7	2.3	4.8
	3 及以上	1.1	0.4	0.8

2. 超过九成的老年人有单独居住房间

老年人（或配偶）有单独居住房间的比例为93.0%，其中城镇老年人（或配偶）有单独居住的房间的比例为94.1%，农村老年人（或配偶）有单独居住的房间的比例为91.9%，城镇老年人（或配偶）有单独居住的房间的比例高于农村老年人。

分性别分析表明，男性老年人（或配偶）有单独居住的房间的比例为93.5%，女性老年人（或配偶）有单独居住的房间的比例为92.6%，差别不大。

分年龄组分析，60~69岁、70~79岁、80岁及以上的老年人（或配偶）有单独居住的房间的比例依次为93.6%、93.0%、90.8%。随着年龄的增加，拥有单独居住房间的老年人比例略有下降。

表24　老年人有单独居住房间情况

单位：%

性别	城镇	农村	60~69	70~79	80+	合计
男性	94.7	92.3	93.8	93.5	92.5	93.5
女性	93.5	91.5	93.5	92.5	89.5	92.6
合计	94.1	91.9	93.6	93.0	90.8	93.0

3. 住宅适老性亟待提高

老年人现在的住房有问题的占 60.8%，没有问题的占 39.2%，其中城镇老年人现住房有问题的比例为 56.4%，农村老年人现住房有问题的比例为 65.6%，表明农村老年人现住房有问题的比例显著高于城镇，农村老年人住房问题更大，住房适老性更差。

表 25　老年人现住房有问题的占比

单位：%

性别	城镇	农村	全国
男性	55.9	65.2	60.5
女性	56.9	65.9	61.1
合　计	56.4	65.6	60.8

老年人对其住房反映最强烈的问题是"没有呼叫/报警设施"，其比例为 39.5%，见图 16，其中城镇有 37.6% 反映存在该项问题，农村为 41.6%，农村更加缺少呼叫/报警设施。

排第二位的是"住房内没有扶手"，占 24.6%。城镇和农村老人反映存在该问题的比例分别为 20.6% 和 28.9%，相差约 8 个百分点，农村住房条件更简陋，存在该问题的比例更高。

第三位的是住房内"光线昏暗"，其比例为 22.0%，其中城镇存在该问题的比例为 18.0%，农村为 26.5%，农村老人住房光线昏暗的比例更高，居住环境更差。

第四为"厕所/浴室不好用"，比例为 16.1%，城镇比例为 12.4%，农村比例为 20.2%，相差约 8 个百分点，表明农村的厕所/浴室条件显著劣于城镇。

第五为"门槛绊脚或地面高低不平"，其比例为 12.5%，其中城镇的比例为 7.4%，农村为 17.9%，相差约 10 个百分点，表明门槛绊脚或地面高低不平是农村老年人住房急需解决的重要问题之一。

第六是"有噪音"，其比例为 7.4%，城镇为 10.9%，农村为 3.6%，表明噪音给城市老年人的居住造成了很大的困扰。

第七是"门用起来不合适",总体的比例为 6.1%,农村的比例（8.4%）高于城镇（3.9%）。

第八是"地面滑",总体的比例为 4.2%,农村的比例（5.3%）高于城镇（3.3%）。

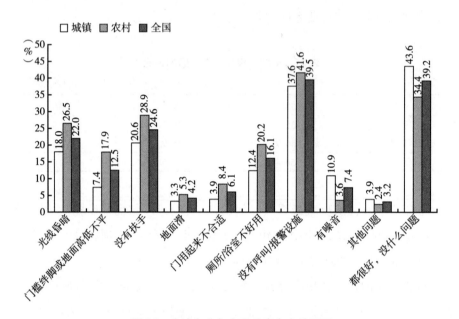

图16 分城乡老年人现住房存在的问题

进一步分年龄来分析老年人,见表26。总体来看,年龄较低的老年人住房存在问题的比例较低,年龄较高的老年人住房存在问题的比例较高,主要原因是年龄较高的老年人居住的房屋建成时间较早,各项设施陈旧,加上年龄较高的老年人身体机能下降更快,面临的住房困难更多。

表26 老年人现住房问题

单位：%

质量问题	城乡	男性	女性	60~69	70~79	80+	合计
光线昏暗	城镇	17.7	18.2	16.4	18.7	22.2	18.0
	农村	26.5	26.3	23.9	28.9	31.6	26.5
	合 计	22.0	22.0	20.0	23.6	26.4	22.0

质量问题	城乡	男性	女性	60~69	70~79	80+	合计
门槛绊脚或地面高低不平	城镇	7.1	7.6	6.3	8.2	9.5	7.4
	农村	17.7	18.1	15.8	20.0	22.0	17.9
	合 计	12.3	12.5	11.0	13.8	15.0	12.5
没有扶手	城镇	20.1	21.0	19.4	21.0	23.9	20.6
	农村	28.6	29.4	27.6	29.8	32.9	28.9
	合 计	24.2	25.0	23.4	25.2	27.9	24.6
地面滑	城镇	2.9	3.6	3.0	3.4	4.0	3.3
	农村	5.0	5.7	4.9	5.7	6.4	5.3
	合 计	3.9	4.6	3.9	4.5	5.1	4.2
门用起来不合适	城镇	3.8	4.0	3.7	4.0	4.3	3.9
	农村	8.6	8.2	7.8	9.1	9.2	8.4
	合 计	6.2	6.0	5.7	6.4	6.5	6.1
厕所/浴室不好用	城镇	12.2	12.6	11.6	13.1	14.2	12.4
	农村	20.3	20.1	19.0	21.3	22.7	20.2
	合 计	16.2	16.1	15.2	17.0	18.0	16.1
没有呼叫/报警设施	城镇	37.5	37.7	36.9	38.3	38.5	37.6
	农村	41.3	41.8	40.7	42.4	43.4	41.6
	合 计	39.3	39.6	38.8	40.2	40.7	39.5
有噪音	城镇	11.1	10.8	11.5	10.8	9.5	10.9
	农村	3.7	3.4	3.8	3.4	3.4	3.6
	合 计	7.5	7.4	7.7	7.2	6.8	7.4
其他	城镇	4.0	3.9	4.1	3.8	3.4	3.9
	农村	2.5	2.2	2.5	2.3	2.1	2.4
	合 计	3.3	3.1	3.3	3.1	2.8	3.2

（二）社区环境

2015 年调查对老年人的社区设施满意程度进行了调查，结果如图 17 显示，老年人对社区居家环境中的"治安环境"和"交通状况"的满意度最高，比例分别为59.3%和58.4%；其次对社区环境中的"街道/道路照明"的满意度，为53.3%；再次是对"尊老氛围"和"环境绿化"的满意度为45.3%和45.2%；对"健身活动场所"感到满意的比例为30.5%，对"生活设施"的满意比例为29.4%；对"公共卫生间"感到满意的比例最低，仅为17.4%；另外，还有6.5%的老年人对以上所有设施都不满意。

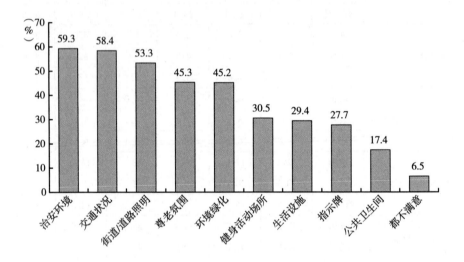

图17　老年人对社区设施的满意度

数据来源：长表。

如图18所示，分城乡来看，老年人对城镇社区的设施满意度普遍高于农村社区。城镇老年人对社区的"道路/街道照明"、"交通状况"、"治安环境"、"环境绿化"、"尊老氛围"感到满意度较高，均在50%左右；对"指示牌"、"生活设施"、"健身场所"的满意度则均在40%左右；对"公共卫生间"的满意度最低，为23.6%。农村老年人对社区设施满意度最高的为"治安环境"和"交通状况"，分别为56.8%和56.3%，对"道路/街道照明"的满意度为42.1%，"尊老氛围"为41.3%，"环境绿化"为37.4%，对"指示牌"、"生活设施"、"健身场所"、"公共卫生间"的满意度均低于20%，对以上设施都不满意的比例为8.7%，高于城镇社区的4.5%。可见，在社区设施的建设上农村社区和城镇社区之间还存在很大的差距，特别是在基础生活服务设施和公共卫生设施方面。

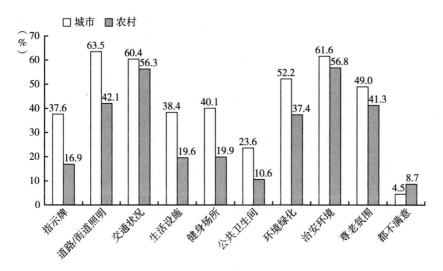

图18　城乡老年人的社区设施满意度

数据来源：长表。

五　家庭关系

（一）家庭照料

1. 配偶在老年人照料护理中扮演重要角色

按照"配偶，儿子，儿媳，女儿，女婿，孙子女，其他亲属，朋友/邻居，志愿人员，家政服务人员（保姆、小时工等），医疗护理机构人员，养老机构人员，社区（村/居委会）工作人员，其他人"14个选项，不论农村还是城镇，不论男性还是女性，配偶是目前老年人最主要的照料者，占了43.5%，但是80岁及以上的老年人主要是儿子在行使照顾职责，占了41.9%，说明高龄老人主要由子女尤其是儿子在提供照料护理，60~69岁的老年人有72.1%是由配偶提供照料。

表27　分城乡、性别、年龄的老年人主要照料者

单位：%

主要照料者	城镇	农村	男性	女性	60～69岁	70～79岁	80岁及以上	合计
配偶	41.7	45.3	57.9	32.9	72.1	49.3	18.2	43.5
儿子	25.6	31.5	21.8	33.6	13.1	25.8	41.9	28.6
儿媳	8.6	11.4	5.0	13.8	4.4	9.4	14.6	10.0
女儿	14.3	6.8	6.6	13.4	5.7	9.2	15.1	10.5
女婿	0.3	0.2	0.2	0.3	0.1	0.2	0.4	0.3
孙子女	1.0	1.3	0.8	1.4	0.5	1.1	1.6	1.1
其他亲属	1.5	1.8	2.7	0.8	2.5	1.5	1.2	1.6
朋友/邻居	0.2	0.2	0.2	0.2	0.2	0.2	0.1	0.2
志愿人员	0.0	0.1	0.1	0.0	0.0	0.0	0.1	0.0
家政服务人员	5.2	0.6	2.9	2.8	0.5	2.0	5.3	2.8
医疗护理机构人员	0.2	0.0	0.1	0.1	0.0	0.1	0.2	0.1
养老机构人员	1.3	0.7	1.5	0.6	0.7	1.0	1.2	1.0
社区工作人员	0.0	0.0	0.0	0.0	0.0	0.0	0.0	0.0
其他人	0.1	0.1	0.1	0.1	0.1	0.1	0.1	0.1

　　分城乡看，城镇需要照料的老年人中有41.7%是由配偶提供照料，农村更高，有45.3%是由老年人配偶提供照料，说明由配偶提供照料支持的情况在农村更为普遍。

　　分性别看，男性老年人中有57.9%由配偶提供照料，女性老年人中仅有32.9%由配偶提供照料，说明男性老年人更多由配偶提供照料，配偶是男性老年人的主要照料者。分年龄段看，60～69岁组老年人由配偶照料的比例最高，为72.1%，70～79岁老年人由配偶照料的比例为49.3%，80岁及以上老年人该比例为18.2%。随着年龄的增加，由配偶照料的比例迅速下降，这是因为随着年龄的增加老年人丧偶率迅速增加。

　　综合城乡性别看，城镇男性老年人由配偶照料的比例最高，为58.4%；其次为农村男性，为57.4%；再次为农村女性老年人，为36.4%，最低为城镇女性老年人，仅为29.3%。综合城乡年龄段看，城镇60～69岁老年人中有74.0%是由配偶照料；其次为农村60～69岁年龄段的老年人，由配偶照料的

比例为 70.7%；再次为城镇 70~79 岁年龄段的老年人，由配偶照料的比例为
49.9%。由配偶照料比例最低的是农村 80 岁及以上的老年人，仅为 17.8%；
次低为城镇 80 岁及以上的老年人，为 18.4%。这说明随着年龄的增加，老年
人由配偶照料的比例在降低，原因是老年人年龄越大丧偶比例越高。

表 28 老年人配偶照料支持情况

单位：%

地域	主要照料者	男性	女性	60~69 岁	70~79 岁	80 岁及以上	合计
城镇	配偶	58.4	29.3	74.0	49.9	18.4	41.7
	子女	32.0	63.0	21.7	43.4	69.6	49.9
	其他人	9.6	7.6	4.4	6.7	11.9	8.5
农村	配偶	57.4	36.4	70.7	48.8	17.8	45.3
	子女	36.8	61.8	25.5	47.8	79.1	51.2
	其他人	5.7	1.8	3.8	3.4	3.1	3.4
全国	配偶	57.9	32.9	72.1	49.3	18.2	43.5
	子女	34.4	62.4	23.9	45.7	73.7	50.6
	其他人	7.6	4.7	4.1	5.0	8.1	5.9

2. 女性老年人由子女照料的比例更高

有人照料的老年人生活质量更高，尤其是失能半失能的老年人，没人照
料自生自灭自然谈不上生活质量高和幸福感强。2015 年城乡调查还调查了
"需要照料且有人照料的老年人的主要照料者是谁?"根据选项合并为：配
偶、子女（包括儿子、女儿、儿媳、女婿和孙子女）和其他人（包括其他
亲属，朋友/邻居，志愿人员，家政服务人员，医疗护理机构人员，养老机
构人员，社区工作人员，其他人）。

老年人的主要照料者依次是：老年人子女、老年人配偶和其他人，其所
占比例分别为 50.5%、43.5% 和 5.9%。从主要照料者的身份可以看出来，
老年人的主要照料责任是由家庭来承担的。

分性别看，男性老年人主要照料者是配偶的占了 57.9%，是子女的占
34.4%，是其他人的占 7.6%；女性老年人主要照料者为配偶、子女和其他
人的分别占 32.9%、62.4%、4.7%。显而易见，女性老年人的主要照料者

是子女，男性老年人的主要照料者是配偶，男性老年人由其他人照料的比例也大于女性老年人。

分城乡看，城镇老年人中由配偶、子女、其他人照料的比例分别为41.7%、49.9%、8.5%，农村老年人该三项比例分别为45.0%、51.2%、3.4%。农村老年人由子女照顾的比例更高，城镇老年人由其他人照顾的比例高于农村。城镇老年人经济水平更高，有能力聘请保姆照料，或者在社区中获取护工的上门护理等服务。

表29　分城乡、性别老年人主要照料者

单位：%

性别	主要照料者	城镇	农村	全国
男性	配偶	58.4	57.4	57.9
	子女	32.0	36.8	34.4
	其他人	9.6	5.7	7.6
女性	配偶	29.3	36.4	32.9
	子女	63.0	61.8	62.4
	其他人	7.6	1.8	4.7
合计	配偶	41.7	45.4	43.5
	子女	49.9	51.2	50.5
	其他人	8.5	3.4	5.9

综合城乡和性别看，城镇女性老年人的主要照料者依次是：子女（63.0%）、配偶（29.3%）、其他人（7.6%）。农村女性老年人的主要照料者依次是：子女（61.8%）、配偶（36.4%）、其他人（1.8%）。城镇和农村女性老年人的主要照料者都是子女。城镇男性老年人的主要照料者依次是：配偶（58.4%）、子女（32.0%）、其他人（9.6%）。农村男性老年人主要照料者依次是：配偶（57.4%）、子女（36.8%）、其他人（5.7%）。城镇和农村男性老年人的主要照料者都是配偶。农村不论是男性老年人还是女性老年人由其他人照料的比例相比城镇都低，因此农村地区主要还是依靠家庭养老的模式。农村地区的老年人不仅获取社会养老服务能力不足，而且农村由于缺乏养老服务供给机构，获取养老服务的空间也很狭小。

3. 一成多老年人还需照顾家中的其他老人

2015 年调查中，有 11.8% 的被访老年人家庭中还有其他老年人需要照料。而且有其他老年人需要照料的家庭中，69% 的家庭照料者是被访者本人。男性老年人家庭中有 12.5% 的有需要照料的老人，女性老年人家庭中有 11.2% 的有需要照料的老人，城镇有 12.2% 的老年人家庭有需要照料的老年人，农村有 11.4% 的老年人家庭有需要照料的老年人，城镇男性老年人家庭中有需要照料的老人比例最高（12.8%），农村女性老年人家庭有需要照料的老人比例最低（10.8%）。可见，家中有无需要照料老人的城乡和性别差异微弱。家中还有其他老人需要照料，说明老年人的照料负担较重，会严重影响老年人的生活质量和生活水平。因此，减轻老年人的照料负担也是提高老年人生活质量的重要方式。

表 30　分性别、城乡老年家庭有无需要照料老人情况

单位：%

性别	家庭有无需要照料的老人	城镇	农村	总体
男性	有	12.8	12.0	12.5
	无	87.2	88.0	87.5
女性	有	11.6	10.8	11.2
	无	88.4	89.2	88.8
合计	有	12.2	11.4	11.8
	无	87.8	88.6	88.2

（二）经济支持

1. 大部分老年人获得了子女经济支持

子女的经济支持反映的是老年人家庭中的代际支持状况，也可以侧面反映家庭养老在对老年经济支援和物质帮助上的作用大小，一定程度上可以反映家庭养老实际功能大小。本次调查的"子女给予老年人经济支持"指的是老年人子女（含孙子女）们给老年人的钱或物。调查结果表明，63.2% 的老年人都获得了子女钱或物的支持，说明老年人获得子女经济支持的情况

比较普遍。14.6%的老年人获得的子女经济支持是在600元及以内，25.5%的老年人获得的子女经济支持是601～2000元，23.1%的老年人获得的经济支持是2000元以上。

分城乡看，农村老年人获得子女经济支持的比例更高，为70.3%，城镇老人获得子女经济支持的比例为56.6%，低于农村老年人获得子女经济支持的比例，其主要原因是城镇老年人多数有固定退休工资，多数无须子女的经济支持。

分性别看，女性老年人获得子女经济支持的比例更高，为66.6%，男性老年人获得子女经济支持的比例为59.4%。说明女性老年人更多地从子女处获得经济支持。这是由于女性老年人更多没有正式工作，经济上处于弱势，所以相对而言更多女性老年人依赖子女的经济支持生活。女性老年人的丧偶率较男性高，一旦配偶离世，其经济上也更多需要依赖子女的支持。

分年龄看，高龄组80岁及以上老年人获得子女经济支持的占比最高，为66.8%，中龄段70～79岁老年人获得子女经济支持的占比为66.7%，低龄组60～69岁老年人获得过子女经济支持的比例为60.3%。说明随着年龄的增加，获得子女经济支持的比例略有上升。

表31 老年人子女经济支持情况

单位：%

城乡	子女经济支持	男性	女性	60～69岁	70～79岁	80岁及以上	合计
城镇	无支持	47.4	39.8	46.1	39.9	40.7	43.4
	1～600元	9.7	11.2	10.1	11.0	10.7	10.5
	601～2000元	21.4	24.6	22.1	24.2	24.1	23.1
	2000元以上	21.6	24.4	21.7	24.9	24.5	23.1
农村	无支持	33.5	26.1	33.1	26.0	23.8	29.7
	1～600元	18.0	20.0	18.4	19.2	21.5	19.1
	601～2000元	26.3	29.7	26.7	29.5	30.7	28.1
	2000元以上	22.2	24.1	21.8	25.3	24.0	23.2
合计	无支持	40.6	33.4	39.7	33.3	33.2	36.8
	1～600元	13.8	15.4	14.2	14.9	15.5	14.6
	601～2000元	23.8	27.0	24.4	26.7	27.1	25.5
	2000元以上	21.8	24.3	21.7	25.1	24.3	23.1

　　综合来看，城镇男性老年人获得子女经济支持的最少，为52.6%，农村女性老年人获得子女经济支持的占比最高，为73.9%。农村80岁及以上老年人获得的子女经济支持的比例最高，为76.2%；其次为农村70～79岁老年人，比例为74.0%；再次为农村60～69岁的老年人，为66.9%。城镇60～69岁老年人获得子女经济支持的比例最低（为53.9%），次低为城镇高龄老年人，为59.3%。总体而言，随着年龄的增加老年人获取子女经济支持的比例在增加，是因为高龄老年人生活不能自理的更多，健康状况更差，收入来源更少，更需要子女的经济支持。

　　2. 近6%的老年人子女有啃老行为

　　"啃老行为"间接反映了老年人对子女的经济支持行为。本次调查显示，5.9%的老年人认为子女存在"啃老行为"。城镇有7.7%的老年人认为子女存在"啃老行为"，农村3.9%的老年人认为子女存在"啃老行为"。城镇子女"啃老行为"更多，农村相对要少，出现这种情况可能是因为城镇老年人经济条件比较好，更多城镇老年人接济资助子女。

　　分年龄看，60～69岁低龄组的老年人认为子女存在"啃老行为"的比例最高，为7.0%，70～79岁年龄组的为4.9%，80岁及以上高龄组的老年人认为子女存在"啃老行为"的仅有3.4%。随着年龄的增加，子女"啃老行为"在减少。其主要原因在于随着年龄的增长老年人的经济收入在下降，子女能够有"啃老行为"的可能性比较小。

　　城镇男性老年人认为子女存在"啃老行为"的最多，为8.5%；其次是城镇女性，为7.0%。农村女性老年人认为子女存在"啃老行为"的最少，仅为3.5%；农村男性认为子女存在"啃老行为"的次低，为4.3%。城镇60～69岁老年人认为子女存在"啃老行为"的比例最高，为9.0%；其次为城镇70～79岁老年人，为6.9%；再次为农村60～69岁老年人，为5.0%。农村高龄老年人认为子女存在"啃老行为"的最低，仅占1.9%；农村中龄组老年人认为子女存在"啃老行为"次低，占2.8%。城镇男性老年人认为子女存在"啃老行为"的最多，说明城镇男性老年人的经济收入

水平较高，能够有余钱支持子女。但是既然被称为"啃老行为"，说明老年人对子女的这种行为是不满意的，子女的"啃老行为"也会间接影响老年人的生活质量，本来依靠自己的退休金，老年人晚年可以衣食无忧，但是要支援子女的家庭，间接导致老年人的生活质量下降。

表32　老年人子女啃老行为

单位：%

城乡	啃老行为	男性	女性	60~69岁	70~79岁	80岁及以上	合计
城镇	是	8.5	7.0	9.0	6.9	4.6	7.7
	否	91.5	93.0	91.0	93.1	95.4	92.3
农村	是	4.3	3.5	5.0	2.8	1.9	3.9
	否	95.7	96.5	95.0	97.2	98.1	96.1
合计	是	6.4	5.4	7.0	4.9	3.4	5.9
	否	93.6	94.6	93.0	95.1	96.6	94.1

（三）孝老行为

农村老年人认为子女不孝顺的比例较高。老年人对子女孝顺程度的主观评价是老年人生活质量、生活满意度的重要表现形式。本次调查显示，有81.4%的老年人认为子女孝顺，有17.8%的老年人认为子女孝顺程度一般，0.8%的老年人认为子女不孝顺。分城乡看，城镇84.3%的老年人认为子女孝顺，15.1%的老年人认为子女孝顺程度一般，0.6%的老年人认为子女不孝顺。相比较而言，农村老年人对子女的孝顺程度的评价总体上要低于城镇老年人，认为孝顺、一般和不孝顺的比例分别为78.3%、20.8%、1.0%。分性别看，男性老年人对子女孝顺程度的主观评价略低于女性老年人，男性老年人认为子女孝顺、一般、不孝顺的比例分别为80.9%、18.4%、0.7%，女性认为子女孝顺、一般、不孝顺的比例分别为81.9%、17.3%、0.8%。

表 33　老年人子女孝顺程度

单位：%

城乡	子女孝顺	男性	女性	60～69 岁	70～79 岁	80 岁及以上	合计
城镇	孝顺	83.2	85.2	84.7	83.0	84.8	84.3
	一般	16.2	14.2	14.8	16.3	14.4	15.1
	不孝顺	0.6	0.6	0.5	0.7	0.7	0.6
农村	孝顺	78.4	78.1	80.3	75.2	76.7	78.3
	一般	20.7	20.8	19.0	23.5	21.8	20.8
	不孝顺	0.9	1.1	0.7	1.3	1.4	1.0
合计	孝顺	80.9	81.9	82.6	79.3	81.3	81.4
	一般	18.4	17.3	16.6	19.7	17.6	17.8
	不孝顺	0.7	0.8	0.6	1.0	1.0	0.8

数据来源：长表。

综合看，城镇女性老年人认为子女孝顺的比例最高，为 85.2%；其次为城镇男性老年人，为 83.2%。农村女性老年人认为子女不孝顺的比例最高，为 1.1%；其次为农村男性老年人，为 0.9%；再次为城镇男性老年人和城镇女性老年人，均为 0.6%。认为子女不孝顺的比例相差较小，也可从中看出更多的农村老年人认为子女不孝顺。城镇高龄老年人认为子女孝顺的比例最高，为 84.8%；其次为城镇低龄老年人，为 84.7%；农村中龄老人认为子女孝顺的比例最低，仅为 75.2%，随着年龄的增加子女的孝顺程度没有呈现明显的规律性变化。

六　公共服务

老年人的看病和照料需求最强烈，因此公共服务（包括医疗服务、社区老龄服务）的可及性、便利程度，较大程度上影响了老年人的生活质量和获得感。

（一）医疗服务

1. 大部分老年人都能便利地获取医疗服务

2015年城乡调查还调查了老年人看病的便利程度，其测量的问题是"您经常去就诊的医疗卫生服务机构离您家有多远？"调查显示，全国老年人就诊距离不足一公里的占了38.0%，一至二公里的占了24.7%，二至五公里的占了18.7%，五公里及以上的占了18.6%。

分城乡看，城镇老年人就诊距离不足一公里的占了39.5%，一至二公里的占了27.9%，二至五公里的占了19.4%，五公里以上的占了13.3%；农村老年人这四项的比例分别为36.3%、21.3%、18.1%、24.3%。相比较而言，城镇老年人的医疗服务便利程度要高于农村老年人。

表34　老年人的医疗服务便利程度

单位：%

城乡	医疗机构距离	男性	女性	合计
城镇	不足一公里	38.2	40.6	39.5
	一至二公里	27.9	27.9	27.9
	二至五公里	20.0	18.8	19.4
	五公里及以上	14.0	12.7	13.3
农村	不足一公里	35.5	37.1	36.3
	一至二公里	21.5	21.1	21.3
	二至五公里	18.2	18.0	18.1
	五公里及以上	24.8	23.8	24.3
全国	不足一公里	39.0	36.8	38.0
	一至二公里	24.7	24.7	24.7
	二至五公里	18.4	19.1	18.7
	五公里及以上	17.9	19.3	18.6

2. 收费高是老年人就医反映最强烈的问题

2015 年城乡调查还调查了老年人在医院或诊所看病遇到的主要问题，这些主要问题占比从高到低排序依次为："收费太高"、"排队时间太长"、"手续烦琐"、"无障碍设施不健全"、"服务态度不好"、"不能及时住院"、"其他"等。

收费高是老年人反映最强烈的问题。相对于其他软硬件问题，有44.7% 反映就诊收费太高，说明医疗服务问题对于老年人来说，最关键的还是经济问题，降低就诊费用才能提高老年人医疗服务满意度。20.1% 的老年人认为不存在上述问题，反之，有 79.9% 的老年人认为存在一项或多项上述问题。

表 35　老年人就诊遇到的问题

单位：%

问题	比例	排序
收费太高	44.7	1
排队时间太长	32.5	2
手续烦琐	25.7	3
无障碍设施不健全	10.4	4
服务态度不好	6.9	5
不能及时住院	5.1	6
其他	2.2	7
不清楚,不去医院	2.4	—
无上述问题	20.1	—

分城乡看，有 44.8% 的农村老年人和 44.6% 的城镇老年人反映收费太高问题，说明收费太高是城乡老年人看病面临的共同难题。有 44.3% 的男性老年人反映收费太高的问题，45.1% 的女性老年人反映这个问题，说明收费太高的问题对于女性而言影响更为严重一点，这是因为女性的经济收入水平更低，对医疗收费的感受更强。

综合城乡和性别看，城镇女性和农村女性老年人反映就诊收费太高问题的比例一致，都为45.1%。城镇男性老年人反映就诊费用问题的比例最低，为44.1%；农村男性老年人该反映次低，为44.5%。总体而言，这四个类别的老年人对收费太高的认识和感受相差不大，已有的差别都是城乡、性别差异的具体体现。

表36　分城乡、性别老年人就诊遇到的具体问题

单位：%

问题	性别	城镇	农村	合计
排队时间太长	男性	37.9	25.5	31.9
	女性	38.5	26.7	33.1
	合　计	38.3	26.1	32.5
手续烦琐	男性	26.1	25.3	25.7
	女性	26.4	25.0	25.8
	合　计	26.3	25.1	25.7
不能及时住院	男性	5	5.1	5
	女性	4.8	5.5	5.1
	合　计	4.9	5.3	5.1
服务态度不好	男性	7.4	6.9	7.2
	女性	6.7	6.5	6.6
	合　计	7.1	6.7	6.9
收费太高	男性	44.1	44.5	44.3
	女性	45.1	45.1	45.1
	合　计	44.6	44.8	44.7

（二）社区老龄服务

1. 上门看病是老年人最迫切的需求

从表37可以看出，老年人最迫切的需求应属上门看病，有38.2%的老年人有此项需求，往下依次是上门做家务的需求（12%）、康复护理需求（11.4%）、心理咨询/聊天解闷（10.7%）、健康教育服务（10.5%）、日间照料（9.4%）、助餐（8.5%）、助浴（4.5%）、老年辅具用品租赁（3.7%）。

表37　老年人对社区老龄服务的需求

单位：%

老龄服务需求	男性	女性	城镇	农村	合计
上门看病	37.0	39.3	29.2	48.0	38.2
上门做家务	11.6	12.4	13.5	10.5	12.0
康复护理	11.1	11.7	10.0	12.9	11.4
心理咨询/聊天解闷	10.3	11.1	9.4	12.1	10.7
健康教育服务	10.6	10.4	9.2	11.9	10.5
日间照料	8.9	9.8	8.9	9.8	9.4
助餐	8.4	8.6	9.1	7.9	8.5
助浴	4.3	4.7	4.3	4.7	4.5
老年辅具用品租赁	3.7	3.7	3.3	4.1	3.7

2. 绝大多数老年人希望在家接受照护

照料服务是影响老年人晚年生活质量的重要方面之一，由于居家养老服务的可及性和便利性，居家照料是绝大多数老年人的照料来源。由表38可见，82.1%的老年人选择有需要的时候在家里接受照料护理服务，其中失能老年人选择在家里的比例为89.9%，生活自理老年人为81.8%，失能老人选择这一项的比例高出了8.1个百分点；有4.4%的老年人选择在养老机构接受照料护理服务，其中生活自理老人为4.4%，失能老人为4.7%；老年人选择在社区接受照护服务的比例则更低，占2.1%，其中自理老人与失能老人分别为2.2%和0.8%。调查显示的老年人照料服务地点的选择与北京地区"9064"和上海地区"9073"的居家、社区、机构的养老模式有一定的差别，有更多的老年人选择居家照料。

表38　老年人的照护服务地选择意愿

单位：%

服务地	合计	自理老人	失能老人
在家里	82.1	81.8	89.9
白天在社区、晚上回家	2.1	2.2	0.8
在养老机构	4.4	4.4	4.7
视情况而定	11.4	11.7	4.6

3. 近一成老年人的照料需要未能满足

关于"在需要照料的情况下是否有人照料"的调查显示,在需要照料的老年人中,91.4%的老人有人照料,还有8.6%的老人处于无人照料状态,接近9%的老年人照料需求未得到满足。

分城乡看,农村老年人需要照料而无人照料的比例较高,为10.5%,城镇仅为6.5%。说明农村地区老年人照料需求和照料服务供给的差距较大。数据表明,不仅老年人照料需求满足情况城乡差异大,城镇地区老年人的照料需求也未被完全满足,还有很大的填补空间。

从城乡、性别看,农村男性老年人需要人照料但无人照料的比例最高,为10.9%;其次为农村女性老年人,需要人照料但无人照料的比例为10.3%;城镇男性老年人需要照料而无人照料的比例最低,为6.2%,城镇女性老年人需要照料而无人照料的比例为6.8%。

分年龄看,低龄60~69岁的老年人需要照料而无人照料的比例最高,为10.6%;70~79岁的次之(10.1%);80岁及以上的老年人需要照料却无人照料的比例最低,为5.9%。

综合看,城镇80岁及以上高龄男性老人需要照料但无人照料的比例最低,为3.9%。农村60~69岁低龄男性老年人需要照料但无人照料的比例最高,为12.6%。从城乡、年龄看,城镇80岁及以上老年人需要照料而无人照料情况占比最低,仅为4.1%;农村低龄老年人需要照料而无人照料的比例最高,为11.7%。农村低龄男性老年人的照料需求未被满足的比例最高,原因之一是这部分老年人子女数较少,且子女在外打工的比例较高。

表39 老年人照料需求未满足情况

单位:%

城乡	性别	60~69岁	70~79岁	80岁及以上	合计
城镇	男性	8.4	7.2	3.9	6.2
	女性	9.4	8.7	4.2	6.8
	合 计	8.9	8.0	4.1	6.5

续表

城乡	性别	60～69 岁	70～79 岁	80 岁及以上	合计
农村	男性	12.6	11.4	8.2	10.9
	女性	10.9	12.3	7.9	10.3
	合　计	11.7	11.9	8.0	10.5
合计	男性	10.8	9.5	5.8	8.7
	女性	10.3	10.6	5.9	8.6
	合　计	10.6	10.1	5.9	8.6

七　社会参与和文化生活

研究发现，社会参与广泛、精神生活丰富的老年人，其幸福感通常高于社会参与较少、精神生活较匮乏的老年人。本节将分析老年人在社会参与和文化生活方面的情况。

（一）社会参与

1. 近半数老年人参加公益活动

参与公益活动是老年人参与社会的重要体现，参与的公益活动越多，表明老年人晚年承担的社会角色越多，根据老年活动理论，参加公益活动较多的老年人晚年生活更积极，生活质量更高，幸福感更强。调查数据表明，全国近一半的老年人参加了公益活动（45.8%）。其中，农村老年人参加公益活动的比例（48.5%）高于城镇老年人（43.3%），男性老年人参加公益活动的比例（49.0%）高于女性老年人（42.8%），随着年龄的增高参加公益活动的老年人比例随之下降（51.8%，43.5%，27.4%）。

表40　老年人参加公益活动的情况

单位：%

性别	城镇	农村	60～69	70～79	80＋	全国
男性	45.8	52.4	54.0	46.9	32.1	49.0
女性	41.1	44.7	49.6	40.5	23.9	42.8
合　计	43.3	48.5	51.8	43.5	27.4	45.8

老年人参与公益活动类型比例由高到低依次为：帮助邻里（34.4%）、维护社区卫生环境（20.7%）、协助调解邻里纠纷（17.1%）、关心教育下一代（13.2%）、维护社区社会治安（8.6%）、参加文化科技推广活动（2.4%）（见表41）。

表41　分城乡、性别老年人参加各项公益活动的情况

单位：%

公益活动	城镇			农村			全国		
	男性	女性	合计	男性	女性	合计	男性	女性	合计
维护社区社会治安	11.3	6.9	8.9	11.5	5.3	8.3	11.4	6.2	8.6
协助调解邻里纠纷	18.0	14.2	16.0	22.2	14.8	18.4	20.0	14.5	17.1
维护社区卫生环境	24.1	20.4	22.1	21.6	16.9	19.2	22.9	18.8	20.7
帮助邻里	32.9	30.9	31.8	39.9	34.7	37.2	36.3	32.7	34.4
关心教育下一代	13.7	11.2	12.4	15.7	12.5	14.1	14.7	11.8	13.2
参加文化科技推广活动	3.7	2.6	3.1	2.2	0.8	1.5	3.0	1.8	2.4

分城乡来看，农村老年人参与公益活动的比例（48.5%）高于城镇老年人（43.3%）。但是，在维护社区社会治安、维护社区卫生环境、参加文化科技推广活动方面，城镇老年人参与的比例（8.9%，22.1%，3.1%）高于农村老年人（8.3%，19.2%，1.5%）。

分性别来看，城镇与农村的男性老年人参加各类公益活动的比例均高于女性老年人，不同性别老年人各类公益活动参与率相差几个百分点，其中不同性别老年人参加维护社区社会治安和协助调解邻里纠纷的比例的差异要略大于其他公益活动。

分年龄来看，城镇与农村的老年人随着年龄的增长，参加各类公益活动的比例均有所降低。

表42　分城乡、年龄老年人参加各项公益活动的情况

单位：%

公益活动	城镇			农村			全国		
	60~69	70~79	80+	60~69	70~79	80+	60~69	70~79	80+
维护社区社会治安	10.9	8.0	4.0	9.9	7.3	4.2	10.4	7.6	4.1

公益活动	城镇			农村			全国		
	60~69	70~79	80+	60~69	70~79	80+	60~69	70~79	80+
协助调解邻里纠纷	18.9	14.9	7.7	21.1	17.2	10.2	20.0	16.0	8.8
维护社区卫生环境	25.9	20.8	11.5	21.6	18.0	11.5	23.8	19.5	11.5
帮助邻里	37.2	29.8	16.8	42.5	34.9	20.4	39.8	32.2	18.4
关心教育下一代	14.0	11.9	7.4	15.4	13.3	10.1	14.7	12.6	8.6
参加文化科技推广活动	3.8	2.8	1.3	2.0	1.2	0.4	2.9	2.0	0.9

2. 六成多老年人参加社区（村委会）选举

参加社区（村委会）选举是老年人政治参与的重要体现，全国有65.6%的老年人参加了最近一次的社区（村委会）选举，有34.4%的老年人未参加最近一次选举。这表明大多数老年人都有政治参与行为。

分城乡来看，农村老年人参加社区（村委会）选举的比例（72.2%）高于城镇老年人（59.5%）。近乎六成的城镇老年人参加了最近一次的社区选举，而超过七成的农村老年人参加了最近一次的村委会选举。

城镇与农村男性老年人参加社区（村委会）选举的比例均高于女性老年人，其中，农村老年人参加社区（村委会）选举比例的性别差异大于城镇老年人。具体来看，城镇男性老年人参加最近一次社区（村委会）选举比例（61.4%）高于女性老年人（57.9%），农村男性老年人（75.7%）高于女性老年人（68.9%）。

从全国来看，伴随着年龄的增长，城镇与农村的老年人参加社区（村委会）选举的比例均呈逐步下降趋势。其中，从60~69岁老年人的69.6%下降至80岁及以上的54.2%，约下降15个百分点。分性别来看，60~69岁男性老年人社区（村委会）选举参与率为71.4%，高于80岁及以上老年人（57.7%）；60~69岁女性老年人社区（村委会）选举参与率为67.8%，高于80岁及以上老年人（51.5%）。

表43　老年人参加选举的情况

单位：%

性别	城镇	农村	60～69	70～79	80＋	全国
男性	61.4	75.7	71.4	67.3	57.7	68.4
女性	57.9	68.9	67.8	60.9	51.5	63.1
合　计	59.5	72.2	69.6	63.9	54.2	65.6

3. 仅少数老年人参加老年大学

与欧美等发达国家相比，目前我国老年人对老年大学的参与率还非常低。2015年，老年人参加老年大学的比例为1.9%，城镇老年人参加老年大学的比例（2.9%）高于农村老年人（0.9%）；女性老年人参加老年大学的比例（1.9%）低于男性老年人（2.0%）（见图19）。

进一步分城乡、分性别分析表明，在城镇内部，女性老年人参加老年大学的比例（3.1%）高于男性（2.8%）；而在农村内部，男性老年人参加老年大学的比例（1.2%）高于女性（0.6%）。这说明，城乡老年人参加老年大学存在较大的性别差异。

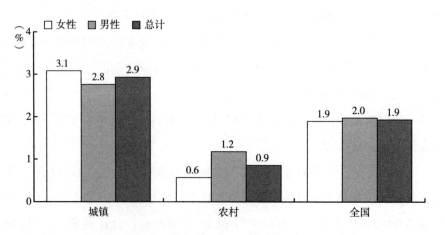

图19　老年人参与老年大学的状况

分年龄来看（见图20），随年龄增长，老年人参加老年大学的比例逐渐下降，60～69岁老年人中2.0%的老年人参加老年大学，70～79岁老年人中1.9%的老年人参加老年大学，80岁及以上的老年人中仅有1.5%的老年人参加老年大学。各年龄阶段的老年人参加老年大学的比例均为城镇高于农村，城镇老年人参加老年大学的比例约3倍于农村老年人。

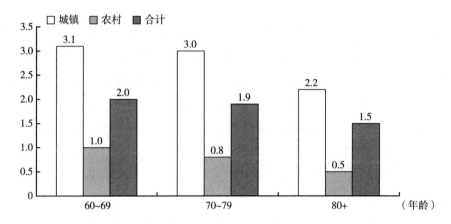

图20　分年龄老年人老年大学参与状况

（二）闲暇活动

1. 传统闲暇活动

2015年，中国老年人闲暇活动的参与率为92.1%，城镇老年人闲暇活动的参与率为94.8%，高于农村老年人的该比例（89.2%）；男性老年人的闲暇活动参与率为94.1%，高于女性老年人的该比例（90.3%）。闲暇活动的参与率城乡差异与性别差异较小。

表44　老年人闲暇活动的情况

单位：%

性别	闲暇活动		
	城镇	农村	总体
男性	96.2	91.9	94.1
女性	93.5	86.7	90.3
合　计	94.8	89.2	92.1

根据 2015 年调查，89.0%的老年人经常看电视或听广播，42.8%的老年人经常散步/慢跑等，20.9%的老年人经常读书/看报，18.1%的老年人经常种花养草等，13.5%的老年人经常参加棋牌活动，5.3%的老年人经常养宠物。

分性别来分析老年人参加休闲活动，从表 45 可见，女性老年人与男性老年人有着不同的休闲活动偏好。女性老年人在跳舞（7.4%）、打太极拳/做保健操等（2.8%）、种花养草方面（18.1%）的参与比例高于男性老年人（1.5%，2.6%，18.0%），而看电视/听广播（86.8%）、读书/看报（13.5%）、去影院看电影/去戏院听戏（2.2%）、散步/慢跑（40.8%）、打球（0.7%）、棋牌活动（9.8%）、养宠物（5.0%）、钓鱼/书画/摄影/收藏（0.7%）的参与比例均低于男性老年人（91.3%，29.1%，2.6%，45.0%，1.8%，17.4%，5.6%，4.2%）。女性老年人偏好跳舞做操、种花养草，而男性老年人偏好读书看报、打球、棋牌活动、钓鱼等。

表 45　分城乡、性别老年人参加各种休闲活动的状况

单位：%

休闲活动	城镇			农村			全国		
	女性	男性	合计	女性	男性	合计	女性	男性	合计
看电视/听广播	89.5	92.9	91.1	83.8	89.6	86.6	86.8	91.3	89.0
读书/看报	22.8	42.4	32.0	3.0	15.3	9.0	13.5	29.1	20.9
去影院看电影/去戏院听戏	2.9	3.2	3.0	1.5	2.0	1.7	2.2	2.6	2.4
散步/慢跑等	53.5	58.9	56.0	26.5	30.6	28.5	40.8	45.0	42.8
打太极拳/做保健操等	4.9	4.7	4.8	0.3	0.5	0.4	2.8	2.6	2.7
跳舞（广场舞/扭秧歌）	10.5	2.3	6.7	3.9	0.8	2.4	7.4	1.5	4.6
打门球/乒乓球/羽毛球等	1.3	3.2	2.2	0.1	0.4	0.2	0.7	1.8	1.2
打麻将/打牌/下棋等	12.4	20.2	16.1	6.9	14.6	10.6	9.8	17.4	13.5
种花养草等	26.4	27.3	26.8	8.8	8.4	8.6	18.1	18.0	18.1
养宠物	5.3	6.2	5.8	4.6	4.9	4.7	5.0	5.6	5.3
钓鱼/书画/摄影/收藏	1.2	6.7	3.7	0.1	1.7	0.9	0.7	4.2	2.4
其他	0.7	0.9	0.8	0.6	0.6	0.6	0.7	0.7	0.7

老年人参加休闲活动的情况也可分年龄进行分析。从表46可见，较低年龄阶段的老年人是各项休闲活动的主要参与者。随着年龄的增长，老年人打太极拳/做保健操活动参与率呈倒U型，从60~69岁的2.7%增加至70~79岁的3.0%，后下降至80岁及以上的1.9%，表明老年人较关注自己的身体健康，体现了休闲活动的健身性和易参与性。老年人其他各项休闲活动的参与情况都随着年龄的增长逐渐下降，较高年龄阶段的老年人参与休闲活动的比例低，范围小，以节奏慢、体力消耗较少的休闲活动为主，如看电视/听广播、读书/看报、散步/慢跑、种花养草等。

表46　分城乡、年龄老年人参加各种休闲活动的状况

单位：%

休闲活动	城镇			农村			全国		
	60~69	70~79	80+	60~69	70~79	80+	60~69	70~79	80+
看电视/听广播	93.6	90.9	82.8	91.5	84.7	70.4	92.6	87.9	77.3
读书/看报	33.2	33.3	25.5	10.2	8.5	4.6	21.9	21.4	16.2
去影院看电影/去戏院听戏	3.6	2.7	1.6	2.0	1.6	1.1	2.8	2.2	1.4
散步/慢跑等	58.5	57.6	44.8	30.0	28.6	22.2	44.5	43.7	34.8
打太极拳/做保健操等	4.9	5.4	3.3	0.4	0.4	0.2	2.7	3.0	1.9
跳舞（广场舞/扭秧歌）	9.6	4.3	1.2	3.4	1.3	0.3	6.6	2.9	0.8
打门球/乒乓球/羽毛球等	3.0	1.5	0.7	0.3	0.1	0.0	1.7	0.9	0.4
打麻将/打牌/下棋等	18.3	15.0	10.0	13.0	8.6	5.0	15.7	11.9	7.8
种花养草等	28.1	28.3	19.6	10.1	7.7	4.3	19.3	18.4	12.8
养宠物	6.6	5.4	3.4	5.5	4.3	2.5	6.0	4.9	3.0
钓鱼/书画/摄影/收藏	4.4	3.4	1.9	1.1	0.7	0.3	2.8	2.1	1.2
其他	0.9	0.8	0.6	0.5	0.6	0.7	0.7	0.7	0.6

2. 上网

中国经常上网的老年人比例为5.0%，城镇老年人上网的比例为9.2%，显著高于农村老年人的该比例（0.5%）；男性老年人上网的比例为6.6%，女性老年人上网的比例为3.6%，男性的比例约为女性的两倍，上网的参与率存在较大的城乡差异与性别差异。随着互联网信息社会的到来，老年群体的上网率还会进一步提高。

表 47　老年人经常上网情况

单位：%

性别	城镇	农村	全国
男性	12.2	0.8	6.6
女性	6.6	0.2	3.6
合　计	9.2	0.5	5.0

八　权益保障

（一）超九成老年人认为合法权益得到了保障

在中国老年人中，有 92.6% 的认为自己的合法权益得到了保障，城镇和农村老年人认为自己的合法权益得到了保障的比例分别是 93.6% 和 91.6%，城镇老年人的比例高于农村，老年人认为合法权益得到保障的比例在性别和年龄上没有明显差异。

表 48　老年人权益保障状况

单位：%

权益保障	性别		年龄			全国
	男性	女性	60~69	70~79	80+	
城镇	93.8	93.4	93.5	94.0	93.2	93.6
农村	91.9	91.3	91.7	91.6	91.2	91.6
合　计	92.9	92.4	92.6	92.8	92.3	92.6

（二）老年人不安全事件发生率较高

老年人社区环境的安全性是需要重点探讨的问题，见表49。数据表明，不安全事件在农村与城镇老年人群体内的发生率均为4.5%。全国男性老年人不安全事件的发生率为4.7%，女性老年人不安全事件的发生率为4.3%，性别差异不大。

表 49 老年人社区环境的不安全情况

单位：%

性别	城镇	农村	全国
男性	4.7	4.7	4.7
女性	4.4	4.3	4.3
合　计	4.5	4.5	4.5

老年人具体的不安全事件主要有："上当受骗"、"被抢劫"、"被盗"、"被打骂/恐吓"，见表50。

表 50 老年人不安全事件的发生情况

单位：%

不安全事件	城乡	性别		年龄			全国
		男性	女性	60~69	70~79	80+	
上当受骗	城镇	2.5	2.4	2.3	2.8	2.3	2.4
	农村	2.4	2.4	2.5	2.6	1.6	2.4
	合　计	2.5	2.4	2.4	2.7	2.0	2.4
被抢劫	城镇	0.1	0.2	0.1	0.2	0.2	0.2
	农村	0.2	0.1	0.1	0.1	0.1	0.1
	合　计	0.1	0.1	0.1	0.2	0.2	0.1
被盗	城镇	1.5	1.3	1.5	1.2	1.0	1.4
	农村	1.6	1.4	1.6	1.5	1.1	1.5
	合　计	1.6	1.3	1.6	1.4	1.0	1.4
被打骂/恐吓	城镇	0.4	0.4	0.4	0.4	0.3	0.4
	农村	0.6	0.5	0.6	0.6	0.4	0.6
	合　计	0.5	0.5	0.5	0.5	0.3	0.5

数据表明，"上当受骗"在老年人群体中的发生比例最高，为2.4%，其中70~79岁年龄组的老年人"上当受骗"的比例较高（2.7%）。

其次是"被盗"，发生比例为1.4%，"被打骂/恐吓"与"被抢劫"的比例较低，依次为0.5%、0.1%。

随着年龄的增高，老年人可能存在行动迟缓、理解力减弱、记忆力衰退、辨别能力降低、遇事不能冷静处理等情况，这些因素都有可能导致老年人上当受骗。另外，代际分离、丧偶等使得老年人孤独感增强，渴望关心，易对骗子制造的假象产生心理信任和依赖。老年人生理健康水平逐渐下降，多伴有慢性病，身体状况较差的老年人更加关注身体健康，有渴望改善身体状况的心理，受暗示性变强，增加了不安全事件的发生风险①。

为建设安全的社会生活环境，政府应加强市场监管，社区应加强法律宣传，家庭成员需增加对老年人的关爱与陪伴，提高老年人的防骗意识和警惕心理，给予老年人及时、有效的法律援助。

（三）农村老年人受虐待的现象较城镇严重

2015年的城乡调查比较详细地调查了老年人家人的虐待行为，具体表现为以下十个方面："不提供基本生活费、提供的住所条件差、不给吃饱/吃得差、不给看病、需要时不提供照顾、侵占财产、长期不探望/问候/说话、经常打骂、阻止再婚、其他行为"。选家人有虐待行为的比例非常低，为2.8%。家庭成员虐待老年人主要行为排第一位的是精神上的虐待，即"长期不探望/问候/说话"；排第二位的是经济上的虐待，"不提供基本生活费"；排在第三位的是照料护理上的虐待，"需要时不提供照顾"。

表51　老年人受虐待情况

单位：%

虐待行为	频次	排名
长期不探望/问候/说话	285	1
不提供基本生活费	221	2
需要时不提供照顾	178	3
提供的住所条件差	165	4
不给看病	81	5
经常打骂	57	6
侵占财产	42	7
其他行为	36	8
不给吃饱/吃得差	28	9
阻止再婚	16	10

数据来源：长表。

---

① 高飞、徐烨、张红等：《老年人受骗状况及其影响因素》，《中国老年学杂志》2017年第8期。

农村老年人受虐待的比例（3.7%）明显高于城镇老年人（2.0%），女性老年人受虐待的比例（2.9%）略高于男性老年人（2.8%）。随着年龄的增加老年人受虐待的比例明显提升，80 岁及以上的老年人受虐待比例为 3.8%，70~79 岁老年人为 3.6%，60~69 岁老年人受虐待的比例为 2.2%，出现这种现象的原因之一是，中高龄老年人失能失智的比例比较高，老年人在生活不能自理、意志不清楚、精神紊乱的情况下受虐待的可能性更高。

表 52　分城乡、性别和年龄老年人受虐待情况

单位：%

城乡	虐待行为	男性	女性	60~69 岁	70~79 岁	80 岁及以上	合计
城镇	有	1.9	2.1	1.3	2.7	2.9	2.0
	没有	98.1	97.9	98.7	97.3	97.1	98.0
农村	有	3.7	3.8	3.0	4.6	5.1	3.7
	没有	96.3	96.2	97.0	95.4	94.9	96.3
合计	有	2.8	2.9	2.2	3.6	3.8	2.8
	没有	97.2	97.1	97.8	96.4	96.2	97.2

数据来源：长表。

综合看，城镇男性老年人受虐待比例最低，为 1.9%；次低为城镇女性老年人受虐待比例，为 2.1%；农村女性老年人受虐待的比例最高，为 3.8%；其次为农村男性老年人，为 3.7%。城镇 60~69 岁老年人受虐待的比例最低，为 1.3%；次低为城镇 70~79 岁老年人，为 2.7%；再次为城镇 80 岁及以上老年人，为 2.9%。农村 80 岁及以上老年人受虐待比例最高，为 5.1%；其次为农村 70~79 岁的老年人，受虐待比例为 4.6%；再次为农村 60~69 岁老年人，为 3.0%。受虐待会严重影响老年人的生活质量和幸福感，受到家庭成员虐待的老年人生活满意度一般严重低于没有受过虐待的老年人。

老年人家庭虐待行为与家庭收入之间呈现明显的线性关系，家庭收入越低虐待行为占比越高。家庭收入在 2800 元以下的老年人家庭虐待行为占比

最高，达到7.6%，其次为家庭收入在2800～10000元的（为5.4%），家庭收入在1万至3万元的虐待率迅速降到2.5%，降幅非常明显。收入在3万至50万元的家庭进一步降低到1.2%，家庭收入高于50万元的家庭基本就没有了虐待老年人的行为。虐待行为随着家庭收入的提高快速直线下降，充分说明了"仓廪实而知礼节"，家庭成员对老年人的虐待行为会随着经济收入水平的提高不断降低，相信随着全面小康社会的建成，虐待老人的不文明、不道德行为将会大幅度减少，直至消失。

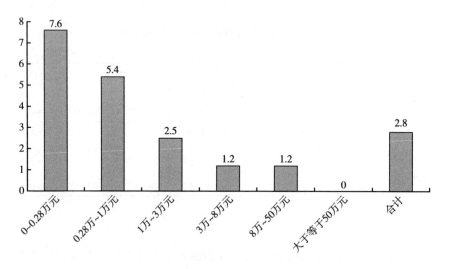

图21 老年人家庭虐待行为与家庭收入的关系

数据来源：长表。

九 小结

本文根据"第四次中国城乡老年人生活状况抽样调查"结果，分别从老年人的基本情况、健康状况、经济与保障、居住环境、家庭关系、公共服务、社会参与和文化生活、权益保障等八个方面对当前中国老年人生活质量基本状况进行了分析。现总结如下。

（一）老年人基本情况

从人口特征看，中国老年人口的城镇化程度较高，城镇化率达到50%以上，城镇老年人口占全国老年人的52.0%。这是新型城镇化建设不断加快的结果，也是落实以人民为中心的发展思想、以人的城镇化为核心的新型城镇化建设理念的重要体现。中国女性老年人比例（52.2%）高于男性老年人（47.8%），女性老年人口比例不断增高，这一变化是中国经济社会发展在老年人口性别结构变化上的具体体现，既符合人口发展规律，也是中国老龄事业发展成就的重要方面。老年人口的年龄构成以70岁以下的低龄老年人口为主，60~69岁的老年人占老年人总数的一半以上。当前中国老年人口的年龄结构相对年轻，这为国家积极应对老龄社会赢得了重要战略机遇期。

从社会经济特征看，中国老年人总体文化程度偏低，未上过学和小学及以下文化水平的老年人占60%以上，初中及以上的老年人占29%。目前还有约10%的老年人仍在工作。有配偶的老年人比例在70%以上，但随着年龄增长老年人有配偶的比例不断下降。虽然每位老年人平均有3.2个子女，但老年人居住方式的空巢化倾向愈来愈明显，半数以上老年人是独居空巢老年人。子女多表明当前中国老年人的家庭养老资源仍然比较丰富，但从长期来看，随着空巢化趋势的加剧，家庭养老基础面临挑战，发展社会化养老方式以弥补家庭养老功能势在必行。发展社会化养老方式既是老龄社会的需要，也是提高老年人生活质量的必要措施。

（二）健康状况

一半以上老年人患有两种及以上的慢性病。仅有17.3%的老年人身体健康，未患有任何慢性病。95.8%的老年人生活基本能自理，39.4%的老年人视力较好，67.8%的老年人听力不错，8.1%的老年人存在尿失禁，44.0%的老年人睡眠质量良好，约六成老年人心理健康积极，63.8%的老年人记忆良好，75.3%的老年人自评健康良好，36.6%的老年人情感孤独。目前，中国绝大多数老年人身体健康良好，心理健康积极，这表明中国实施健

康老龄化战略、加快老年健康保障体系建设、提升公共健康服务取得了显著
成效，是医疗卫生水平不断提高的体现，也是老年人生活质量提升的反映。
但目前大部分老年人患有各种慢性疾病，应引起相关部门重视，着力提升老
年人健康生活质量。

（三）经济与保障

老年人群体之间的人均收入差异巨大，城乡老年人收入水平差异非常显
著。从城乡差距来看，2000 年，城镇老年人年人均收入是农村老年人的 4.5
倍，随后逐渐缩小，到 2014 年，城镇老年人年人均收入是农村老年人的
3.1 倍。这说明，近 15 年来，随着中国宏观经济的快速发展以及城乡社会
保障制度的改革和完善，特别是党的十八大以来，随着农村社会保障制度加
快建立和扶贫攻坚计划的强力推进，农村老年人收入水平明显提高，老年人
收入结构逐步趋于多元、合理和优化。但目前城乡老年人之间的年均消费支
出差异仍然较大，城市老年人人均消费远远高于农村老人。农村低龄老年人
消费率最高，个人结余最少，尤其应当引起关注。

中国老年人医疗保障待遇覆盖率将近 100%，这是中国医疗保障制度建
设取得的重大成就，是世界上老年人口第一大国老年人医疗保健事业取得的
重大成就。有 1/5 的老年人享受城镇职工基本医疗保险，6.8% 的老年人享
有城镇居民基本医疗保险，15% 以上的老年人享受城乡居民基本医疗保险。
但目前享受其他医疗保险的老年人比例还较低，仅有 10.8% 的老年人享受
城乡居民大病保险，仅有 3% 的老年人享有职工大额医疗补助，仅有 1.7%
的老年人享有公费医疗。比较乐观的是半数以上的老年人认为经济收入基本
够用。随着全面小康社会的建成，未来提高老年人的经济收入水平、改善老
年人的消费结构、提高农村老年人的社会保障和医疗水平，应是国家老龄事
业的一项重要任务。

（四）居住环境

中国老年人房屋产权拥有率为 65.9%，拥有房屋产权的老年人中

94.4%的拥有一套房屋，有单独居住的房间的老年人（或配偶）超过九成。老年人现住房中六成有质量问题，住宅适老性亟待提高。47.5%的老人对现在的住房条件表示满意。城镇社区的设施满意度普遍高于农村社区。老年人对治安环境和交通状况感到满意的比例较高。

中国老年人是世界上拥有自主产权房屋比例最高的老年人，拥有自主产权房屋为老年人享受基本的生活保障和权益奠定了基础，是生理归属感安全感的最基本的保障，是老年人生活质量得到保障的体现，也是后续生活质量指标体系设计应该慎重考虑和认真对待的选项。

（五）家庭关系

目前配偶是老年人照料护理支持的主要供给者之一，男性老年人主要由配偶照料。仍有半数以上老年人的照料支持由子女（含孙辈）提供，女性老年人主要由子女照料。大多数老年人都获得了子女、孙子女在经济上的支持，但还有近6%的老年人认为子女存在啃老行为。还有11.8%的老年人需要照顾家庭中的其他老年人。

家庭是老年人晚年最主要的活动场所，家庭关系是否良好与老年人的生活质量密切相关。家庭关系是老年人非正式支持的重要来源，是老年人最重要的心理支持和精神支持，家庭中子女和配偶的状况也会影响老年人心情和对生活质量的感受。在目前家庭供养占主导地位的情况下，子女的孝顺程度必将影响老年人晚年的生活质量和幸福感。国家应当继续加强"孝亲敬老"的宣传，提高老年人的社会地位和家庭地位，从而提升老年人的生活质量。

（六）公共服务

公共服务水平是老年人生活质量的重要衡量标准。目前，中国大部分老年人都可以方便及时地获取就医、照料等服务。大多数老年人在两公里以内可以方便地获取医疗服务，90%以上的老年人的照料需求都得到了满足。目前，中国老年人医疗方面最主要的难题是收费太高，女性老年人对收费太高

反映更为强烈。老年人医疗方面反映的第二大难题是排队时间太长。部分高龄老年人反映医保报销困难。城镇老年人就诊遇到服务态度不好的情况更为突出。农村高龄女性老年人的照料服务需求更强烈。仍有 8.6% 的老年人照料需求得不到满足。中国城乡老年人的社区服务需求结构变化不大，上门看病等医疗健康类服务需求始终居于前列，其次是上门做家务等日常生活类服务，再次是康复护理、心理咨询/聊天解闷服务。

老年人对社区提供的医疗健康服务、日常生活服务和心理咨询/聊天解闷服务的需求强烈，这是今后发展居家养老服务的重要切入点。绝大多数老年人希望在家里接受照护服务，也表明居家养老服务是今后养老服务业的主流发展方向。十八大以来，党中央、国务院把积极发展照护服务等老龄服务事业作为老龄工作的重中之重，为今后一个时期发展老龄服务事业指明了方向。

（七）社会参与和文化生活

有 45.8% 的老年人参加了公益活动，65.6% 的老年人参加了最近一次的社区（村委会）选举，10.3% 的老年人参加老年协会。在老年人参加的社会活动中，以文化娱乐为主（3.7%）。中国老年人闲暇活动的参与率为 92.1%，经常上网的老年人比例为 5.0%。老年人参加老年大学的比例较低，仅为 1.9%，城镇老年人参加老年大学的比例约为农村老年人的 3 倍。通过参与社会，老年人获取新的社会角色和机会，承担新的权利、义务、责任和社会期望。通过提升老年人的社会参与度，老年人的精神状态得到改善，有利于他们在发挥正能量、促进代际和谐、化解社会矛盾、维护社会稳定等方面发挥积极作用。

（八）权益保障

有 92.6% 的老年人认为自己的合法权益得到了保障，但社会不安全事件在老年人群体内的发生率仍达 4.5%，农村老年人受虐待现象较多也须引起有关部门注意。总体看，在人口老龄化加速的背景下，中国保障老年人合法权益的各项制度基本得到落实，全社会尊老、养老、助老的社会风尚初步形成。但侵犯老年人权益的不安全事件仍时有发生，老年人生存的社会法制环境还须进一步优化。进入老龄社会 20 年来，中国老年人的权益保障制度不断完善，老年人权益保障环境更加友好，这是老年人生活质量不断提高和完善的重要基础。

B.5
老年人的主观幸福感及影响因素

冀 云

摘 要： 本文采用2015年第四次中国城乡老年人生活状况抽样调查数据，对老年人幸福感影响因素进行系统探讨。结果发现：城镇、男性、低龄、有配偶、文化程度高、无慢性病、有医疗保障的老年人幸福感水平较高；独居老年人幸福感显著低于与配偶同住和其他居住安排的老年人；随着住房满意度的上升老年人幸福感水平显著上升；家人有虐待行为、子女有"啃老"现象的老年人幸福感水平较低；随着对子女孝顺评价的升高，老年人幸福感水平显著提高；医疗服务便利、社会参与度高、参加社团、参加老年大学、参加休闲活动的老年人幸福感水平较高。回归结果表明，老年人健康水平、经济与保障、居住环境、家庭关系、公共服务和精神文化生活对老年人主观幸福感具有显著正向预测作用。因此，现阶段从健康、经济与保障、居住环境、家庭关系、公共服务和精神生活等方面采取分城乡的改善措施，均能提升老年人的主观幸福感，从而提升老年人的生活质量。

关键词： 老年人 主观幸福感 生活质量

主观幸福感是评价一个人幸福程度的常用概念，随着传统的生物医学模式逐渐向生物—心理—社会医学模式转变，主观幸福感作为衡量人们生活质量及心理健康的重要综合性指标越来越受到学者们的关注。主观幸福感作为一个概念，包含了一种全面、平衡的生活体验，体现了个人对社会、身体、精神、情感、职业和精神领域等各个方面的主观感受和评价。主观幸福感可以被看作个人努力追求的结果，也是帮助个人实现目标的功能过程的一部分[1]。虽然研究者总是讨论主观幸福感，但没有一个单一的定义能够完整地描述什么是主观幸福感。现在，主观幸福感一般被视为多维结构[2]，存在多种方法来评估[3]。在认知层面，主观幸福感被定义为生活满意度和对整个生活的评价[4]。作为一种多维结构，人的主观幸福感指的是对幸福、愉快与不愉快经历的主观评价，它包括对生活中的好事与坏事件的所有判断。老年人的主观幸福感既是评判老年人物质生活与精神生活水平的重要标准，也是影响老年人身心健康的因素之一。

一 影响老年人幸福感的主要因素

以往研究中对老年人幸福感相关因素的探讨主要是从主观和客观因素两个方面进行的。

客观因素方面，主要集中于性别、年龄、婚姻、社会支持、经济收入、受教育水平、健康、子女的孝顺程度[5]等客观因素对老年人幸福感的影响研究。

---

① Lucas R. E. & Diener E. (2008) Personality and Subjective Well Being. In O. P. John R. W Robins &L. A. Pervin (Eds.), *Handbook of Personality. Theory and Research* (3ʳᵈedition. pp. 795 – 814). New York. Guilford Press.

② Wig, N. Parshad, S., & Verma, S. K. (1983). Cornell Medical Index Health Questionnaire (CMIHQ). National Psychological Corporation, Agra.

③ Schimmack, U. (2008). The Structure of Subjective Well Being. In M. Eid &R. J. Larsen (Eds.), *The Science of Well Being* (pp. 97 – 123), New York: Guilford Press.

④ Pavot W., & Colvin, C. R. (1991). The Subjective Evaluation of of Well Being in Adulthood. *Ageing International*, 29 (2), 113 – 135.

⑤ 吴菁、黄慧敏：《农村老年人主观幸福感及其影响因素研究》，《湖北经济学院学报》（人文社会科学版）2013 年第 1 期。

较高的年龄与较低的幸福感有关①。研究发现丧偶老年人的主观幸福感低于有配偶的老年人②。与性别和教育相比，收入在决定幸福的过程中起着重要的作用③。经济收入高的老年人主观幸福感水平也高。经济条件、社会保障、与过往生活条件的比较等因素对农村老年人主观幸福感有重要影响，纵向上认为自身生活较以前好、横向上认为自身条件比其他人好的老年人幸福感水平较高④。但也有其他研究表明，青年人和中年人的收入和幸福感之间存在显著的正相关，但在控制了主要的社会人口变量之后，没有证据表明收入与老年人幸福感之间存在显著的关系⑤。身体健康状况越好的老年人幸福感水平越高，身体残疾和身体疾病造成的残疾以不活动的形式导致孤立和疏离感，进一步限制了与朋友的接触，从而对心理和身体健康产生影响⑥。研究表明，身体健康和社会支持对老年人的主观幸福感有重大影响⑦。研究发现，住院老年人幸福感水平显著低于敬老院和社区老人，心理健康水平越低的老年人主观幸福感水平越低⑧。在社会支持方面，子女支持比朋友支持对老年人主观幸

① Holahan, C. K., Holahan, C. J., Velasquez, K. E., and North, R. J. (2008). Longitudinal Change in Happiness During Ageing: The Predictive Role of Positive Expectancies. *International Journal of Ageing and Human Development*, 66 (3), 229 – 241.

② 程利娜：《社会支持，自我效能感对丧偶老年人主观幸福感的影响》，《公共卫生与预防医学》2013 年第 1 期。

③ Chan, Y. K., and Lee, R. P. L. (2006). Network Size Social Support and Happiness in Later Life: A Comparative Study of Beijing and Hong Kong. *Journal of Happiness Studies*, 7 (1), 87 – 112.

④ 崔红志：《农村老年人主观幸福感影响因素分析——基于全国 8 省（区）农户问卷调查数据》，《中国农村经济》2015 年第 4 期。

⑤ Hsieh, C. M. (2011). Money and Happiness: Does Age Make a Difference? *Ageing and Society*, 31 (8), 1289 – 1306.

⑥ Prince, M., Harwood, R., Thomas, A., & Mann, A. (1998). A Prospective Population based Cohort Study of the Effects of Disablement and Social Milieu on the Onset and Maintenance of Late Life Depression. The Gospel Oak Project Ⅶ, *Psychological Medicine*, 28 (2), 337 – 350.

⑦ Joji, O., Yuichiro, M., Yusuke, S., Tadao, G., Takashi, K., and Akihisa, I. (2006). The Pleasurable Recreational Activities among Community-dwelling Older Adults. *Archieves of Gerontology and Geriatrics*, 43 (2), 147 – 155.

⑧ 童兰芬、申启兰、杨爱敏等：《不同群体老年人心理健康调查及相关因素分析》，《中国医药科学》2012 年第 2 期。

福感的提升作用更强，社会交往的质量是重要因素①。Cobb 1976 年②的研究表明，社会支持对个人的幸福感是非常有益的，一个人从他人那里得到的支持可以是工具性的、情感性的、功能性的与结构性的。至于 Cohen and Wills 1985 年③的情感社会支持研究表明其在许多紧张的情况下是有帮助的，例如：情感上的社会支持可以使个体从孤独和抑郁中恢复过来，另外，良好和优质的社会支持创造了积极的情感，给生活带来了稳定，也有助于提高个体的自尊和价值。相反，缺乏社会支持会导致孤独感，并影响个人的心理健康，造成抑郁和焦虑症状。这说明社会支持对于个体的主观幸福感是至关重要的。个体经历消极和紧张的生活事件会对身心健康以及整体健康产生全面恶化的影响④⑤⑥。有趣的是，研究还表明，个人获得的社会支持与负面生活事件造成的影响之间存在联系。Hill 和他的同事在 2010 年⑦的研究表明，如果有良好的情感支持，个人对生活事件的负面看法就会被最小化。进一步研究表明个体所得到的社会支持的质量会有助于改善和处理老年人的健康问题⑧。

① M. Pinquart, S. Sörensen. Influences of Socioeconomic Status, Social Network, and Competence on Subjective Well-being in Later Life: A Meta-analysis. *Psychology & Ageing*, 2000, 15 (15): 187 – 224.

② Cobb, S. (1976). Social Support as a Moderator of Life Stress. Psychosomatic Medicine, External Events and Affect States in Older People. *International Journal of Human* 38 (5), 300 – 314. Development and Ageing, 50, 1 – 12.

③ Cohen, S., & Wills, T. (1985). Stress, Social Support, and the Buffering Hypothesis. Psychological Bulletin, 98 (2), 310 – 357.

④ Cohen, S., Janicki-Deverts, D., & Miller, G. E. (2007). Psychological Stress and Disease. *Journal of American Medical Association*, 298, 1685 – 1687.

⑤ Pearlin, L. I., Schieman, S., Fazio, E. M., & Meersman, S. C. (2005). Stress, Health, and the Life Course: Some Conceptual Perspectives. *Journal of Health and Social Behavior*, 46, 205 – 219.

⑥ Manpreet Ola, Roopa Mathur. Various Environmental Factors and Their Impact on Subjective Well-being on the Older Adults. *Indian Journal of Health and Well-being* . 2018, 9 (1), 89 – 92.

⑦ Hill, T. D., Kaplan, L. M., French, M. T., & Johnson, R. J. (2010). Victimization in Early Life and Mental Health in Adulthood: An Examination of the Mediating and Moderating Influences of Psychosocial Resources. *Journal of Health and Social Behavior*, 51, 48 – 63.

⑧ Surr, C., Boyle, G., Brooker, D., Godfrey, M., & Townend, J. (2005). Prevention and Service Provision: Mental Health Problems in Later Life. Leeds: Centre for Health and Social Care, University of Leeds/ Bradford: Division of Dementia studies, University of Bradford.

在加拿大的研究中①，研究者以利他活动和社会资本作为老年人幸福感和生活满意度的预测因子，发现利他行为是由社会资本调节的，主观幸福感是老年人生活质量的一个关键指标。Bibling 等人②评估了三种主要福利资源，如健康、收入状况和家庭关系，这三种资源对主观幸福感的贡献显著，家庭关系对主观幸福感的影响大于健康和收入状况。台湾学者（Hsu and Chang，2015）③收集了 1999～2007 年间的数据，评估了社会关系与老年人幸福之间的关系，社会关系变量包括生活安排、与子女/孙辈/父母/亲戚/朋友的联系、电话联系、提供工具和信息支持、接受工具和情感支持以及社会参与，研究发现，随着时间的推移，幸福保持稳定，接受更多的情感支持和参与社会活动，起初与幸福有关，而接受工具性支持对幸福感的影响不显著④。站在社会参与的角度，张镇等⑤将休闲活动参与看作参与者在闲暇时间里通过社会活动或个体活动的方式实现自身价值的重要形式，它对老年人的主观幸福感有显著的提升作用。陶裕春等⑥研究表明休闲活动参与度和健康自评对老年人主观幸福感影响显著。社会资本在健康水平与老年人幸福感之间起正向调节作用（侯江红、刘文婧，2019）⑦。

① Kristine，T.，and Andrew，W.（2010）. Altruistic Behavior and Social Capital as Predictor of Well-being among Older Canadian. *Ageing and Society*，30（1），157 – 181.

② Bibling，D.，Baoshan，Z.，and Juan，L.（2013）. Protective Factors for Subjective Well-being in Chinese Older Adults：The Roles of Resources and Activities. *Journal of Happiness Studies*，14（4），1225 – 1239.

③ Hsu，H. C.，and Chang，W. C.（2015）. Social Connections and Happiness among the Elder Population of Taiwan. *Ageing and Mental Health*，19（12），1331 – 1337.

④ 牛玉柏、郝泽生、王任振、洪芳：《老年人乐观、领悟社会支持与主观幸福感的关系——控制策略的中介作用》，《心理发展与教育》2019 年第 2 期。

⑤ 张镇、张建新、孙建国等：《离退休人员社会参与度与主观幸福感、生活满意度的关系》，《中国临床心理学杂志》2012 年第 6 期。

⑥ 陶裕春、李卫国：《休闲活动、健康自评对老年人主观幸福感的影响研究》，《西华大学学报》（哲学社会科学版）2017 年第 6 期。

⑦ 侯江红、刘文婧：《社会资本对居民健康与主观幸福感的调节效应——基于中国社会状况综合调查的分析》，《武汉理工大学学报》（社会科学版）2019 年第 2 期。

主观因素方面，人格和应对方式等主观因素对老年人幸福感有预测作用[1]。人格能反映情绪稳定和外向的幸福指数[2]。外向性、尽责性和随和性与幸福感和特质情绪智力均呈显著正相关，解释了18%的幸福感变异[3]。神经质与幸福感呈负相关，外向性与幸福感呈正相关，但认知能力与幸福感无关[4]。但也有研究有相反发现，低智商组（70～99）与高智商组（120～129）相比，幸福感更低；这意味着，如果你更聪明，你可能会更快乐[5]。使用更有效的应对方式会拥有更高的幸福感和生活满意度[6]。以情绪为中心的应对与生活满意度下降有关，任务导向和回避型应对与生活满意度和愉快情绪呈正相关[7]。孤独感与老年人的幸福感显著相关[8]。焦虑、抑郁等不良情绪对老年人主观幸福感有较大的负面作用[9]。

限于研究工具的多样性、研究对象的地域差异性和研究手段的区别性等原因，已有研究结论并不完全一致。本报告采用2015年第四次中国城乡老年人生活状况抽样调查数据，对老年人幸福感影响因素进行系统的研究，本

---

[1] 任杰、金志成、杨秋娟：《老年人主观幸福感相关因素的元分析》，《中国临床心理学杂志》2010年第1期。

[2] Ana, B., Irma, B., Denis, B. (2012). Predicting Well-being from Personality in Adolescents and Older Adults. *Journal of Happiness Studies*, 13 (3), 455 – 467.

[3] Tomas, C. P., Emily, B., and Adrian, F. (2007). The Happy Personality: Mediational Role of Trait Emotional Intelligence. *Personality and Individual Differences*, 42 (8), 1633 – 1639.

[4] Adrian, F., Petrides, K. V. (2003). Trait Emotional Intelligence and Happiness. *Social Behavior and Personality: An International Journal*, 31 (8), 815 – 824.

[5] Ali, A., Ambler, G., Strydom, A., Rai, D., Cooper, C., McManus, S., Weich, S., Meltzer, H., Dein, S., and Hassiontic, A. (2013). The Relationship between Happiness and Intelligent Quotient: The Contribution of Socio-economic and Clinical Factors. *Psychological Medicine*, 43 (6), 1303 –1312.

[6] McCrae, R. R., and Costa, P. T. (1986). Personality, Coping, and Coping Effectiveness in an Adult Sample. *Journal of Personality*, 54 (2), 385.

[7] Jones, T. G., Rapport, L. J., Hanks, R. A., Lichtenberg, P. A., and Telmet, K. (2003). Cognitive and Psychological Predictors of Subjective Well-being in Urban Older Adults. *Clinical Neuropsychologist*, 17, (1), 3 – 16.

[8] 吴捷：《老年人社会支持、孤独感与主观幸福感的关系》，《心理科学》2008年第4期。

[9] 赵科、谭小林、文晏等：《重庆市农村老年人心理健康与主观幸福感相关性研究》，《检验医学与临床》2014年第18期。

报告集中探讨老年人健康、经济与保障、居住状况、家庭关系、公共（医疗）服务、精神生活六个方面对老年人幸福感的影响。

二 老年人主观幸福感影响因素分析

（一）因变量

本报告的因变量是主观幸福感，基于问卷中第 I14 题："总的来说，您觉得自己幸福吗？"，根据回答结果，用 1～5 的五分制代表幸福的程度，分数越高表明幸福感水平越高。

（二）自变量

自变量包括健康、经济与保障、居住状况、家庭关系、公共（医疗）服务、精神生活六个变量。健康自变量选取慢性病患病情况、生活自理能力、心理健康水平、孤独感四个指标来测量；经济与保障自变量选取收入水平、医疗保障两个指标来测量；居住状况自变量选取居住安排、住房条件满意度两个指标来测量；家庭关系自变量选取家人虐待行为、子女"啃老"、子女孝顺三个指标来测量；公共（医疗）服务自变量选取医疗服务便利、医疗费报销方便两个指标来测量；精神生活自变量选取社会参与（参加公益活动）、参加社团、参加老年大学、参与休闲活动四个指标来测量。变量的具体编码与分布详见表1。

表1 变量的编码与描述性统计 （N＝14887）

变量	变量类型	编码	平均值或%	标准差
因变量				
主观幸福感	连续变量	分数越高幸福感水平越高	3.85	0.83
控制变量				
人口特征				

续表

变量	变量类型	编码	平均值或%	标准差
居住地	二分变量	城镇 = 0,农村 = 1	0.49	0.50
性别	二分变量	女性 = 0,男性 = 1	0.45	0.50
年龄组	分类变量	60~69 岁 = 0,70~79 岁 = 1,80 岁 + = 2		
60~69 岁			53.43	
70~79 岁			29.56	
80 岁及以上			17.01	
文化程度	连续变量	数值越高文化程度越高	2.00	0.81
婚姻状况	二分变量	无配偶 = 0,有配偶 = 1	0.31	0.46
子女数	连续变量	被调查者子女的数量,单位:个	3.13	1.52
自变量				
健康				
慢性病	二分变量	无 = 0,有 = 1	0.85	0.36
生活自理能力(ADL)	连续变量	分数越高自理能力水平越高	3.86	0.45
心理健康	连续变量	分数越高心理健康水平越高	2.94	1.05
孤独感	连续变量	分数越高孤独感水平越高	1.44	0.61
经济与保障				
收入水平	连续变量	个人年收入取对数	3.86	0.59
医疗保障	二分变量	无 = 0,有 = 1	0.99	0.09
居住方式				
居住安排	分类变量	独居 = 1,与配偶同住 = 2,其他 = 3		
独居			13.85	
与配偶同住			66.75	
其他居住安排			19.40	
住房条件满意度	连续变量	分数越高对住房条件越满意	2.37	0.71
家庭关系				
家人虐待行为	二分变量	无 = 0,是 = 1	0.03	0.16
子女啃老	二分变量	否 = 0,是 = 1	0.06	0.23
子女孝顺	连续变量	分数越高子女越孝顺	2.80	0.42
公共(医疗)服务				
医疗服务便利	二分变量	不便利 = 0,便利 = 1	0.25	0.43
医疗费报销方便	连续变量	分数越高表明医疗费保险越方便	4.02	0.96
精神生活				
社会参与	二分变量	否 = 0,是 = 1	0.51	0.50
参加社团	二分变量	否 = 0,是 = 1	0.11	0.31
参加老年大学	二分变量	否 = 0,是 = 1	0.02	0.13
参与休闲活动	二分变量	否 = 0,是 = 1	0.93	0.26

（三）控制变量

本报告将人口特征变量作为控制变量，具体包括：居住地、性别、年龄组、文化程度、婚姻状况、子女数。

（四）模型选择

本报告采用五分制对老年人的主观幸福感水平进行测量，故因变量可以作为连续变量进行处理，据此本报告选用线性回归 OLS 回归模型。为了探讨老年人幸福感各方面的影响因素，本报告采用逐层剖析的方式展开分析，首先按照主要人口特征变量描述各类别老年人的主观幸福感测量结果并进行差异分析。在控制人口变量的前提下，考察老年人健康、经济与保障、居住状况、家庭关系、公共（医疗）服务、精神生活对老年人幸福感的影响作用，并对比分析各因素对老年人主观幸福感的影响程度。最后对城镇和农村老年人分别建立模型，比较自变量对因变量影响作用的城乡差异。

三　各因素对老年人幸福感的影响作用

（一）不同特征老年人的幸福感存在着差异

不同特征的老年人的幸福感可能存在差异，为了检验各群体差异我们首先衡量了老年人幸福感的均值、标准差，并进行了差异检验（检验结果详见表 2）。结果表明，城镇老年人的幸福感水平显著高于农村，男性老年人显著高于女性。老年人幸福感水平存在显著的年龄差异，随着年龄的增长，老年人的幸福感水平逐渐下降，进一步采用多重检验（LSD）发现 60 ~ 69岁、70 ~ 79 岁、80 岁及以上三组老年人内部幸福感均存在显著差异。不同文化程度的老年人幸福感存在显著差异，文化程度越高的老年人幸福感水平越高，进一步多重检验表明未上学、小学、中学、大学及以上四组老年人幸福感均存在显著差异。从婚姻状况来看，有配偶老年人的幸福感水平显著高于无配偶老年人。无慢性病老年人幸福感水平显著高于有慢性病老年人。有医疗保障的老年人幸福感水平显著高于无医疗保障的老年人。不同居住安排的老年人幸福感水平存在显著的差异，独居老年人幸福感显著低于与配偶同住和其他居住安排的老年人。不同住房满意度的老年人幸福感水平存在显著差异，随着住房满意度的上升老年人幸福感水平显著上升。家人有虐待行为的老年人幸福感水平显著低于家人无虐待行为的老年人。认为子女无"啃老"现象的老年人幸福感水平显著高于认为子女有"啃老"现象的老年人。不同子女孝顺水平的老年人幸福感水平存在显著差异，随着对子女孝顺评价的升高老年人幸福感水平显著提高。医疗服务不便利的老年人幸福感水平显著低于医疗服务便利的老年人。社会参与、参加社团、参加老年大学、参加休闲活动的老年人幸福感水平显著高于没有社会参与、未参加社团、未参加老年大学、未参与休闲活动的老年人。

表 2　不同特征老年人的幸福感差异检验

变量	类别	M	SD	T/F
居住地	城镇	3.83	0.82	6721.872 ***
	农村	3.54	0.86	
性别	女性	3.68	0.86	-42.941 ***
	男性	3.71	0.84	
年龄组	①60~69岁	3.72	0.84	116.478 *** ①>②>③
	②70~79岁	3.68	0.86	
	③80岁及以上	3.64	0.86	
文化程度	①未上学	3.52	0.88	2473.046 *** ①<②<③<④
	②小学	3.66	0.83	
	③中学	3.89	0.80	
	④大学及以上	4.14	0.72	
婚姻状况	无配偶	3.46	0.88	-6177.601 ***
	有配偶	3.78	0.82	
慢性病	无	3.89	0.78	2290.212 ***
	有	3.66	0.86	
医疗保障	无	3.45	0.90	-240.729 ***
	有	3.70	0.85	

变量	类别	M	SD	T/F
居住安排	①独居	3.37	0.90	3603.729 *** ②＞③＞①
	②与配偶同住	3.79	0.82	
	③其他	3.60	0.86	
住房满意度	①不满意	3.18	0.96	18231.705 *** ①＜②＜③
	②一般	3.49	0.76	
	③满意	4.01	0.75	
家人虐待行为	无	3.88	0.81	583.747 ***
	有	3.07	1.01	
子女"啃老"	否	3.70	0.85	25.030 ***
	是	3.66	0.91	
子女孝顺	①不孝顺	2.90	1.05	1021.207 *** ①＜②＜③
	②一般	3.39	0.82	
	③孝顺	3.98	0.78	
医疗服务便利	不便利	3.65	0.84	-1712.384 ***
	便利	3.81	0.85	
社会参与	否	3.60	0.87	-3192.282 ***
	是	3.81	0.81	
参加社团	否	3.82	0.84	-332.653 ***
	是	4.14	0.75	
参加老年大学	否	3.69	0.85	-1028.003 ***
	是	4.11	0.76	
参与休闲活动	否	3.15	0.94	-7915.936 ***
	是	3.74	0.82	

注：* P＜0.05，** P＜0.01，*** P＜0.001。

数据来源：长表。

（二）各种因素对老年人幸福感的影响程度

为了探究老年人幸福感的影响因素，本报告采用线性回归模型来分析，在控制人口特征的前提下，考察老年人健康、经济与保障、居住方式、家庭关系、公共（医疗）服务、精神生活对老年人幸福感的影响作用，并对比分析各因素对老年人主观幸福感的影响程度。最后对城镇和农村老年人分别建立模型，比较自变量对因变量影响作用的城乡差异。

从结果来看，总体模型 1 对控制变量的分析表明所有控制变量（除婚姻状况外）对因变量均有显著的预测作用，城乡、性别、年龄组、文化程度、子女数会影响老年人的幸福感水平，婚姻状况的影响不显著。健康自变量对因变量有显著的预测作用，慢性病、生活自理能力、心理健康、孤独感对老年人的幸福感有显著的影响作用。经济与保障自变量对于因变量有显著的预测作用，年收入水平与医疗保障对老年人幸福感影响显著。居住方式自变量中住房满意度对因变量有显著预测作用，居住安排的影响不显著。家庭关系自变量对因变量有显著的预测作用，家人虐待、子女"啃老"、子女孝顺对老年人幸福感均有显著影响。公共（医疗）服务自变量对因变量有显著的预测作用，医疗服务便利、医疗费报销方便对老年人幸福感均有显著影响作用。精神生活自变量对因变量有显著的预测作用，社会参与、参加社团、参加老年大学、参加休闲活动对老年人幸福感均有显著影响作用。

表 3　老年人幸福感影响因素 OLS 回归结果（β）

	模型 1（总体）	模型 2（城镇）	模型 3（农村）
控制变量			
农村	− 0.046 ***		
男性	− 0.030 ***	− 0.034 **	− 0.021 *
年龄组（60~69 岁 =0）			
70~79 岁	0.040 ***	0.041 ***	0.035 **
80 岁及以上	0.064 ***	0.073 ***	0.050 ***
文化程度	0.031 ***	0.024 *	0.028 *
有配偶	0.003	0.008	0.000
子女数	0.042 ***	0.041 ***	0.045 ***
自变量			
健康			
有慢性病	− 0.028 ***	− 0.027 **	− 0.032 **
生活自理能力	0.018 *	0.009	0.027 *
心理健康	0.205 ***	0.210 ***	0.205 ***
孤独感	− 0.164 ***	− 0.163 ***	− 0.165 ***
经济与保障			
年收入取对数	0.095 ***	0.126 ***	0.043 ***

	模型 1(总体)	模型 2(城镇)	模型 3(农村)
医疗保障	0.015 *	0.001	0.026 **
居住方式			
居住安排(独居 =0)			
与配偶同住	0.002	0.013	-0.005
其他居住	0.004	0.010	-0.004
住房满意度	0.198 ***	0.183 ***	0.218 ***
家庭关系			
家人虐待	-0.029 ***	-0.021 *	-0.036 ***
子女"啃老"	-0.027 ***	-0.030 **	-0.026 **
子女孝顺	0.156 ***	0.168 ***	0.150 ***
公共(医疗)服务			
医疗服务便利	0.038 ***	0.041 ***	0.036 ***
医疗费报销方便	0.073 ***	0.063 ***	0.085 ***
精神生活			
社会参与	0.049 ***	0.058 ***	0.045 ***
参加社团	0.033 ***	0.039 ***	0.026 **
参加老年大学	0.021 **	0.022 *	0.020 *
参与休闲活动	0.036 ***	0.035 **	0.039 ***
F	288.090 ***	140.847 ***	135.366 ***
R^2	0.325	0.307	0.306

注: * $P<0.05$, ** $P<0.01$, *** $P<0.001$。

数据来源:长表。

由于总体模型显示了城乡之间存在显著差异,说明城乡这一因素对老年人的幸福感具有调节效应,为考察城乡的调节作用大小做了进一步分析建模,结果见模型 2 和模型 3。模型 2 和模型 3 表明,与全部老年人相比,城市老年人生活自理能力和医疗保障对老年人幸福感的预测作用变得不显著,其他变量的显著性与模型 1 相同。与全部老年人相比,农村老年人幸福感影响因素的显著性是相同的。说明城乡在老年人的生活自理能力和医疗保障对于其幸福感的影响上确实存在着调节效应。

需要说明的是,模型 1 的解释率为 32.5%,模型 2 的解释率为 30.7%,模型 3 的解释率为 30.6%,表明本研究的自变量老年人健康、经济与保障、居住方式、家庭关系、公共（医疗）服务、精神生活对城乡老年人幸福感有较高的解释能力。

四　研究结论

以往研究仅对老年人幸福感的某一方面的影响因素进行分析，本报告采用 2015 年第四次中国城乡老年人生活状况抽样调查数据，对老年人幸福感影响因素进行了全面系统的探讨，研究得出如下几点结论。

第一，老年人健康水平对其幸福感有显著的正向预测作用，老年人的健康水平越高其幸福感越高。这一研究结果与以往研究发现一致（童兰芬，2012；HawkleyLC，Cacioppo JT，2010；吴捷，2008；赵科等，2014）。这说明，良好的身体状况成为老年人幸福生活的重要基础，生理及心理健康水平较高的老年人幸福感水平较高，生理及心理健康水平较低的老年人幸福感也较低。

进一步分城乡研究发现，城市老年人的生活自理能力对其幸福感影响不显著，而农村老年人的生活自理能力对其幸福感影响显著。通过进一步的数据分析发现，城市老年人的生活自理能力显著高于农村老年人，同时由于城市的医疗卫生水平更高，康复辅具应用更普遍，可以缓解老年人生活自理能力下降所带来的生活不便；而农村老年人主要以体力劳动的农活维持生计，一旦自理能力下降，加之医疗水平较低、老年辅助用品匮乏，就会对农村老年人的幸福感造成显著的影响。

第二，老年人的经济与保障水平对其幸福感有显著的正向预测作用。老年人的经济与保障水平越高其幸福感水平越高。这一研究结论与以往的研究结果一致（Sanna Read，Emily Grundy，Else Foverskov，2016；崔红志，2015），说明老年人的经济水平、医疗保障是老年人幸福感的重要影响因素，这一定程度上说明，老年人自身经济状况方面的安全感对其幸福感的影响更大，较好的经济基础以及有保障的经济来源，是老年人生活幸福的重要源泉。

本研究进一步分城乡研究发现，城市老年人的医疗保障对其幸福感影响不显著，而农村老年人的医疗保障对其幸福感影响显著。究其原因，数据分析发现城市老年人的医疗保障水平显著高于农村老年人。当前，中国医疗保障实现了制度全覆盖。但是，城镇老年人医疗保障水平一直相对较高，内部差异较小，削弱了其对老年人幸福感的预测作用；而农村老年人的医疗保障存在着原来没有而现在拥有的对比，这对老年人的幸福感有显著的正向预测作用。

第三，老年人居住方式对其幸福感有显著预测作用。老年人的住房满意度越高其幸福感水平越高，表明住房条件在老年人心中占据重要位置，住房是老年人进行日常活动的基础和前提，住房不仅是物质的存在，更是心理的依托。在模型1中，老年人的居住安排对幸福感影响不显著，但差异检验的数据表明与配偶同住的老年人幸福感水平高于未与配偶同住的老年人，这表明配偶在老年生活中的重要地位，"老伴"在日常生活中相互支持、相互依赖、相互照料，对身体与心理健康起到重要的促进作用。在老年阶段，有没有配偶、有什么样的配偶成为能否安享晚年的重要影响因素①。

第四，老年人家庭关系对其幸福感有显著的正向预测作用。老年人的家庭关系越亲密其幸福感水平越高。这一研究结论与以往研究结果一致（吴菁、黄慧敏，2013；Pinquart，Sorensen，2000），子女的孝顺程度、家庭关系的和谐程度是老年人幸福感的重要影响因素。对于老年人来说，子女对老年人的精神慰藉、子女对老年人的孝顺行为，有助于两代人之间建立良好的关系，进而增加幸福感的体验。

第五，老年人使用医疗服务的便利性对其幸福感有显著的正向预测作用。老年人使用公共（医疗）服务的便利性越高其幸福感越高，表明公共（医疗）服务使用的便利性在老年人的生活中越来越重要，个体步入老年后，随着生理的老化与功能的衰退，老年人更需要医疗服务、进行医疗费报销等，相关公共（医疗）服务的便利性影响着老年人的生活质量。针对这

---

① 唐灿、张建：《家庭问题与政府责任：促进家庭发展的国内外比较研究》，社会科学文献出版社，2013。

一特点，应考虑提高公务（医疗）服务质量，健全与老年人实际医疗需求相匹配的公共（医疗）服务体系。

第六，老年人精神文化生活对其幸福感有显著的正向预测作用，社会参与、参加社团与老年大学、参加休闲活动对老年人的幸福感有较大的促进作用。这一研究结论与以往研究结果一致（张镇，2012；陶裕春，李卫国，2017）。老年人要积极发挥能动性，进行自我调节，积极选择和参与适合自身的文化活动，预防和化解不良情绪的产生。

参考文献

童兰芬、申启兰、杨爱敏等：《不同群体老年人心理健康调查及相关因素分析》，《中国医药科学》2012 年第 2（15）期。

Hawkley L. C., Cacioppo J. T. Loneliness Matters：A Theoretical and Empirical Review of Consequences and Mechanisms ［J］. *Ann Behav Med*，2010，40（2）：218 – 227.

吴捷：《老年人社会支持、孤独感与主观幸福感的关系》，《心理科学》2008 年第 31（4）期。

赵科、谭小林、文晏等：《重庆市农村老年人心理健康与主观幸福感相关性研究》，《检验医学与临床》2014 年第 11（18）期。

Sanna Read，Emily Grundy，Else Foverskov. Social-economic Position and Subjective Health and Well-being among Older People in Europe：A Systematic Narrative Review ［J］. *Ageing & Mental Health*，2016，20（5）：529 – 542.

崔红志：《农村老年人主观幸福感影响因素分析——基于全国 8 省（区）农户问卷调查数据》，《中国农村经济》2015 年第 4 期。

吴菁、黄慧敏：《农村老年人主观幸福感及其影响因素研究》，《湖北经济学院学报》（人文社会科学版）2013 年第 1 期。

Pinquart，Sörensen. Influences of Socioeconomic Status，Social Network，and Competence on Subjective Well-being in Later Life：A Meta-analysis ［J］. *Psychology & Ageing*，2000，15（15）：187 – 224.

张镇、张建新、孙建国等：《离退休人员社会参与度与主观幸福感、生活满意度的关系》，《中国临床心理学杂志》2012 年第 6 期。

陶裕春、李卫国：《休闲活动、健康自评对老年人主观幸福感的影响研究》，《西华大学学报》（哲学社会科学版）2017 年第 36（6）期。

B.6
中国老年人生活质量的质性研究

李晶 张秋霞

摘 要： 课题组在全国 15 个省份开展了城乡老年人生活质量质性调查，访谈 190 名老年人，以老年人之口，讲述了他们心目中的"好的生活"，他们对自己生活状况的感受和评价，以及对影响自己生活质量的主要因素的认识。老年人认为的"好的生活"主要包括基本生存条件（衣食住行等）、健康状况（身体健康和心理健康）、家庭关系（代际关系和夫妻关系）、精神状态（兴趣爱好、社会交往、宗教信仰）等个人生活层面的四大主要内容，老年人还提出"好的生活"在国家和社会层面应具备一定的环境和条件，显示了生活质量的丰富内涵和生活感受的复杂性。质性研究弥补了量化研究的不足，更深入、全面地描绘了老年人的生活质量状况。

关键词： 老年人 生活质量 质性调查

一 老年人生活质量质性调查概况

（一）质性研究的目的和意义

老年人生活质量包括主观生活质量和客观生活质量两个方面。目前国内大部分学者主要采用问卷调查和量化方法研究老年人生活质量。这种方法的优势是调查样本量较大，调查内容较全面，可以在较短时间内获得对老年人生活质量各方面情况的基本了解，并对影响老年人生活质量的主要因素进行统计分析。本蓝皮书的数据分析部分，主要就是根据 2015 年第四次城乡老年人生活状况抽样调查数据对中国老年人上述几方面情况所进行的统计描述和分析。2015 年第四次城乡老年人生活状况抽样调查虽然不是老年人生活质量的专项调查，但因为这次调查涉及的内容较为广泛，涵盖了老年人生活质量的主要内容，可以作为对中国城乡老年人整体生活质量进行统计分析的数据来源。不过，根据问卷调查所做的数据分析和讨论主要是针对老年人的客观生活质量部分，较少触及老年人的主观生活层面的内容，所以还需要对老年人主观生活质量进行专门调查。

质性研究方法是获得主观生活质量资料的最好方法。为弥补量化研究的不足，更深入地了解中国老年人主观生活质量状况，课题组采用深度访谈方法对老年人生活质量特别是主观生活质量进行专项研究。质性研究的目标，首先是站在老年人的角度①，了解他们所认为的"好的生活"是什么，包括哪些方面的内容等，进一步验证前述老年人生活质量的研究框架是否合理。其次，通过深度访谈等调查方法，请老年人详细讲述他们心目中的"好的生活"，他们对自己生活状况的感受和评价，以及他们对于影响自己生活质量的主要因素的认识等。通过质性调查，弥补量化研究的不足，形成对中国老年人生活质量状况更全面而深入的了解。

在此次质性研究的调查设计中，调查员对于老年人的访谈，一方面注重了解老年人的实际生活情况，另一方面更加重视老年人对于自己生活状况的主观感受、体验和评价。通过引导老年人对自己生活状况进行讲述、思考和评价，我们不仅了解到老年人生活状况的各个方面，更能了解到造成老年人生活现状的原因，以及他们对于自己生活现状的感受和认识，进而能够对老年人客观生活质量与主观生活质量之间的关联和相互影响机制进行分析和讨论。

---

① 质性研究的基本立场是从被研究者的角度来理解社会现象。郭金华：《医疗和健康服务定性研究的理论视角》，《中国心理卫生杂志》2015 年第 7 期。

以往对老年生活质量的调查主要是问卷调查，也有一些小型分区域的质性调查，但在全国范围内进行专项老年人生活质量质性调查尚属首例。这是一次重要的研究尝试，为进一步深入了解老年人的所思所想及他们对生活质量的期望储备了一定的研究资料，既弥补了问卷调查"仅见骨骼不见血肉"的鲜活度低的不足，也是今后深化老年人生活质量研究的重要方法。

（二）质性调查的基本情况

本次调查综合考虑了中国不同地区的地理环境位置、经济社会发展水平、人口老龄化发展程度、政府应对人口老龄化的水平等各个因素，在全国15个省份的城市和农村地区开展了老年人生活质量专项调查。这15个省份是：天津、江苏、浙江、宁夏、湖北、甘肃、安徽、黑龙江、重庆、山东、湖南、广东、广西、贵州和云南。

为保证调查的规范性，课题组制订了统一的调查方案和访谈提纲，对访谈时间、翻录方法、签订被访者知情同意书等都提出了具体要求。根据调查方案，每个省份分城乡进行。根据老年人的年龄、性别、职业、健康状况和经济水平等，从城市和农村分别选取5~10位60周岁及以上的老年人进行深度访谈。调查在2017年7~12月期间进行，分别由课题组成员、在校研究生、社区工作人员、社会工作者等担任调查员。最终，课题组在全国15个省份共访谈了190名老年人，其中男性老人103人，女性老人87人。由于目前中国城镇化建设较快，部分地区的城乡融合程度较高，有的老年人虽然一生务农，但目前生活在新城镇地区。另外，中国的人户分离现象也比较普遍，有的老年人的户籍和居住地并不一致。鉴于此，本章不对这190位老年人做城市和农村的区分，但若在书中引为案例，则会在文中或文后的"引用案例列表"中交代老年人的城乡背景。

在访谈中，我们把有关生活质量的问题，转化为更为通俗的日常语言，向老年人询问他们认为什么是"好的生活"。从老年人提及最多、对其生活质量影响最大、最重要的内容来看，老年人认为的"好的生活"主要涉及四大方面，分别是：基本生存条件（衣食住行等）、健康状况（身体健康和心理健康)、家庭关系(代际关系和夫妻关系)、精神状态(兴趣爱好、社会交往、宗教信仰)。除了上述个人生活层面的内容外,老年人还提出"好的生活"在国家和社会层面应具备的环境和条件,如良好的社会治安、安全的食品、较好的环境设施、国家的惠民政策等等。本文根据此次质性调查所获得的资料,对老年人在基本生存条件、健康状况、家庭关系和精神状态等四个主要方面的生活状况和主观感受进行深入分析。

二　基于生命历程的老年期总体生活满意度

根据老年人自己的表述,在与过去的生活进行比较时,他们普遍对现在的生活感到满意,集中在以下三个方面:一是对生活安定感到满意,二是对生活温饱感到满意,三是对住房等生活条件改善感到满意。

以此次专项调查进行的 2017 年为时限,60～69 岁的低龄老年人在 1948～1957 年间出生,70～79 岁的中龄老年人在 1938～1947 年间出生,80 岁及以上的高龄老人在 1937 年及之前出生。也就是说,现在的低龄老年人全部是在新中国成立后成长的,中龄老年人经历了新中国成立前的 10 多年,而高龄老人经历了新中国成立前的 20 多年。生长在不同历史时期的老年人,其在童年和青少年时期不同程度地经历了战乱和物质匮乏的时代。相对而言,经历过战争动荡年代的高龄老人对现在的安定生活感到非常幸福;中低龄老年人对新中国成立前期的艰苦生活记忆犹新,对现在衣食无忧的生活感到非常满意。

(一)对生活安定感到满意

从中国的社会发展阶段来看,在中华人民共和国成立前的一二十年间,政治局势动荡,战争连年不断,人民生活漂泊不定。从 1937 年到 1945 年,日本侵华战争给中国人民带来了深重的灾难,很多人生活贫困,过着食不果腹、衣不蔽体的日子,有的人更是家破人亡、流离失所。抗战结束后,国家很快陷入内战的纷乱当中。现在的高龄老人在那个时期度过了他们的童年和

青少年阶段。在访谈中，很多高龄老年人都对那时的艰苦岁月记忆犹新。与那时比，如今的生活有了天翻地覆的变化。他们对于现在社会安定、衣食无忧的生活都感到非常满意。

　　LFG（男，85 岁，江苏），年幼时逃过难，后来当过兵。退休前是某汽车公司的总经理兼副书记。对比从前缺衣少食、居无定所的生活，他感到："现在的生活好得超乎我的想象。"他说："我是个孤儿，那时候爸爸妈妈被日本人打死了，我就到处逃生。去过四川、云南边境，还有很多地方，最后碰到了我现在的老伴他们一家，收养了我……17 岁那年我就去当兵。当兵的时候，我老伴就一直陪伴着我，她负责后勤，我是负责汽车连，跟着我真的也是受苦了。那时候真的是很苦很苦的。再想想现在的生活，又有房子住，我们老两口她一个月 5000 多，我 7000 多，又有这么高的工资可以拿，我们真的是认为现在的生活好得很。"

　　ZHL（男，78 岁，甘肃）对于好的生活的理解是："好的生活就是自由，不缺吃、不缺穿、不缺钱。看电视、练书法都行。国家一个月对我们退休的这些人能给这些钱（我们）已经算很感谢党的恩情了。受苦、受饿、受怕都经历过来了，现在觉得生活就很好了。解放初期，国共内战的时候，大家提心吊胆地生活，现在就觉得很幸福了。我们这一代人，受过战争动荡的罪，受过饿，遭过年景。现在要啥有啥，对于我们这些遭过罪的人，现在的社会好到不能再好了，已经很满意了。"

（二）对生活温饱感到满意

新中国成立后的前 30 年①，中国绝大部分居民的生活还是比较艰苦

---

① 郑杭生将 1949 年中华人民共和国成立到 1979 年十一届三中全会召开的 30 年列为中国社会发展的初级阶段，认为这 30 年为以后的发展打下了基础，也留下了问题。郑杭生：《改革开放三十年：社会发展理论和社会转型理论》，《中国社会科学》2009 年第 2 期。

的。相比于城市，农村的物质匮乏更加严重，生活更加贫困。现在的中低龄老年人，在此期间度过了他们的青少年时代。青少年正处在读书求学阶段，但很多学龄儿童和青少年因家境贫困而被迫辍学。一是多子女家庭供不起所有的孩子读书，二是为了维持家庭生计需要更多人力参加生产劳动。在这种情况下，受传统观念影响，女孩的辍学比例比男孩更高。

访谈中，一些老人回忆起那一时期的经历，或是为自己没能读书感到极为遗憾，或是对那时为求学付出的艰辛感慨万千。因为农村经济落后、教育资源短缺，农村老年人的此种经历更加刻骨铭心。由于存在严格的城乡户籍区分制度，升学是极少的几条可以改变农民身份、提升社会地位的途径之一，辍学就等于不得不继承父母辈的农民身份，失去了今后可能提升社会经济地位的机会。

今昔对比，YNS（男，80岁，湖北）说："现在我也满足了！家庭也好，两个孩子也好，我自己的生活也好，我都满足了！要是和以前受苦受难的日子比较，现在我的生活那是天堂……你想想我七八岁就没有母亲，很小的时候就要放牛、干农活。读书那会儿是半工半读，读到初中的时候，家里太困难了，一个月五元钱的伙食费都拿不出来。每个周日回家拿钱都没有，只有向亲戚借。我有个堂姐把她的一对耳环给我父亲，让他换钱给我当伙食费。"

谈到健康，YNS说："我自己觉着身体还不错，80岁有这样就可以了。我的父亲只活到58岁就走了，我的母亲在我七八岁就不在了，我家老人的寿命都没有超过60岁。目前我很知足了，家族里面只有我活到80岁这个年龄，并且我还能行动自如。过去我看到80岁的老人生活不能自理，出门还要拄拐杖。"

谈到小时候因家庭贫困不能上学，FJH（女，71岁，浙江）至今记忆犹新。

调查员："您之前读过书没有？"

FJH："没有，扫除文盲的时候读过几天，但是还要照顾家里的弟弟妹妹，还要干活，爷爷说自己这么高的人还在家里玩，就没有读书，去种田了……我一辈子都记得的，爷爷说，还好你是个人，如果是头牛的话，现在长这么大都可以杀来吃掉了，我就去干活了。之前过得很辛苦的，没什么吃的。我爸爸那个时候去别人地里偷一点野菜给我们吃，被人用雨靴鞋底拿起来拍脸的，我也一辈子都记得。"

调查员："您觉得现在的国家政策怎么样呢？"

FJH："都好的，现在过得很舒服了。以前吃苦，现在享福。"

（三）对生活条件改善感到满意

在今昔对比中，老年人对于衣食住行各方面生活条件的改善都感到非常满意。

MMW（男，76岁，宁夏）对于"好的生活"的理解是："好的生活啊，好的生活现在是出门有车，进门有住处，吃穿不愁，都很好。现在这个生活，在我的一生当中，是相当满意的了。"

以住房为例，这是人们最基本的生存条件之一，直接影响人们的生活质量。新中国建立前的一二十年间，连年战争使很多人居无定所，人们的居住条件和生活环境都受到极大破坏。在新中国成立后的第一个30年间，人民的居住条件得到一定改善，但水平仍然不高。在部分农村地区，农民的住房破旧、设施简陋，且30年来变化不大。在新中国成立后的第二个30年，无论在城市还是在农村，居民住房条件的改善都是极大的。农村实行联产承包责任制和放开副业之后，生产力得到极大的解放，农民收入普遍提高，大部分农村住宅得到修缮或新建。在社会主义新农村建设中，农村居民的居住设施和生活环境进一步得到提高。

在和老年人的访谈中，当谈到生活质量的今昔对比时，老年人往往会提到住房及其设施的巨大改变。

> 调查员："您对您的居住条件感到满意吗？"
>
> KJL（男，64 岁，重庆）："这个现在当然满意。我这辈子觉得只要有这么宽的房子就可以，以前的房子那么差。"
>
> 调查员："那家里的设备呢，比如说家用电器，还有一些自来水、卫生间洗浴设施？"
>
> KJL："这些设备是好的。但是卫生间水管还没安装。"
>
> 调查员："家用电器齐全吗？"
>
> KJL："这些都有，电视、洗衣机和冰箱。"
>
> 调查员："您觉得现在这些设备和家用电器使用方便吗？"
>
> KJL："方便啊，感觉到比以前好得多，我感觉到我这辈子享受到的这些比以前都好。以前的时候又累又没有（自己的）住房，房子又漏。现在感觉到好啊，那时候生活吃也没有，住也没有，经济也困难。现在经济不管怎么样，我还是觉得比起年轻时好得多。"
>
> 调查员："那对周围的环境呢？比如说交通、空气、水质、噪音等等？"
>
> KJL："这些都好，为什么呢，因为我们这里交通方便，环境的话比城市好。空气比城市好得多，没有污染。只是这个自来水的质量有点担忧，怕不干净。"
>
> 调查员："现在吃的水是从河里抽上来的吗？"
>
> KJL："是的，是大队办了一个蓄水池，抽上来有点浑浊。我自己打了一个水井但是没用。"
>
> 调查员："还是用的大队的自来水，但是觉得他们没弄干净？"
>
> KJL："是的，也是现在自己经济不允许，要是经济好一些就去买个净水器，那估计就好点。"
>
> 调查员："那您希望您住在什么样的房子和环境里？"

  KJL："我就希望住在现在这样的房子、环境里就行了，没有什么大的要求。已经是老年人了，过了以前的艰苦生活，比起以前的生活好了多少倍了。"

  KJL的观点在农村老年人中有一定的代表性。大部分农村地区的生活设施条件与城市相比还有一定差距，但空气清新、自然环境较好。在交通方面，过去很长一段时间里，大部分农村都存在道路不通、交通不便的问题。近年来，随着公共交通建设和新农村建设的推进，很多农村地区的道路和交通设施得到很大改善。但农村的基本生活设施和公共卫生条件与城市相比仍存在一定差距，如KJL提到的饮用水安全问题。

  随着住房改革的推进和住房市场化的发展，城市居民的居住和生活条件也得到很大提升。对比改革开放之前的生活环境，城市老年人感到现在的居住条件比那时候好多了。

  调查员："您对现在的居住环境满意吗？"

  GDF（男，65岁，宁夏）："满意，挺好的。现在的居住条件要比以前，比改革开放前好多了。以前分配那个房子，七八个人给你安排一个房子，你也得挨着去住。现在你有条件可以买房子住呀，你只要有条件。"

  调查员："您对未来的居住有什么设想吗？比如说换一个大一点的房子？"

  GDF："我已经知足了，因为苦日子过惯了，太奢侈了，好像也享受不了。"

  调查员："现在的生活符合您心中好的生活的标准吗？"

  GDF："应该是吧，我觉得和我父母比起来，我比他们幸福很多很多了。你想想，以前我父母那个时候也没有炉子，都是土炉子，又要帮着买煤。有些时候也得操心他们住的，住的也不好。有一个大院，我母亲一个人在那儿住着，你隔三岔五去看看。冬天里头也没暖气，还害怕煤气打了。我记得有一次看我母亲去。家里头也穷，家里面有个立柜。我母亲腿也不行，我母亲在沙发上坐着，我一敲门进去，我问老妈你干啥着呢，穷怕了嘛，没事儿干就在那边缝缝补补。我看那边，立柜都倾斜得很厉害了。我那天要是晚过去一会儿，可能就砸死在那个立柜下面了。我进去以后赶紧就把立柜扶起来，那个时候年纪不太大还有劲儿。我说下次一定注意。不怕它难看，因为是旧式立柜嘛，拿个砖垫一垫，柜门好开就行。那个时候很潮湿的，也没有水泥地，就是砖铺的，那老式房子。我们现在的生活比那个时候的生活条件不知道好到哪里去了。现在想想看，我们现在的生活都是在天堂上过着呢。"

三 公平中有差距的老年人社会保障

老年人对能够享受一定的养老和医疗保障待遇普遍感到满意。与此同时，中国居民的基本生存条件和社会保障水平存在较大的城乡差异和阶层差异，很多受访老年人因这种差异产生不平等的感觉。概括地说，进行纵向比较时，老年人对于现在的基本生存条件感到满意；进行横向比较时，老年人对巨大的城乡差距和阶层差异感到不满意。

（一）农村老年人对享受社会保障感到满意

由于城乡二元的经济和社会结构，中国的社会保障制度形成了城乡有别的二元格局。计划经济时期，只有国有企业职工和国家机关事业单位人员才享有国家提供的退休保障，农村老年人主要依靠家庭赡养。自20世纪80年代初农村实施家庭联产承包责任制后，每个农村居民得到一块有长期使用权的土地用以保障基本生活，可称之为土地保障。这一时期，农村老年人主要依靠土地保障和家庭赡养。随着农村经济改革的推进，大量农村青壮年人口到城市务工，农民养老的问题日渐突出，建立农村居民养老保险制度被提上议事日程。2009年，国务院发布了《关于开展新型农村社会养老保险试点

的指导意见》，在全国开展新型农村社会养老保险的试点。新农保实行基础养老金和个人账户相结合的方式，国家对基础养老金全额补贴，受到农民普遍欢迎，2012 年已经实现制度全覆盖。

城镇居民（指城镇户籍非从业人员）是最后被纳入社会养老保险的人群。2011 年，国务院出台了《关于开展城镇居民社会养老保险试点的指导意见》，城居保在全国范围内开始试点。2012 年底，城居保实现了制度上的全覆盖。在城乡一体化发展战略的带动下，新农保与城居保制度的合并工作于 2014 年初启动。国务院下发了《国务院关于建立统一的城乡居民基本养老保险制度的意见》，促进建立全国统一的城乡居民养老保险制度。

在中国社会保障制度逐步建立健全的过程中，农村实现了社会保障制度从无到有的转变，农村居民对此的感受尤为深刻。在此次调查中，大部分农村老年人都对现在可以享受到养老保险以及其他国家补贴感到非常满意，由衷地表达了对于党和政府的感激之情。同时，他们也提出进一步提高待遇、改善服务的希望。

ZCY（男，68 岁，甘肃）是五保户，终身未婚，没有子女。他现在种一亩六分地。以前他除了种地外，平常也放羊。现在他一个人住，几个侄子经常来看望。他对自己享受的新农保以及其他收入非常满意。

调查员："您的主要收入来源是什么？够用吗？"

ZCY："我养老金参加的是新农保，每个月养老金大概 100 块。我现在是五保户，平常还有五保补贴、困难补贴、粮食补贴等，现在一共是两本存折，我每五个月取一次，两个存折的钱加起来每次可以取3000 多。还有我现在种一亩多地，有点种地收入。现在国家给我的钱我够用，平常买米、买面、买烟、买醋都够用，我满意着嘞。"

调查员："您的医保类型是什么？您满意吗？"

ZCY："我好多年都没住过院，基本不去看病，很多时候我不吃药，基本都是扛过去的。我平常就怕去买药，因为腿脚不方便，直到实在扛不过去的时候，我才会去买点药。我有一次去买药，后来钱打在我的卡上面了，所以看病报销这个事情我还是很满意的。"

调查员："您觉得看病方便吗？"

ZCY："我现在看病不太方便。主要是腿不好，要走着去看病。去街道买药的时候，距离远，有的时候没办法我就将就着走。买药的时候，医生就问我生病怎样，对我态度还比较好。看病感受总体上觉得满意着嘞。"

调查员："您觉得您目前的情况与您的期望差距大吗？"

ZCY："收入方面，如果再高点就更好了。看病的时候，乡医院的人如果能下乡给我们这些腿脚不方便的人看病，对我来说就更好了。所以我感觉自己现在的经济情况和期望的有点差距。医疗这个方面，自己现实的情况与期望的情况的差距还是比较大。"

中国的医疗保障制度于20世纪50年代初步建立，可分为针对城镇企业职工的"劳保医疗制度"和针对机关事业单位工作人员的"公费医疗制度"，以及针对农村居民的"合作医疗制度"三部分。改革开放后，为适应市场经济体制的转变，中国自20世纪90年代开始首先对企业医疗保险制度进行改革，探索建立社会统筹与个人账户相结合的医疗保险制度。1998年，国务院颁布《关于建立城镇职工基本医疗保险制度的决定》，标志着中国走上社会医疗保险之路。

农村合作医疗是随着农业合作化的发展而逐步建立起来的，是一种集体医疗保健制度。到1976年，全国约有90%的行政村（生产大队）实行了合作医疗保险制度。改革开放以后，随着农村家庭联产承包责任制的实施，农村合作医疗失去了其赖以生存的经济基础。至1989年，全国只有大约5%的行政村还坚持合作医疗制度。为解决农村居民的医疗保障问题，从20世纪90年代开始，国家决定恢复和重建农村合作医疗。2003年，国务院转发了卫生部、财政部、农业部《关于建立新型农村合作医疗制度的实施意见》，在全国范围内推广新型农村合作医疗制度。到目前为止，中国大部分农村地区都启动了新型农村合作医疗。

近二十年来，中国政府一直致力于建立全民医保体系。计划经济时期，非正式就业的城镇居民没有任何独立的社会保障和医疗保障。进入 21 世纪，为解决城镇灵活就业人员和非公有制经济组织从业人员的养老保险问题，原劳动和社会保障部出台了扩大医疗保险覆盖范围的相关意见，人社部、财政部、卫生部分别就城镇居民基本医疗保险制度出台意见。2015 年底，中国城乡居民医疗保险覆盖率达 95% 以上，基本医疗保险参保人数 13.36 亿。①老年人享有医疗保障的比例大幅上升。目前，覆盖城乡居民的基本医疗保障网已经基本建立起来，基本实现了社会医疗保险全民覆盖。

全面医保的建立是中国医疗保障制度建设取得的重大成就，对于提高城乡老年人生活质量有重要贡献。以农村医疗保障制度为例，集体化时期，农村合作医疗的资金由集体经济的公益金和成员缴纳两部分构成，是一种具有互助共济性质的集体医疗保健制度，而新型农村合作医疗增加了政府补贴的部分，而且补贴标准逐年提高，大大缓解了农民日常看病问题，得到农村居民的欢迎。

在此次调查中，当谈及农村医保，大部分农村老年人认为，农民看病从完全自费到能够报销一部分医药费，比以前已经好很多了；同时他们也觉得，报销的比例还是比较低，如果有了大病，负担还是比较重的。并且由于收入跟不上医药品费用的上涨，有些必需药不在医保报销范围内，他们觉得看同样的疾病，在报销之后，他们自己所负担的医药支出还是增加了不少，不敢轻易去医院看病的现象在不少农村老年人群体中依然存在。相对来说，城市老年人在医疗方面的条件要好得多。

接受访问的半年前，YGC（男，65 岁，四川）在走路时被送快递的电动三轮车从背后撞倒，腿部受伤，看病花了不少钱。

调查员："您最近身体状况怎么样？"

YGC："身体就那样吧，之前被车撞了，现在腿不是很好，还没完

---

① 国务院新闻办公室：《发展权：中国的理念、实践与贡献》白皮书，2016 年 12 月。

全恢复，平时都不敢走太远，需要有辅助器具才行。"

调查员："医药费是全部由肇事者承担的？"

YGC："不是，那个人也没啥钱，爸妈都是在外头打工，我自己用医疗保险报了一部分，那个人出了点营养费。"

调查员："那您医保看病的话够用吗？"

YGC："不够，自己肯定还是花了比较多，来来回回这个腿花了不少钱。"

调查员："您期望医保是什么样的？"

YGC："其实没有想过这个问题。以前从困难时期过来，现在有医保已经是非常好了。没有的时候还要自己花钱，现在看病能报一部分了，医生的技术比以前好多了。"

相比农村，城市老年人的医保水平较高，老年人的满意度更高。

调查员："您现在医保是怎样的？"

YSL（女，72岁，宁夏）："医保是好着呢。从去年开始医保卡给的，不算你住院不算干啥，平时看病一个月给我一百零几块。我还有九种大病的保险。你住院了，这个医保卡就给报75%，现在他们说可以报到80%，我自己才拿20%。医保真好！你像我现在住院，我的身份证啊、医保卡交给医院，医保就直接报了，不用你再去跑了。不过有些药医院是不报销的，你有病了需要用进口的药，但是进口的药国家是不报销的嘛……你看我们老年人现在可好了，三十多个城市里头拿着医保卡，哪儿都能看病。全国的北京、上海哪儿都行。原来不行，原来你还要转手续，还要医院允许说重病看不了。到北京去，你还要转院，但是现在就不用了，拿着医保卡直接就可以去看了。现在网络真好。"

调查员："无论是医保，还是就医，您都觉得挺满意的是吗？"

YSL："挺满意，挺满意。确实满意。现在这个社会我总在想，我对着老伴的照片说：你没福气，福都叫我一个人享了。当时他们住院，

也就报销个 40%、50%，你看我现在报销 80%。但是七七八八的东西下来，大病保险什么的，基本上下来能报到 90%。真好，现在社会真好！所以我就一点苦头都没有，无忧无虑的。"

近年来，中国的基本医疗保障水平不断提高，保障范围从住院扩大到门诊。2015 年，职工基本医疗保险、城镇居民基本医疗保险、新型农村合作医疗，政策范围内住院医疗费用报销比例分别达到 80% 以上、70% 以上和 75% 左右。[1] 2015 年，居民个人卫生支出占卫生总费用的比重降至 30% 以下，为近 20 年来的最低水平。[2] 除了基本医疗保险外，为减轻城乡居民大病医疗费用负担，避免因疾病陷入贫困，大病保险制度逐步建立。2012 年 8 月，国家发改委、卫生部、财政部、人社部、民政部、保监会等六部委联合发布了《关于开展城乡居民大病保险工作的指导意见》，提出在基本医疗保障的基础上，采取向商业保险机构购买大病保险的方式，实施大病保险补偿政策，对基本医疗保障补偿后需个人负担的高额医疗费用给予进一步保障，规定大病医保报销比例不低于 50%。2015 年发布了《关于全面实施城乡居民大病保险的意见》，进一步规范和完善大病保险制度。

总的来说，中国的医疗保障制度在不断完善。从我们的调查看，老年人在纵向比较中对现在可以享受到一定的保障和服务感到满意，但与此同时，部分老年人享受的保障水平较低，特别是农村老年人，一旦患大病，仍然存在很大困难。

（二）农村老年人对城乡差距大感到不满意

户籍制和单位制是中国最主要的社会分层机制。如前所述，中国的社会保障制度和医疗保障制度，按照不同户籍和单位属性，分为不同的体系。近年来，中国的社会保障制度和医疗保障制度建立健全，取得了巨大的进步。

---

[1] 国务院新闻办公室：《发展权：中国的理念、实践与贡献》白皮书，2016 年 12 月。
[2] 《中国个人卫生支出占比降至 30% 以下 近 20 年最低》，人民网，2016 年 8 月 10 日。

与此同时，存在不同保障体系之间待遇差距较大的问题，农村居民保障待遇低于城市职工，城市职工待遇低于机关事业单位人员。如前所述，当进行纵向比较时，老年人普遍对生活感到比较满意。然而，当进行横向比较时，很多老年人都因城乡差距和阶层差异过大而感到不满意。

在此次调查中，农村老年人对于城乡差异过大的不满意，主要集中在养老保障、医疗保障和医疗服务等方面。

WDL（男，63 岁，江苏）从企业退休，享受企业退休金，但医保是新农合，妻子享受农村失地农民养老金。在访谈中，他提出农村保障水平低、医疗服务不足、看病不方便等问题。

调查员："您和老伴的养老金每月有多少？"

WDL："我的养老金是 1800 元左右，是企业退休养老金。我老伴的养老金是农村失地农民的养老金，770 元，好像现在涨了一点了。还有村里每月发 60 元的补贴，现在是 80 块了。"

调查员："养老金的收入能够支撑您平时的开支吗？够用吗？"

WDL："够用肯定不够用，这点养老金对于现在的生活水平来说是肯定不够用的。光靠养老金的话，只能马马虎虎生活，其他事情也做不了。不够的哪里来呢？我就会搞点副业，种种杨梅，弄点茶叶补贴。"

调查员："您对这个养老金水平满意吗？"

WDL："我觉得是不满意的，因为我们是农业大国，农民有那么多，但是农民的退休收入就那么点，相当低，觉得不太公平……退休工资，农民和企业退休人员和事业退休人员之间差距实在太大了。事业单位退休工资五六千元，涨一次涨 800~1000 元，农民一涨几十元，这个体制还是有问题的。我举一个例子，我们村里有一个北京大学的大学生，他毕业后在铁路局工作，退休后退休工资就两三千元。一个山村里能出一个北京大学的学生，他真的很厉害了。相比之下，他有一个弟弟，17 岁去做代课教师，之后转了事业编，现在退休工资六千多元。你说是不是差距太大了？所以农民的医疗保障水平最好能够接近企业、

177

事业（单位），能够拉拉平。农民多得一点，这样农民才能看得起病，才能够不出现一生病一家人都陷入贫困的情况，因病致贫。"

调查员："您的医保是什么情况？"

WDL："我的医保是农村医保。只能说，没有病或者小病，农保还是不错的。一旦生了大病，那还是不行的，因为农保看病之后报销的比例还是不高。"

调查员："关于医疗服务方面，您觉得看病方便吗？"

WDL："看病也不是说不方便。现在来讲，拆迁了之后，这边走过去三四里路就可以到六院，再走两三里路可以到社区服务中心。但是原来在山上的话就比较远了，要十五公里左右才能到医院。去医院配点降压药要来回十五公里，觉得吃不消。"

调查员："您去医院就诊的时候，对医生的态度、医术满意吗？"

WDL："我去医院的话，医生的服务态度比较好，比较热情，比较到位。但是医疗技术方面的话，可能投入比较少，医疗器械不齐全，所以只能看看小病，大病也看不了。二十年之前，六院和服务站还能看盲肠炎，发展到现在都不会开刀了，盲肠炎都不看了。原来六院水平挺不错的，能接生，现在不敢承担责任，生孩子、开刀都把病人往城里推。这对居住在这里的老百姓来说确实很不方便，没有好的医生，一个地区的老百姓是要受罪的。"

调查员："医保平时看病怎么用啊？"

MMW（男，76岁，宁夏）："不住院的话就白搭着呢，人家又不给钱，吃这个临时的药，都在诊所和药店买。要去卫生院开，报几个钱都是不顶事儿的药，不治病。所以就在外面大药店诊所看病，但是人家不报销。不知道是没好药，还是有好药不给我们用。但是要是去到别人的诊所里就能见效，钱花了就能见效，只能自己出钱。"

调查员："对于医保您最不满意的是在哪里？"

MMW："最不满意的现在就是医院没有好药，看病不治病，钱花上不治病，看了就跟没看一样……政策好着呢，主要问题就是没好药。希望国家卫生机关可以拨点好药，上下都一样对待就好了。现在就是城乡差距大得很，好药到城市了，乡村都吃那些淘汰下来的药，纯粹就不顶事……要是能下来好药，现在都成关系户了，熟人呀，有关系的呀，都让那些人占上了。没有关系的人，穷人，沾不上边的这些人，给多少好药也摊不上你。这就是农村的事实。"

调查员："您在 60 岁之后有没有什么比较重大的事情发生呢？"

MMW："就是前年害了场大病，害了病以后精神上就短浅了，岁数也大了，恢复到原来那个状况也是不可能，这是自然的。生了那场大病花了很多钱，对家庭也产生了很大的影响。生那场病花了十几万，国家才给报了六万多。本来就不是特别富裕，一场病之后差点返贫了。最后报掉六万三千块钱，自己还摊了九万块钱，负担很大的。这九万块钱，除了自己儿女拿的，还借的别人的钱。到现在还没还完呢。"

农民享受社会保障最晚，待遇也最低。因为以前的日子太苦，当他们进行纵向比较时，仍然有较强的幸福感。当与城市职工进行比较时，他们感到不满意，但纵向比较产生的满足感在很大程度上消弭了横向比较的负面感受。"知足常乐"是这些老年人化解不公平感的主要观念基础。

（三）企业职工对阶层差异大感到不满意

在对城市老年人的访谈中，不少企业退休职工对于企业养老保障水平和机关事业单位退休人员保障水平差异过大感到不满意。

XJW（男，74 岁，浙江）大学毕业，对企业职工退休金太低表示不满意。他说，有和他同时段的高中学历同学，因为进了学校当老师，或者进入国家机关当公务员，现在的退休金比自己高出一倍左右，因此自己会有一些不公平的感觉，希望国家能够适当平衡一下私企和国有部

门的退休金水平。

调查员："您现在有没有养老金呢？"

XJW："我都有的，一个月会发4000块钱左右。"

调查员："您现在够用吗？"

XJW："光按照退休金的话我是不够用的，因为我吃的药是不能报销的。有出租的房子，每个月租金收入4000多元。"

调查员："有些药是进口的，所以不能报销吗？"

XJW："不是，有的国产的也不能报销的，吃药这一块自理的。"

调查员："您现在有医保吗？"

XJW："有的，我现在可以报95%。但是也是看情况，有的可以报销95%，有的要自己出钱。"

调查员："现在医保还满意吗？"

XJW："满意的，因为和农村的老百姓比，我比他们要好了。"

调查员："有没有想多报销一些，比如说覆盖范围再大一些？"

XJW："现在不是说要体制改革啊，许多药品要增加到医保的范围内，我吃的这个药也想说能够列在这个范围里面。"

调查员："您对于现在政府做的一些事情有没有什么建议？"

XJW："这个我没有考虑啊……总的来讲，我是企业退休的，跟人家机关退休的不一样，相差很多的，一想到这个我就觉得晦气。之前自己也是做到高级工程师的，这个也是我不满意的事情。但是我也安慰自己，除了这个之外，我还有其他收成，那我也心平了，就比较高兴了，那我就不跟他们比，我跟我自己比……我这样讲，我跟别的退休工人比，我也不吃亏；那如果我没有其他收成的话，我心里其实也要不平衡的。"

在农民、企业职工、机关事业单位人员这三大群体中，企业职工处于中间位置。当企业职工与农民比较社会保障待遇时，他们感到满足；但当与机关事业单位人员进行比较时，他们就会产生较大的不公平感，或称为相对剥夺感。这种不公平感令他们感到不满意，一定程度上降低了他们的主观幸福感。

四　健康预期是老年人健康满意度的调节器

健康问题是老年期要应对的主要问题。在与老年人的深度访谈中，我们发现，随着年龄增长和健康问题出现，老年人对于自身健康的态度在不断调适。一般情况下，老年人能够接受因年龄增长带来的健康变化。通常，身体较差的低龄老年人对自己的健康状况较不满意，而身体较好的高龄老年人对自己的健康状况满意度较高。总之，不同年龄阶段的老年人对自己的健康状况有不同的预期，随着年龄增长，老年人逐渐接受带病生存的状态。

（一）老年人接受与年龄相符的健康状况

此次调查发现，随着年龄增长，被访的大部分老年人会调整对于自身的健康预期。以刚刚进入老年期的低龄老人为例，如果患了一次病，在治疗和康复的过程中，老年人在心理上逐渐认识到并接受自己正在变"老"的现实，并随之调整自己的心理状态和生活方式。

YGC（男，65岁，四川）半年前走路时被送快递的电动三轮车从背后撞倒，至今尚未完全康复。

调查员："迈进60岁之后，你觉得自己的生活有什么变化吗？"

YGC："明显体力没有以前好了。以前身体恢复得要快，现在这腿都半年了还是没有完全康复，要是年轻的时候，最多三个月就好了。身体各方面都没得以前好了。"

调查员："有哪些具体的变化？"

YGC："现在每天没啥子事情要干，就是散步，以前还在地头种点菜，现在就不行了，主要还是走不动，其他事情想干都不行……腿骨折后，突然感觉到自己真的老了。"

调查员："你怎么觉得自己老了喃?"

YGC:"就是动又动不得,吃又吃不得,没用了。"

调查员："现在你最担心什么事情?"

YGC:"就是害怕腿以后留下后遗症,给家人负担,其他都还好,以后养老金保证温饱就好了,还是比较想得开。"

调查员："您有慢性病吗?"

ZXL(女,66岁,天津):"慢性疾病呢,主要是关节这方面。老年人这个退化,像关节退化啊,这都是很正常,是吧。"

调查员："您的视力、听力怎么样呢?"

ZXL:"听力还是蛮好。视力嘛,有一只眼睛不好,是眼底黄斑变性。这个呢也不好治,目前也没有什么办法能治好,看东西都比较模糊。没太大的影响。反正就是黄斑变性嘛,它严重了,就是致盲了,看不见,最严重的时候也就那样。有两个眼睛配合着还算可以。"

调查员："您的牙齿怎么样呢?"

ZXL:"牙齿还行。掉了两个,也不怎么影响……补了不合适,就没带。但不影响进食。"

调查员："您现在感觉这个记忆力啊、精神状态怎么样?"

ZXL:"记忆力也可以,反正忘事。唉,这个年龄啊,反正忘点事也算正常,不严重。有时候出去还想,锁门了没有啊,有时候这样想,还是锁了吧? 呵呵……"

调查员："您对自己现在这个健康状况满意不满意呢?"

ZXL:"还可以吧,还算满意……觉得跟同龄人比,还算可以。"

调查员："有哪些地方,感觉有不太满意的地方吗? 希望调理一下的……"

ZXL:"本来也没想太多,反正这个状态挺好的,也就差不多吧。反正这个岁数了,60多岁,快70了,还有三四年就70岁了,你还想要多好啊? 哈哈……"

调查员："身体方面，有什么病痛之类的吗？"

LXF（男，70岁，广西）："眼睛老花了，病痛什么的倒是没有……身体（素质）下降，一年不如一年咯。"

调查员："牙齿方面怎样？"

LXF："牙齿不行，慢慢不行了。"

调查员："你平时的记性怎么样？"

LXF："记忆力不太好，就是看那个电视，看一会儿那个字就忘了，记忆力不行了。以前就记得，现在就不行。"

调查员："你对自己的身体情况满不满意呢？"

LXF："基本上满意。"

调查员："在哪些方面，比如说视力不好、牙齿的退化之类的，你是不是会有些不满意呢？"

LXF："不满意也没有办法，这是自然规律。顺其自然嘛，满不满意都这样了。眼睛不行那就去看咯，老花眼有时看不见就去配眼镜。我50多岁就开始老花了。"

上述三位都是中低龄老年人。进入老年期后，经历了患病以及治疗、身体功能的退化、记忆力下降等等问题，他们逐渐感受到自己的健康状况和年轻时相比在逐步衰退。这期间，大部分中低龄老年人的健康状况在走下坡路，但尚未影响生活自理能力。在这个渐进的过程中，他们中的大部分认为随年龄增长健康衰退是自然规律，大多以顺其自然的态度来应对。

（二）与同龄人相比的满意或不满意

健康状况的纵向比较是指，老年人将自己目前的身体状况与自己年轻时进行比较。从上述例子来看，虽然健康方面出现了或多或少的问题，但是参照自己的年龄，几位老人并未表现出太多的忧虑和不满意。相反，他们认为这些健康问题是随年龄增长必然出现的，是不可违背的自然规律，因此是能

够接受的。健康状况的横向比较是指，老年人将自己的身体状况与其他同龄人进行比较。一般来说，在随年龄调整健康预期的基础上，如果老年人认为自己比大部分同龄人的健康状况更好，他们对自己的健康状况会感到比较满意。

调查员："您现在有什么慢性病啊?"

ZZQ（男，90岁，浙江）："没有的，我身体都还好的……就是我65岁的时候，我看到小偷在偷别人的东西，我就去追。那时候身体好，跑得也快，人也很壮，就去抓那个人，结果被砍到了手了，之后手就这样了……那个时候去杭州看过了，才把这个小臂保下来的，不然就没有了。现在手筋没有了，还不如不要这半个胳膊，因为生活真的很不方便，就肘关节还能动一下，其实那半只手没有什么能力了。然后还被摩托车撞了，现在腿都是扭在那里的，钢筋还在腿里面。还有一件事情就是前不久得脑溢血了，住了一个多月的院。"

调查员："这些事情对您和您家里有什么影响吗?"

ZZQ："我家里人觉得我命大。到现在身体也还可以，虽然多灾多难的，但是还可以了。"

调查员："您现在眼睛看得清吗?"

ZZQ："看得清的，看字看不清了，但是看人都行的。"

调查员："听力呢?"

ZZQ："耳朵不好的。"

调查员："有没有戴助听器呢?"

ZZQ："没有的。"

调查员："现在牙齿好不好啊?"

ZZQ："不好的，没几颗牙齿了。"（张开嘴巴，还剩下前面几颗大牙，后排几颗牙齿，没有佩戴假牙或者镶牙）

调查员："现在睡觉好不好呢?"

ZZQ："现在都是6、7点钟就睡了，等到早上天亮就起床，每天起码可以睡 8 个钟头，睡觉还是蛮好的。"

调查员："您现在记性呢？"

ZZQ："还可以的，没有糊涂。"

调查员："您精神状态怎么样？觉得精不精神，有没有力气？"

ZZQ："还可以的，但是今年感觉吃不下饭，还是会有点没力气的。主要就是脑溢血之后感觉不是很好，但是现在能活动也都还可以的。"

调查员："您对自己的身体，现在这样的情况满意吗？"

ZZQ："满意的，但是我手脚都不方便的，我走路没力气的，之前摔过，手还这样。"

调查员："您现在的身体状况怎么样？"

XBH（女，85 岁，四川）："去医院检查，各方面还都可以。"

调查员："您的听力、视力、牙齿怎么样？"

XBH："耳朵基本上都听得好，眼睛是不行了，有白内障，越来越严重，看不清东西，出门在大街上要跟其他婆婆一起走才可以。牙齿就掉了两只大牙，安有几只假牙。"

调查员："您看电视的话眼睛还可以吗？"

XBH："我基本属于只听声音。"

调查员："晚上的睡眠质量呢？"

XBH："还可以，晚上睡得比较早，8 点多就睡了。"

调查员："您现在的记忆力怎么样？"

XBH："记忆力不行了，去年生过病之后，记性不好，转身就忘了。"

调查员："您现在的精神状态怎么样？"

XBH："很好，每天吃好、睡好，有时间就下楼跟这些婆婆聊天。"

调查员："您对现在身体状况各方面满意吗？"

XBH："这个身体状况一直这样就好了，不生病就好了……我没想到我能活到 80 多。哈哈哈……"

调查员："您现在还参加社会活动吗？比如说老年大学或者其他的

组织。"

XBH："现在不参加了，视力不好也看不见，我主要害怕别人撞到我。"

调查员："那关于社会活动、休闲活动有什么期待吗？"

XBH："以后老了肯定身体会越来越差，只要能听见说话就行。社会活动早就不参加了。"

调查员："现在您最担心什么事情？"

XBH："没什么大事担心，我老头身体也还可以，我还有点担心我的眼睛，医生说现在不能做白内障手术，我现在就害怕哪一天我眼睛瞎了，还要拖累家里人。"

上面这两位高龄老人的身体都有较严重的问题。90 岁的 ZZQ 手脚不便，85 岁的 XBH 视力模糊，都已经影响到他们的日常生活和出行。但他们都觉得，以自己的年龄来看，目前的身体状况算是可以了。

一般来说，如果老年人认为自己比大部分同龄人的健康状况更好，他们对自己的健康状况会感到比较满意；如果认为自己比大部分同龄人的健康状况更差，他们对自己的健康状况就会感到不满意。

比身边同龄人身体差的老年人常会感到失落和不满意。尤其是健康状况不佳的低龄和中龄老年人，失落和不满意的感受会更强烈。

调查员："您现在身体状况怎么样？"

YXH（女，76 岁，浙江）："我现在身体一般。高血压有一点，十几年了。还缺铁性贫血，眼皮都是白色的。牙齿是假的。记性越来越不好。早年的事情记得一清二楚，现在是一点事情都会忘记的。我走得快一点就会胸闷的，外面那个××公园都不去的，六七年没有去过了。平时就在门口走一走。"

调查员："您现在对自己身体的状况满意吗？"

YXH："满意这个说不好的。别人年纪轻，比我身体好没事的，但是比我年纪大的人还比我身体好，就觉得自己身体不好，对吧……自己身体好的话，过一天算一天，身体不好就没有意思的。没有力气的话就难受的……身体不好的话，看到比我年纪大的人都比我有力气，就感觉不一样的。"

调查员："您的健康状况怎么样？"

ZHL（男，78岁，甘肃）："我有脑动脉硬化，五六年时间了，一直在吃药，也不见好转。牙齿去年掉得差不多了，现在是新换的假牙，可以咬东西，吃硬东西也可以。睡眠很好，脑动脉硬化就脑供血不足，容易困。记性也不行了，看了就忘，记不住。现在手颤得厉害，不能写字。耳朵也基本上聋了，听不清别人说话。眼花，看不清楚东西。年龄大了，这些都是正常的。也没去医院看过，也没吃过药。精神状态还可以，我每天早上起来出去走几百步，有时候还会跑。回来后就用冷水擦一遍身上，冬天也是用冷水，有了这个习惯我从来也没感冒过。为了多活几年、有个好身体为孩子减轻负担，才坚持好好锻炼。"

调查员："您对自己的健康状况满意吗？"

ZHL："我对自己的身体不满意。像我这个年纪的好多老人，耳朵、眼睛都没有问题。"

调查员："您和配偶的医保类型？您是否满意？"

ZHL："现在社保局给了一个卡，钱都在这个卡上。去年发了600多元，今年还发了1000多元。我是城镇户口，老伴是农村户口。老伴前几年摔倒了，胯骨摔断了，前前后后动了两次手术。手术、住院费用总共花了11万元，根据报销规定报销了50%多，自费的钱是我们自己掏的。娃娃要给钱付剩下的费用，我没要，我这几年攒下的钱够用，不要娃娃的。"

调查员："看病是否方便？您是否满意？"

ZHL："现在要说治好病就得去永和，村里离永和120多里路。咱这里现在就是没有好医院，没有好医生，好医生都在永和、彬县那些地

方。现在看病，一是路远，二是咱这里没有好医院、好医生……医疗保障就是给你个卡，咱基本上没有医疗服务，县上把这几百块钱打到你的卡上就不管了。要是上级政府能有计划地每年定期给老人做身体检查就好了。现在镇上退休职工就 100 多人，老年人腿脚不方便出不去，只把钱打你卡上，让自己去看，这一方面差距还是比较大。"

除了医疗保障外，健康逐渐衰退的老年人对社会服务和医疗卫生服务也有较多需求。相对而言，健康状况较差的老年人，对于社会服务和医疗服务的要求较多；如果相关服务需求不能够得到满足，他们的满意度就会降低，对其生活质量就会有更多负面影响。

（三）生理因素和社会因素影响老年人心理健康

心理健康是老年人健康的重要组成部分，是影响老年人生活质量的关键因素。随着年龄增长，老年人的身心功能，特别是认知功能出现了衰退，具体表现为反应迟缓、记忆力下降、抗干扰能力减弱等，这些都直接影响老年人的生活质量。[1] 一般来说，影响老年人心理健康的因素可概括为生理因素和社会因素。生理因素包括生理年龄、性别、疾病、自理能力、视听功能等；社会因素包括经济收入、文化教育、生活方式、婚姻家庭、生活事件、社会支持、闲暇活动、社会参与、社区服务等。

在访谈中，我们首先以询问老人的健康状况作为开场白，这样既表达了对老人的关心，又能比较自然地切入访谈的内容，老人对被问及的问题比较熟悉也容易放松心情，很多老年人在讲述中都提到自己年老后认知功能下降的情况。

FSY（男，74 岁，甘肃）："特别明显的是神经性耳聋，只能佩戴

---

[1] 王大华等：《老年人心理健康服务模式探讨——社区层面的实践与解析》，《老龄科学研究》第 12 期。

助听器。睡眠可以，记忆力当然一年不如一年，年轻时候的学习经历、工作经历我记得很清楚，但是现在比如我昨天放的东西，今天找不到了。"

ZXS（男，81岁，甘肃）："现在记忆力还可以，有的时候就蒙住了。见到同事的时候，一下子把名字就叫不上了，过两分钟就想起来了。80岁之前就好很多，现在很明显有衰老的表现。"

视力、听力和记忆力等基本身心功能的衰退是老年期的普遍现象。随着年龄的增长，老年人的记忆力逐渐衰退，他们对过去的事情往往印象清晰，对当下的生活事件却经常忘记。按照此次专项调查的要求，被访者均为可以正常交流的老年人，因此大多数被访老人的生活并没有出现严重的失序状况。为应对上述问题，有的老年人通过戴眼镜、戴助听器等辅助性工具来维持功能，有的通过参加一些智力活动，如下棋、阅读、背诵等，有意识地维持和提高自己的记忆力。

除了要应对自己身心功能的衰退外，有些老年人还要担负起照顾病人（大多是自己的配偶，也有的是老年父母或患病子女）的重担。这种需要长期持续投入大量精力和体力的工作，极大地影响着这些老年人的生活质量。

KFL（女，66岁，湖北）在访谈中说，自己身体不好，还要照顾失能的丈夫，承受的心理和精神压力非常大。

KFL："关于心理压力，有过这个经历，长期面对的这一个病人还是自己老伴的话，那你肯定这个精神压力也会大。这心里头就是，反正怎么说呢，就是不那么舒服，你看到病人那个愁眉苦脸的样子，你也高兴不起来。我也不说假话，有时我也很烦，心情也不好。人每天都很累，很疲劳，眼睛都睁不开了，心里就很烦躁。我就想有个人照料我，每天给我做饭吃，能让我好好睡一觉。"

调查员："您也是病人也需要人照顾，这与您想象中的幸福晚年生活有差距吗？"

KFL："肯定有很大的差距啊。如果老爷子没有病那还要好点，现在他病了，只有我照顾他。现在对于我的生活来说，已经谈不上幸福了。我和他根本没有办法交流，他的耳朵又聋，说话需要很大声音，重复多遍才能听到一点。我没有那个精神和力气和他交流，像我和你这样距离的沟通他根本听不见。"

这位老人的生活状态反映了不少类似老年人家庭的境况，显示了老年人作为主要照护者的困境。照护者承受心理和身体上的双重压力，长期照料病人却无人可以替换使他们常常感到疲惫不堪，加上慢性疾病无法治愈的灰暗前景，使得他们心理上的负性感受越来越强，有的甚至陷入绝望境地。比较而言，女性老年人的照料负担和心理压力尤其大，这令她们的生活质量非常低下。

孤独感是影响老年人心理健康的另一个重要方面。随年龄增长，老年人的身心功能逐渐衰退，越来越需要家庭成员给他们提供生活上和情感上的支持。然而，基于子女数量减少、家庭规模变小、居住安排离散等原因，老年人越来越难以获得来自子女的支持。到高龄阶段，独居的丧偶老年人增多。调查显示，有配偶、与子女关系较密切的老年人的孤独感较弱；而丧偶、与子女关系疏远的老年人的孤独感较强烈。

调查员："您感觉孤独吗，什么情况下感觉孤独？"

GDF（男，65岁，宁夏）："不孤独，因为我老伴啥的都在呢，不觉得孤独，儿女有些时候回来，有些时候孩子在这儿我还觉得烦呢，没觉得孤独的时候。"

调查员："您感觉孤独吗，什么情况下感觉孤独？"

FJO（男，60岁，湖北）："生病的时候感觉很孤独，身边没有人陪护，想喝水都没有人给你倒。"

调查员："您在什么时候体会过这种孤独？"

FJO："有困难的时候感觉孤独，没有人倾诉的时候感觉孤独，没有人援助的时候感觉孤独。特别是在外地打工的时候生病，身边一个亲人都没有，所以说每逢佳节倍思亲。只能自己学会看破放下这一切吧，不然能有什么办法呢？其他方面还好吧，我十八岁就开始独立生活，生存能力、适应能力还是很强。"

孤独感是老年人比较常见的一种心理感受。调查显示，是否产生孤独感有两个主要影响因素。一是是否有人陪伴。有配偶的老年人不容易产生孤独感，人际交往较多的老年人不容易产生孤独感。换言之，获得较多社会支持的老年人不容易产生孤独感。因此，适度的社会参与和人际交往有助于减轻老年人的孤独感。二是个性特质。通常，外向开朗的老年人比内向沉郁的老年人更不容易产生孤独感。

五　家庭关系是老年期生活质量的核心

（一）家庭关系对老年人至关重要

家庭是老年人生活的主要场域。在与老年人的访谈中，当谈到自己心目中的好生活，大部分老年人都提到家庭和子女，认为家庭和睦、子女过得好是最重要的。

CZX（女，71岁，重庆）说："我心目中好的生活就是，这些儿女身体健康，他们的家庭和睦，这些子孙，希望他们生活幸福。我自己呢，最主要的就是健健康康地生活，到老了的时候最好不要病在床上起不来。钱呢，当然多一点更好，但是钱不是想多就能多的，是不是嘛。"

ZXL（女，66岁，天津）说："老年人嘛，身体好，主要的就是身体，你身体好了，你什么事都好做。然后呢就是家庭和睦，子女啊，儿

孙,这都健康,没有什么天灾病变的,都互相团结和睦,家里头互相关心,有事大家互相照顾,这就是家庭和睦。再就是邻里关系都处好了,然后社会环境这个多出去走走,多到外面跟这个左邻右舍啊、朋友们,出去溜达溜达、聊聊天,没事什么的,还有集体活动参加参加。"

YXH(女,76岁,浙江)说:"我不讲究的,现在吃饭有的吃的,吃菜也有很多东西的,别人都会拿来的,早的时候菜也没有、饭也没有,现在年纪大了吃得很好了。年轻人运气好一点,身体好一点,我老人家就没什么关系,他们不好我也不好的。"

可以说,家庭关系是老年人最重要的人际关系。其中,与成年子女的代际关系和老年夫妇间的关系是老年人最主要的家庭关系,这些人际关系对老年人的生活质量有决定性的影响。

(二)平衡的代际关系是高质量老年生活的必要条件

在传统中国社会,父子关系是家庭关系的核心,其特点是父辈是家庭的权威和管理者。在现代社会,代际权利关系发生了较大的改变,由传统的父代权威向父子平权趋势发展。在有些老年人家庭中,甚至出现了代际新的不平等关系,即子代逐渐成为强势的一方,年轻一代成为向父辈发号施令的一方。这种关系模式的一般表现为,子女向父母过度索取,并认为是理所当然的;较为极端的表现有,子女对父母不孝,甚至有虐待父母的行为。

此次专项调查发现,在大部分家庭中,更多的是亲子之间相互依赖的关系。从老年人的角度看,特别是农村社会保障水平较低的老年人,对与儿子的关系最为在意。一方面,老年人关心儿子,在力所能及的情况下尽量帮助儿子做事;另一方面,老年人"养儿防老"的传统思想根深蒂固,他们在心理上最终依赖的仍然是自己的儿子。

调查员:"您觉着是儿子孝顺还是姑娘们孝顺?"

HSX（女，71 岁，湖北）："肯定是姑娘孝顺了。话说回来姑娘再好，我闭眼的时候还是需要儿子送我上山。哪怕儿子没有姑娘孝顺，我最终还是要靠儿子给我送终，这就是老人的封建思想，也是农村人的想法。"

调查员："大家为什么会这样认为呢？"

HSX："这是面子问题啊，姑娘不能养娘，养儿送终这是农村一贯认为，没有儿子绝对不行的。"

此次调查也发现，成年子女对老年父母也有一定的依赖性。这种依赖一方面是在经济上，这一点在城市经济较独立的老年人家庭中表现得尤为突出；另一方面是在照顾孙辈上，这种情况在城市和农村都比较普遍。在与老年人的访谈中，有的老人讲述了子女孝心减少和"啃老"的行为，并对此表达了他们的不满和失望。但即使如此，老年人最为关切的仍然是子女，时时事事为子女着想。互惠型的代际关系存在着失衡的现象。

调查员："您现在的家庭状况与您预期的家庭状况是符合的吗？"

GDF（男，65 岁，宁夏）："也有点缺陷，缺陷是什么呢，就是儿女好像没有以前的儿女那么孝顺。是，现在习近平也好，政府也好，都讲忠义呀、孝顺呀什么的，但是我觉得现在孩子的思想太开放了……他们好像没有那个感恩的心，他们总是觉得父母对他们这些都是应该的。所以有时候也觉得有点遗憾。现在孩子们也都大了，小一点的闺女今年也都 40 了，但是我觉得你说你帮他什么的，他都总觉得是老人应该应分的……要么人家现在怎么都说啃老族、啃老族，有时候人也确实没办法。好像这个啃老族现在也都很普遍。"

LCS（男，64 岁，天津）说："对于两个女儿，有的时候我们也发点牢骚。我们这儿就是个旅馆和饭店对吧，你们到时候来了，也没有打招呼。所以我们有时候也发牢骚，就说烦不烦对吧，他这个做儿女的，

现在我估计都这个样子，他没有考虑到老年父母的这种感受，好像他们很自然的，是应该的，你付出是甘愿付出的，所以现在的人可以说都比较自私。儿女他们都比较自私，可以这么说……我们后来也想这个问题，他们也有他们的苦衷，也有难处，我还要工作对吧，还要去照顾老人，还要去照顾孩子，这个负担也很重。作为儿女呢，他们应该也考虑到了，你要给老人一个生活空间。

"你比如说，在上班的时候你没有办法，那我孩子得有人管呐，这个是可以的。但是你也不要说管孩子就是你老年人的事了，就是你父母的事情，这个没有规定，我必须给你带孩子……比如说孩子放假了或者干什么呢，你就不要再来老是打扰我们，你给我们一点空间是吧。这个时间我们可以出去玩一玩、走一走啊……怎么办呢？想出去玩去，俩人同时去不了，只能分开去，但是其实理想的是希望跟老伴两个人可以一块出去对吧。"

（三）夫妻关系对老年期生活质量的影响日渐重要

在现代社会的家庭里，夫妻关系的重要性逐渐增强。按照家庭现代化理论，夫妇核心家庭将会是现代社会的典型家庭类型。目前，中国家庭子女数减少，家庭规模小型化，家庭成员居住离散等，都使得家庭关系从纵向的亲子关系为主朝着横向的夫妇关系为主转化。

我们在调查中看到，在低龄老年阶段，老年夫妇生活能够自理时，大多与子女分开居住，各自能够保持一定的独立性和自由度。当老年夫妇中的一方或双方出现了健康问题，甚至其中一人的生活不能自理，只要夫妇俩还能够彼此照顾，他们大多仍然独立居住，由身体稍好的一方承担起照顾失能配偶的工作。一般在两种情况下，子女和父母会一起居住。一种情况是当子女需要父母帮助照看孙辈时，会选择将父母接来同住；另一种情况是当老人患病或丧偶之后，有的老人会选择和子女同住。

YCX（女，76岁，甘肃）在年轻时腿就截肢了，丈夫长期照顾她，夫妻关系一直非常好。

在访谈中她说："我16岁就跟老伴结婚了，生活了几年之后，腿截肢了，老伴一直照顾我，孩子也是老伴养活。我不能劳动，公社时期也不能挣工分，吃也吃不好，孩子们也跟着受穷了。所有的困难都让我遇到了，遭了很多难，但我们一直过到现在了。

"我现在高血压、腰椎间盘突出、颈椎疼、头晕，平常不断药。有点钱就用来买药了。我把腿截肢了，活动不了，身体怎么能好啊。我没带假肢之前，用拐杖走了三十多年；后来戴假肢，目前已经戴了16年了。假肢戴上之后，走路方便多了。跟两条好腿走路一样，就是不能劳动，但是可以做饭、可以洗衣服。

"我有四个孩子，三个女儿，一个儿子。我是这个样子，当时没怎么让孩子们念书。孩子们都很孝顺，平常跟孩子来往比较多。在本地的两个孩子对我照顾得多，因为我走不了路，孩子们给我送米、面和别的吃的，也经常给我钱。外地的两个孩子经常打电话，问候问候我，平均一周打一回电话。我感觉每一次打电话的间隔时间也不长，外地的孩子工作时间比较忙。

"截肢后，老伴把我从二十多岁照顾到七十多岁。每天都照顾我，我也满意老伴的照顾，就感觉把老伴拖累了，有些对不起老伴，他只比我大一岁。不是老伴的话，我都活不了。我照顾老伴的话，我也照顾不了他照顾我这么好，因为我自己身体不好。老伴基本不生病，生病的话我就照顾一两天他就好了，现在主要是老伴长年照顾我。现在就是相互照顾，相互帮助。我希望我身体一直这个样子，这样的话，我们还能再相互照顾几年时间。保持现在的身体状况，现在社会很好，我想多看看社会的发展。"

这位老人身体不好，但夫妻恩爱和谐，子女也都很孝顺。总体上，他们对自己目前的生活是比较满意的。

相反，如果夫妻关系不好，老年人的生活质量则较低。

LXL（女，83岁，甘肃）讲述了她家的故事。

"自打结婚后，跟老伴生活到了现在。关系说不太好吧，这样子都过来了。矛盾还倒是不少。

"目前跟老伴一块住，我不愿意跟孩子一块住，感觉一个人过着比较好。另外现在都是媳妇当家，我不愿意跟媳妇过……跟孩子关系都挺好，我觉得一个孩子一个心性、一个脾气。我想着哪一个我都对他们一样，他们各人都有自己的家，也顾不上我这边。

"我有胆囊炎，胆囊炎时间也长了。脑血管病时间长了，一直在吃脑复康这个药，这个药停了就感觉不行了，所以一直吃这个药。腿疼两三年了。胳膊去年开始疼。眼睛也不太行了，现在带上老花镜看东西清楚些，走路也方便，不戴眼镜就感觉眼睛很累。我耳朵好几年时间感觉不好了，有的时候知道别人在说话，就是听不到在说什么。牙齿早不行了，之前的牙齿都掉了，现在戴假牙。换了牙齿有三十多年了，吃饭的时候感觉还行。我根本不吃肉这些东西，吃个生葱、咸菜这些。腿部有静脉炎，血管变黑了。睡觉比较好，我也不喜欢出去，除了做饭就是睡觉。晚上八九点睡觉，睡到早晨八九点再起来，有时候晚上中间起来，睡不着。记性现在不行了，记的事情一会就忘了。想好了要取个东西，到了取的地方，又不知道要取什么。回去了后，想起来了再去拿。我现在精神还可以。我对自己身体挺满意，就是药经常不能停，药停了就感觉不对劲了。身体看着也还比较好，就是经常咳嗽得不行。

"我经常照顾老伴，但是我有病他都不管我，孩子给我买药。曾经他得疱疹的时候我照顾他，照顾的时候感觉到很累。一个早晨需要七个程序照顾他，给他擦洗、倒水吃药、上药膏、泡茶、给做饭、洗脚、倒尿盆。他是七八月的病，第二年三月好起来，但也没好利索，我才算松了一口气……我伺候他的时候，他还骂我；但我不跟他一般见识，因为他有病，而且我觉得他思想（脑子）不行。

"平常孩子都不在跟前，也没人能照顾我。孩子各人都有自己的事，我有病也没办法来照顾我，以后也就跟现在情况一样。特别老三有个孩子有羊角风，他还要伺候孩子，负担很重。我的身体指望谁都不行了，只能靠自己。"

这位老人的家庭关系不太好。自己身体本来就不好，还要照顾丈夫，而丈夫对于自己的辛苦付出似乎并不领情。子女忙于自己小家庭的事务，也无暇照顾年老的双亲。一个家庭里的夫妻关系和亲子关系是相互影响的。通常，夫妻关系比较融洽的家庭，亲子关系也比较好；而夫妻关系比较冷淡甚至冲突较多的家庭，亲子关系也会存在较多问题。随着老年人的物质生活得到基本保障，家庭关系对于老年人生活质量的影响越来越显著。

六　精神状态是影响老年人生活质量的主导因素

老年人认为的"好的生活"主要包括了四大方面：基本生存条件（衣食住行等）、健康状况（身体健康和心理健康）、家庭关系（亲子关系和夫妻关系）、精神状态（兴趣爱好、社会交往、宗教信仰），其中，"好的生活"的前三个方面更多地体现为物质和心理方面，相对容易观察和测量，而第四个重要方面——老年人的精神状态易于观察而难以精准测量，但这些因素更注重社会层面和灵性层面，对老年人的生活质量影响更深刻，与社会制度和社会文化的联系也更紧密。本次质性调查从老年人的兴趣爱好、社会交往和宗教信仰等方面对其精神状态进行考察。

（一）兴趣爱好丰富老年人的生活

按照老年学的连续性理论，老年人的生活方式和社会交往模式基本延续着个人进入老年期之前的生活和行为模式。调查显示，在基本生活需要得到满足的情况下，老年人有一定的兴趣爱好，并保持一定的社会交往，对提高老年人的生活质量具有正向作用。

HYQ（女，71岁，江苏）说："好的生活就是应该根据自己个人的喜好，想参与什么活动就参与什么活动，想吃点什么就吃点什么，而且每天不用担心安全，不用担心环境设施脏乱差。现在的生活就是好生活。"

LYG（男，71岁，天津）说："医疗保健要好，要有自己独立空间，手里有几个小钱，有自己的房、老伴。像我这些都有了，俩人能走一走，趁着腿脚灵便看外面的世界，不要老待在一个地方，看看怎么发展。而且不能着急，遇到事要沉稳，说话要心平气和的，不能自寻烦恼。我觉得应该做到这一点，一定要有乐观向上的精神。"

SXL（女，81岁，江苏）说："好的生活我是这样理解的，应该不仅仅是人们在衣食住行方面，物质的生活有好的质量，不仅仅精神生活要丰富多彩，也不仅仅是邻里之间的真诚相待、和睦相处，更重要的是人们在各种活动当中，所表现出来的思想境界、文明素质应该达到一定的高度。我觉得人们的素质还有一定的差距。"

LCS（男，64岁，天津）说："我生活非常充实。我在部队的时候从事的文艺工作，到了参加工作以后，这个爱好等于就没有机会了，退了休以后这个兴趣来了是吧，就说我有这个爱好嘛，爱唱歌啊、跳舞啊干什么的，这样正好对吧，退了休了有时间了，我来圆我以前这个梦吧。我爱唱歌，我跳舞，反而我觉得心态更好了。还有呢，现在老年大学，各地区都有老年大学，这个老年大学为我们老年人提供了一个很好的这个平台。在以前年轻时工作或者学习什么的它没有机会没有时间去，对吧，这下可有时间去了，去学他所爱好的一些东西，我觉得很充实。"

访谈显示，受教育程度较高的老年人，对精神文化生活始终有一定的追求。退休后，大部分老年人不仅保持着年轻时候的兴趣爱好，还因为有了更多的空闲时间从而能尝试和实现以前无法完成的兴趣和爱好。通常，老年人在社区参与的社会活动包括锻炼身体、唱歌跳舞、参加讲座、参加党员活动等。如果身体和经济条件允许，一些老年人还参加旅游等活动。由于身体原因参加社会活动较少的老年人，主要的精神文化生活有读书看报、听广播、看电视等。

（二）社会交往促进老年人保持积极的自我认同

适度的社会交往有助于提高老年人的生活质量。在基本生活得到保障的基础上，老年人的自我尊重和自我实现的需要凸显出来，而这点主要是通过社会交往得到满足的。

随着中国社会保障制度的建立和逐步完善，老年人的基本生存条件得到保障。在此基础上，老年人能够根据个人意愿继续参与社会经济活动，包括从事有收入的工作、参加公益活动和志愿服务、参加老年休闲娱乐活动、为家庭继续做贡献等。上述活动都使老年人保持一定的社会交往。在社会交往中，通过为家庭、社会做出一定的贡献，使老年人建立起积极的自我认同、保持健康的心态，从而提高总体生活质量。

调查员："您平时会参与社会活动吗？"

GDF（男，65岁，宁夏）："参与呀，咱们是党员，有时候支部，因为咱们组织上有什么活动需要我们参加，人家需要我们帮忙弄个什么，我们就帮忙弄个什么。因为老了嘛，现在只能说是发挥余热了。"

调查员："那您会参与什么休闲的活动吗？"

GDF："早上上公园锻炼，早上七点多、八点去公园，玩到九点多、十点钟到家，休息休息遛遛狗呀，就准备做饭。吃完饭了，睡一觉起来以后，休息休息看看电视，就准备做下午饭。吃完就准备去玩去了，下午到六点钟、七点钟。只有这样才会觉得快乐呢。我发现一个人要是没有目标了，这个人活得就没有质量、没有追求了。人活得就开始混了，

人一开始混就离火葬场不远了。"

调查员:"您平时参加活动参加得多不多啊?"

CZX(女,71岁,重庆):"参加的也不多,就是参加这个腰鼓队呢,有时候他们社区有啥子活动呢就喊我们。"

调查员:"有没有啥子兴趣爱好嘛?"

CZX:"兴趣爱好就是跳舞噻,跳得不好嘛,反正喜欢跳,喜欢出去耍,大家一起约起。有时候,一路出去搞野炊,有时去旅游。"

调查员:"听您说起来呢,您一天这个空闲的时间还是很多的噻?"

CZX:"嗯……在学这个手机微信用了一会儿呢,经常都要看噻。腰鼓队呢,有时候吹下牛啊,发下红包啊。有时候去电脑上去下那个舞蹈,比如说我们跳坝坝舞要去下那些。"

调查员:"那您给我们介绍一下您平时的休闲活动?"

XYY(女,67岁,湖南):"我喜欢跳舞,平时也打麻将……在家里一般会上上网,淘宝啊购物。以前我喜欢到商店去买东西,我现在都不去了。因为去商店好累,也找不到自己中意的衣服。那么我坐在电脑前看看,有自己中意的衣服。然后还会美化自己的照片啊。然后还会在电脑上找一些自己喜欢的舞蹈,然后自己学会了就去教学生啊。那就说明我一天在家里还是活动了。"

调查员:"您的生活有意义吗?"

XYY:"人到了这个年龄,我觉得又不能为国家做什么贡献,过去还有科研、教学啊,促使自己不停地做。我有个姐姐,她也退休没多久,比我大不了多少。她就是性格不开朗,然后呢,很喜欢把过去不满的事情或者是痛苦的事情放在自己的脑袋里面,不停地回忆。而且有一些自卑啊,不愿意和人家接触的感觉。60多岁就开始老年痴呆。所以我觉得,就不想把自己变成这个样子,所以就必须出去活动,扩大自己的视野,增强自己的思维能力。"

调查显示，老年人的交往圈子主要延续了退休前建立的工作关系和朋友关系，包括同事、同学、邻居等。同时，在社区老年活动开展较多的地方，老年人在退休后也会建立起新的同伴和朋友关系。

调查还显示，智能手机和电子商务也影响了老年人的生活。微信群成了老年人新的沟通交流平台。不少中低龄老年人、文化程度较高的老年人，能够熟练使用智能手机购物。

（三）宗教信仰与老年人的心理调适能力

相比其他年龄段的人群，老年人信仰宗教相对较多。调查显示，宗教信仰有利于老年人提高心理调适能力。一是宗教活动保持了一定的社会交往，二是信仰中的正能量教义有利于他们纾解生活压力。

KFL（女，66岁，湖北）与丈夫早已离婚，但为了照顾孩子一直没有离开家。现在丈夫患了老年痴呆，仍然主要由她照顾。

调查员：到庙里去对您精神上有哪些帮助？

KFL：有帮助！学佛就是洗礼自己的灵魂，学会看破、学会放下。对于我而言，去庙里是一种精神上的解脱，是生活的一个出口，确实太苦太累了。每个人都有一个梦想……我此生最大的梦想就是临终的时候没病没痛……

XGY（女，74岁，重庆）是一位基督徒。与丈夫关系一般，但因为信神，尽心照顾失能的丈夫。

XGY：我们信了神的人就是要和睦，就是要相亲相爱，不敢怎么去冷淡他。我还是愿意服侍他（丈夫）。

调查员：平时主要就是你一个人照顾他吗？还是说子女也要帮着照顾？

XGY：子女没有照顾，子女他们就是我照顾一个月呢他们拿200元钱给我。

调查员：那做这些您觉得累吗？

XGY：再累也不说累。因为有一首歌，"不说辛苦也不说累"（唱出来的）。不说累。有的时候他拉屎没有拉到厕所坑里，还拿手去抓了，洗手也没洗干净，那个手蹭在洗衣机和洗脸盆上或者板凳上，还不是我要去洗。说起来还是辛苦，但是就像我姐夫说的那样，你遇都遇到了，再多说难道叫别人来做吗？这是你的。你叫儿子儿媳，他们有他们的生意，你让女儿女婿，他们也有他们的生意，所以你还是只能憋着自己做，该你做。

调查员：您觉得由您来照顾您老伴这件事情这样的安排，子女没有怎么来帮忙的这种情况……您觉得是不是满意呢？

XGY：我非常满意。我要对得起神，做了的不要怨，不要怨恨他，这个是我的职责该我做的。

调查员：那您觉得平时为子女操心得多吗？

XGY：我一点也不操心，不过，他们做那些托运啊，上车下车什么的我都帮他们祷告，神会保佑他们，给他们平安。我都是公平的，不说哪个长哪个短，也不爱这个恨那个。

调查员：您对现在的收入情况，您满意吗？

XGY：勉强够用。我满意哟，我非常满意。

调查员：您刚才说勉强够用。这就很满意了吗？

XGY：对啊。

调查员：您觉得医保能够解决你们多大的负担呢？

XGY：不生病的话就什么都解决了，就好像我老头子得病，都要垫这么多钱。

调查员：像你老伴生病还是花很多钱，要是没有医保的话要花更多的钱，有了医保就花不了这么多钱了。您觉得现在的医保情况您满意吗？

XGY：满意的，国家都给这么多钱了还不满意啊。国家也是把这些人照顾得这么好，谁到老了还给钱给你用哦，国家还给钱给你用，每个月都有，还想要些什么呢，都心满意足了。

调查员：您现在最担心的事情是什么呢？

XGY：我什么也不担心。他们现在什么都搞得好，家庭都过得好，我就不担心啊，所以说我也不焦虑什么。所以说我睡眠好啊，我什么也不担心。

老年人生活经历中有些重大的负性生活事件会对他们的精神状态产生影响。如果生活中出现了负性生活事件，长期的生活压力和精神压力没有得到及时缓解和发泄，会造成被访者的精神世界充满负能量和悲观情绪。但这些主要由个人自己承受和排解，人们很少求助于他人或专业机构。在这种情况下，有信仰的老年人比没有信仰的老年人多了心理支持和精神寄托，对生活多了些忍耐和承受力，对生活的不如意也多了个情绪宣泄口。这与调查数据所显示的有宗教信仰的老年人幸福感指数不低是一致的。

七　小结

老年人生活质量包括主观生活质量和客观生活质量两部分。本文在 2015 年第四次中国城乡老年人生活状况抽样调查数据所反映的老年人生活质量状况的基础上，以 2017 年实施的老年人生活质量专项调查所获得的深度访谈资料为主要依据，重点对中国老年人的主观生活质量进行讨论和分析。

从研究方法看，质性研究的主要目标，是希望能够站在老年人的角度，而不仅是专家或者政策制定者的角度，去发现：老年人心目中的"好的生活"（高质量的生活）究竟包括哪些方面的内容，为什么这些方面是重要的；老年人对现在生活中哪些方面比较满意，哪些方面不太满意，原因是什么；等等。

在宏观层面，本报告主要从历史发展的纵向视角和社会分层的横向视角分析老年人的主观生活质量。调查显示，在不同的参照体系里，老年人对生活质量的满意程度和主观感受会随之变化。从纵向视角看，即从社会发展的角度看，影响中国老年人主观生活质量的最主要因素，首先是总体社会发展和进步，包括经济的持续增长、基础教育的普及、社会保障制度的完善，以

及社会安全和稳定等等。现阶段的老年人群体，从高龄老人到低龄老人，经历了从新中国建立之前到新中国成立后的各个历史阶段，亲身见证了中国社会的发展变化和巨大进步。因此，他们对现在能够享受到的养老、医疗、住房等基本保障感到非常满意，对国家未来发展也充满希望。从横向视角看，即从当前的社会结构看，差异显著的社会保障待遇是影响中国老年人主观生活质量的最主要因素。城乡进行比较而言，农村老年人对于城乡之间存在的社会保障、医疗保障和福利服务待遇的差异感到不满意。阶层/职业进行比较而言，从企业退休的老年人对于他们与机关事业单位退休人员间各种保障和服务待遇的差异感到不满意。这种不公平的感觉显然影响了弱势老年人的生活质量感受。由此也可看出，老年人有较鲜明的阶层意识，能够对自己所处的社会阶层以及因此造成的社会经济地位状况和结果表达清晰的意见。通常，较低阶层和较高阶层进行比较令较低阶层的老年人感到不满意，同时，较低阶层的纵向比较在一定程度上消弭了横向比较的不满意。因此，目前的城乡差异和阶层差异导致的不平衡问题并没有给老年人带来特别负面的情绪，纵向比较在很大程度上消弭了横向比较带来的差距感。调查还发现，"知足"、"知足常乐"等观念是老年人对于"不公平"、"不平衡"感进行自我调适的主要观念。虽然如此，长期来看，为了建立更加合理的社会结构、更加稳定的社会秩序、更加和谐的社会氛围，应改进以既有二元分化为基础的社会保障制度，建立更加公平的社会保障体系。

在微观层面，本报告首先分析了老年人对自己在不同年龄阶段的健康状况的预期及其满意程度，也可视为个人层面的纵向比较。对老年人个体来讲，对生活质量影响最大的因素是健康状况。调查显示，随年龄增长，老年人逐渐接受躯体老化和带病生存的生活状态，同时对于医疗保障和服务的期望逐渐提高。与同龄人进行比较，可视为老年人群体内的横向比较，也影响着老年人对于自身健康状况的评价以及对于自己健康状况是否满意的感受。

其次，本报告还分析了家庭关系（夫妻关系和亲子关系）对于老年人生活质量的影响。父母的经济独立程度和健康状况在很大程度上决定了父母和子女之间的相互依赖关系。随年龄增长，老年人对家庭照料的依赖性增强，如果能够获得所需要的支持则满意度较高，相反则较低。农村高龄、低收入老年人对子女的依赖较强。城市低龄、经济较独立老人的子女对父母的依赖较强，老年人对子女的付出超过预期则满意度较低。

最后，本报告分析了兴趣爱好、社会交往、宗教信仰等对于老年人生活质量的影响。一般而言，有一定的兴趣爱好、保持适量的社会交往的老年人，其生活质量高于没有兴趣爱好、社会交往较少的老年人。对于生活面临急性事件的老年人来说，宗教信仰特别是充满正能量的教义有利于他们缓解压力，提高生活满意度。这个问题还有待进一步深入研究。总的思路是要按照习总书记关于宗教工作的重要思想和要求，解决实际困难，做好信教老年群众的工作。

总之，新中国成立以来，中国的社会保障制度逐步完善，至今已经实现城乡社会保障制度全覆盖，这是中国社会发展进步的一大成就。但与此同时，社会发展不平衡问题仍然显著，城乡差距较大，阶层差异显著。在农村地区，基本养老和医疗保障标准较低，服务短缺，甚至有名无实。在城市，企业职工和机关事业单位人员待遇差距较大，老年有不满意情绪。在日常生活中，疾病和失能仍然是威胁老年人的主要风险。随着年龄增长，老年人对于健康保障和服务的需求越来越多，对于家庭照护，特别是子女的照料支持的需要愈加强烈。未来一段时间，提高中国老年人的生活质量的主要方向是：国家保基本，质量靠家庭。因此，国家应进一步提高农村老年人的养老保障和医疗保障标准，推进社会保障均等化改革，加强家庭养老支持政策。

附：引用案例列表

序号	姓名	性别	年龄	婚姻状况	居住安排	子女数	省份	城乡
01	LFG	男	85	已婚	仅与配偶同住	3子	江苏	城市
02	ZHL	男	78	已婚	仅与配偶同住	4子	甘肃	城市
03	YNS	男	80	已婚	仅与配偶同住	2子	湖北	城市
04	FJH	女	71	丧偶	与子同住	2子3女	浙江	农村
05	MMW	男	76	已婚	仅与配偶同住	3子1女	宁夏	农村
06	KJL	男	64	丧偶	独居	2子1女	重庆	农村

续表

序号	姓名	性别	年龄	婚姻状况	居住安排	子女数	省份	城乡
07	GDF	男	65	已婚	与配偶及孙子同住	1子1女	宁夏	城市
08	ZCY	男	68	未婚	独居	无子女	甘肃	农村
09	YGC	男	65	已婚	与配偶及儿子同住	1子	四川	农村
10	YSL	女	72	丧偶	独居	2子	宁夏	城市
11	WDL	男	63	已婚	仅与配偶同住	1女	江苏	农村
12	XJW	男	74	丧偶	与女儿同住	1子1女	浙江	城市
13	ZXL	女	66	已婚	仅与配偶同住	2子	天津	城市
14	LXF	男	70	已婚	仅与配偶同住	2子2女	广西	农村
15	ZZQ	男	90	离婚	与儿子同住	1子1女	浙江	农改居
16	XBH	女	85	已婚	仅与配偶同住	5子	四川	农村
17	YXH	女	76	丧偶	与女儿同住	2子3女	浙江	城市
18	FSY	男	74	丧偶	与女儿同住	2女	甘肃	城市
19	ZXS	男	81	已婚	与儿子同住	3子	甘肃	城市
20	KFL	女	66	离异	与前夫同住	2子1女	湖北	城市
21	FJO	男	60	已婚	与配偶及外孙同住	1女	湖北	城市
22	CZX	女	71	丧偶	与儿子同住	2子	重庆	城市
23	HSX	女	71	已婚	与配偶及儿子同住	2子2女	湖北	农村
24	LCS	男	64	已婚	仅与配偶同住	2女	天津	城市
25	YCX	女	76	已婚	仅与配偶同住	1子3女	甘肃	农村
26	LXL	女	83	已婚	仅与配偶同住	3子1女	甘肃	城市
27	HYQ	女	71	已婚	仅与配偶同住	1子1女	江苏	城市
28	LYG	男	71	已婚	与配偶及女儿同住	2女	天津	城市
29	SXL	女	81	未婚	与外甥女同住	无子女	江苏	城市
30	XYY	女	67	已婚	仅与配偶同住	1女	湖南	城市
31	XGY	女	74	已婚	仅与配偶同住	1子3女	重庆	农村

评 价 篇

Evaluation Reports

B.7
中国老年人生活质量指标体系的构建

罗晓晖

摘　要：　本文梳理了对构建老年人生活质量指标体系具有指导意义的
相关理论，提出构建老年人生活质量指标体系应遵循科学性
与实用性相结合、客观与主观相结合、多学科视角相结合的
原则，阐明老年人生活质量指标体系应具有社会政策取向，
包含客观指标和主观指标两类。在此基础上，采用专家咨询
法尝试建立了由五大维度和十三个具体指标构成的老年人生
活质量指标体系。五大维度分别是健康状况、经济状况、居
住环境、精神状况和主观感受。十三个具体指标分别是慢性
病发生率、失能率、抑郁倾向发生率、孤独感发生率、人均
年收入、单独居住的房间拥有率、住宅适老化率、休闲娱乐
活动参与率、健康自评、经济自评、住房满意度、子女孝顺
评价和主观幸福感。通过层次分析法确定了老年人生活质量

指标体系的权重。

关键词: 老年人　生活质量　指标体系

一　老年人生活质量指标体系理论基础

追求幸福生活、提高生活质量是人类孜孜以求的目标。老年人是总人口中基于年龄标准而被划分出的一个人口群体,老年人的特征兼具全人口的一般性和老年期的特殊性。老年人生活质量是指老年期人的客观生活条件、生活行为及其主观感受的总和。老年人生活质量指标体系是综合反映和评价老年人生活质量的基础,具体来说,它是指由建立在一定内在联系基础之上的用于评价老年人生活质量各方面的若干指标构成的有机整体。建立老年人生活质量指标体系,不能脱离理论的指导,还应遵循一些基本的原则。

(一)老年人生活质量指标体系的理论基础

1. 马斯洛的需要层次理论

马斯洛从动机的角度提出了人类基本需要的分类,这是目前应用最为广泛的需要理论,具有很强的理论解释力。他将人的基本需要分为从低到高的五个层次,分别是生理需要、安全需要、归属和爱的需要、自尊需要以及自我实现的需要。

生理需要主要指对食物、水、空气、睡眠等方面的需要,在所有需要中占绝对优势。安全需要主要包括安全,稳定,依赖,保护,免受恐吓、焦躁和混乱的折磨,对体制的需要,对秩序的需要,对法律的需要等,当个体处于缺乏安全的状态下时,对安全的需要可能完全控制机体。对爱的需要包括感情的付出和接受。归属的需要是指个体对自身处于某一群体或团体的认同。自尊需要是指个体对于自尊、自重和来自他人的尊重的需要,自尊需要的满足使人自信、觉得自己有价值,反之则会产生自卑以及无能感。自我实现需要是指人对于自我发挥作用和自我价值实现的欲望。

在马斯洛看来，低层次的需要得到满足后，又有更高级的需要出现。但更高级需要的出现并不必须建立在较低层次需要完全得到满足的基础上，即可能某种需要得到一定程度的满足后，后面更高级的需要就开始出现了。可以依据不同标准对这些基本需要进行简单的类型划分。首先，从主客观维度看，生理需要和安全需要是人生存的基础，处于所有需要的基础层次，属于客观需要范畴，而归属和爱的需要、自尊需要和自我实现的需要均是人的精神层面的需要，是更高级的需要，属于主观需要范畴。其次，生理需要和安全需要属于生物性需要，归属和爱的需要、自尊需要和自我实现的需要则只有通过与他人的联系才能实现，属于社会性需要。

基于马斯洛的理论，老年人的生活质量与其需要的满足直接相关。对于老年人来说，需要的具体内容和实现方式与其他年龄人群有较为显著的差异，举例来说，青年群体自我实现的需要往往通过职业发展实现，而老年人自我实现的需要则往往通过兴趣爱好的发展、参与公益活动等方式实现。

2. 生命周期理论

人的一生是由不同的阶段构成的，在不同的阶段个体有不同的角色、任务和需求。老年期是个体要经历的一个人生阶段，从发展的视角来看，个体进入老年期后的特征具有独特性，但群体在老年期的特征则具有相当程度的共性，这是我们探究老年人普遍性需要的重要理论基础。

美国发展心理学家艾利克森提出生命周期理论（王思斌，2003），按照个体发展的综合特征，人生可分为八个阶段，老年期是最后的阶段。他认为在每个阶段，人都因为面临特定的社会要求而具有独特的心理成长任务。如果能够成功地对特定的社会要求做出反应，就会得到积极的评价，从而产生积极的心理状态，并进而对未来的发展产生积极影响；反之则会产生负面心理，并对未来的发展产生消极影响。就老年期而言，主要面临自我调整与绝望期的冲突，进入老年期人往往会回忆和总结自己的一生，如果认为自己的一生是令人满意的，就会产生完善感，反之就会产生追悔和绝望情绪。在这个过程中，老年人需要应对身体的衰老、社会交往减少甚至死亡等生活事件

带来的挑战，同时不断进行自我调整，使自己的生活不断趋近令人满意的状态，以避免陷入绝望情绪，产生悲观心理。也有将人生分为六个阶段的，代表人物是美国心理学家哈维格斯特，他认为人生各阶段有不同的发展任务，老年期要适应退休、丧偶的冲击，适应体力与健康状况衰退带来的消极影响（王思斌，1998）。

无论是将人生划分为八个阶段还是六个阶段，老年期都是人生最后的重要阶段，且面临着同其他年龄阶段不同的任务。老年人能否较好地完成这些特定的任务，适应进入老年期后发生的变化，关系到老年人生活状态和心理状况的优劣。

3. 积极老龄化政策框架①

联合国为应对全球老龄化问题采取了一系列行动。在维也纳举行的第一次老龄问题世界大会通过了《1982年老龄问题维也纳国际行动计划》，会议强调应认识到生活质量的重要性不亚于长寿，因此应当尽可能地让老年人能够在自己的家庭和社会中享受一种被珍视为社会整体一部分的充实、健康、有保障和令人心满意足的生活。1991年联合国大会通过了《联合国老年人原则》，确立了独立、参与、照顾、自我充实、尊严五大方面的原则。

第一次老龄问题世界大会的召开和全球人口老龄化程度的加深，使得老龄问题在世界范围内受到了越来越多的关注。2002年在马德里召开的第二次老龄问题世界大会通过了《马德里政治宣言》，并确立了老年人与发展、提高老龄健康和福祉、确保有利的和支助性的环境三个优先行动方向。大会还通过了《2002年马德里老龄问题国际行动计划》，该计划就政治宣言中提出的优先方向进一步进行了具体化，明确了应着力解决的重大问题及具体的目标。

积极老龄化是世界卫生组织在第二次老龄问题世界大会上提出的，这一理念被大会所接受，并被吸收进《马德里政治宣言》。会后，世界卫生组织

---

① 联合国老龄化议题，http://www.un.org/chinese/esa/ageing/，2017年11月8日。

出版了《积极老龄化政策框架》，将老年人参与同健康老龄化、有保障的老龄化并列，提出健康、保障、参与为积极老龄化的三个支柱。积极老龄化强调健康、保障和参与不仅是老年人的需要，而且更是一种权利，即老年人在生活的各个方面都享有机会平等的权利。积极老龄化理念提出后在世界范围内得到了广泛的认可，包括中国在内的越来越多的国家将积极老龄化作为应对老龄社会的战略选择。在考察老年人生活质量时，积极老龄化启发我们更多地去关注老年人的权利及实现情况。

（二）老年人生活质量指标体系构建原则

1. 科学性与实用性相结合

科学性是指基于以往的理论和实证研究来进行老年人生活质量指标体系的构建，选取的指标要能够充分反映老年人特点，对评价老年人生活质量具有敏感性，还应尽量系统完备。实用性是指指标的选取应紧密结合当前老年人的实际生活状况，结合实地调查收集的第一手资料，指标应尽量精简，避免同时选取具有高度相关性的指标，指标涉及的信息应便于收集统计。

2. 客观与主观相结合

老年人生活质量是客观生活质量和主观生活质量的统一，是目前该领域的研究者普遍达成的共识。客观生活质量是生活质量的基础，主观生活质量是对客观生活质量优劣的主观评价。客观指标和主观指标相辅相成、互为补充，二者对社会政策的制定都有重要的参考价值。

3. 多学科视角相结合

生活质量研究涉及经济学、社会学、人口学、心理学等多个学科，不同学科有不同的研究视角和侧重点。为了弥补不同学科视角的不足，更加全面、立体地呈现老年人生活质量的全貌，指标的选取应尽可能将多学科视角相结合。由于社会学学科视角较为综合，在多学科视角相结合的基础上以社会学学科视角为主。

二　老年人生活质量指标体系的构建

（一）社会政策取向

对于老年人生活质量的研究，目的不同，研究设计也不尽相同。本研究构建老年人生活质量指标体系的目的，不是考察每一个老年人个体的生活质量状况，而是基于老年人个体的生活现状，通过宏观层面指标呈现整个老年群体的生活质量。以此帮助政策制定者评估现有老年社会政策的效果，找出政策中存在的问题，判断下一步政策制定方向。老年人生活质量指标体系被定位为一种为政策服务的工具。

（二）老年人生活质量指标体系的层次

本研究认为，老年人生活质量指标体系应由客观指标和主观指标构成。客观指标对应老年人生活的物质基础，是维持老年人生存必不可少的，因此也是生活质量的条件指标。主观指标是对生活状况的主观评价，能够反映老年人对客观生活的各项条件的满意程度，因此也是生活质量的结果指标。

生活质量研究起源于西方发达国家，当经济发展到一定水平，物质极大丰富以后，西方对生活质量的研究主要转向通过主观指标反映生活质量的研究。与西方发达国家相比，中国经济发展水平还不高，老年人尤其是农村老年人的贫困问题还较为普遍，老年人物质方面的需求仍较为突出，客观物质条件是影响老年人主观感受的主导因素。在本研究开展的实地调查中，被问及需要时，除了小部分经济保障状况较好的老年人外，其他大多数老年人基本都表示最希望经济上能宽裕一些或住房等物质方面的条件能得到一些改善。许多老年人表示吃饭和买药是日常生活开支的最主要方面，有的老人甚至直接说日常生活开支是"一半药一半饭"。因此，现阶段中国开展老年人生活质量研究，不能盲目模仿西方的做法，而是应该基于当前中国经济社会发展所处的阶段，偏重反映物质条件的客观指标。

然而，偏重客观指标并不是说不需要主观指标。原因在于，客观指标只是老年人生活质量的构成条件，并不构成生活质量的结果，而条件和结果可能出现不一致的情况。如果将二者相分离，仅采用客观指标研究生活质量，要意识到物质条件好并不等同于生活的高质量；仅采用主观指标研究生活质量，可能会出现受一些因素的影响，主观评价与客观物质条件严重脱离的情况，高满意度可能是建立在期望值和参照标准过低基础上的（卢淑华、韦鲁英，1992）。可以说，客观指标和主观指标是互为补充的，在构建老年人生活质量指标体系时，将它们都纳入其中是必要的。

（三）老年人生活质量指标体系的构建方法

构建指标体系，常用的方法有演绎法和专家咨询法。采用演绎法的具体做法是：首先将评估目标分为不同的维度或方面，然后逐步将各个维度分解为更为具体的指标，直至研究者认为无须分解为止，由此确定由大类、中类和小类共同构成的指标体系。这种方法对指标体系实际运用时的可操作性问题考虑不足，往往因为部分指标无时间序列资料而无法被纳入计算，降低了评估的有效性（刘晶，2005a）。采用专家咨询法的具体做法是：首先，研究者结合国内外的研究成果以及自己的经验，按照比预期入选指标数量多50%到一倍的原则从现有统计资料中预选出指标，组成预选指标集，然后通过专家咨询法对预选指标进行筛选，确定最后的指标体系（周长城、袁浩，2002；刘晶，2005b）。专家咨询法虽然被广泛使用，但不可避免地受到选取专家范围有限、专家专业差别、缺乏科学的定量标准等因素的制约（周长城、袁浩，2002）。

由于本研究旨在构建可付诸应用的老年人生活质量综合评价体系，故在指标选取时资料的可获得性和便利性是研究者首要考虑的因素。为此，本研究在构建老年人生活质量指标体系时，采用了专家咨询法。基于老年人生活质量这个综合性的评估目标，结合第四次中国城乡老年人生活状况抽样调查问卷所包含的指标，本研究首先通过经验预选法建立老年人生活质量预选指标集，之后通过专家咨询法不断对预选指标集进行调整，最终确定由五个维

度和十三个指标构成的老年人生活质量指标体系。由于数据资料和专家代表性等方面的局限，本研究构建的老年人生活质量指标体系无法达到绝对意义上的完善，但任何指标体系都有其局限性，在老年人生活质量研究的脉络中，本研究进行的探索仍是有意义的。

（四）老年人生活质量指标体系的主要维度

1. 健康状况

按照世界卫生组织的界定，"健康不仅仅是没有疾病或身体虚弱，而是一种躯体、精神以及社会交往各方面的完美状态"。与青壮年相比，老年人是健康脆弱群体，他们在生理、心理和社会适应性方面的健康功能和状态都更差（郑晓瑛，2000）。健康是积极老龄化政策框架的三个支柱之一，本研究构建的老年人生活质量指标体系的健康状况维度主要包括躯体健康和心理健康两个方面。躯体健康指老年人的器官和生理系统处于相互协调和良好的运转状态，是健康的重要组成部分，也是健康的基础。躯体健康状况主要包括两方面的内涵，一是躯体是否带病，二是躯体功能是否完好。已有的研究显示，老年人是慢性病的高发人群，且面临着较高的生活自理能力丧失的风险，而罹患慢性病和生活自理能力丧失将直接导致老年人生活质量的下降（伍小兰、刘吉，2018）。因此，相比其他年龄人群，老年人对躯体健康的需求更为迫切。心理健康也是老年人健康的重要构成方面，但较之躯体健康，老年人的心理健康状况往往很容易被忽视。心理健康是指个体内部心理和谐一致、与外部适应良好的稳定的心理状态，认知功能正常、情绪积极稳定、自我评价恰当、人际交往和谐、适应能力良好是心理健康的五个表现维度。随着居住条件的改善，以及人口流动的日益频繁，老年空巢家庭和独居家庭的比例不断上升，老年人与家人的联系弱化。与此同时，进入老年期、退出正式工作领域，使老年人的社会联系大幅减少。两方面的情况相叠加，导致老年人的孤独、抑郁等问题日益突出。若是任这些问题发展，老年人可能出现轻生厌世、放弃生命的行为，对老年人的影响是毁灭性的。

在微观层面，健康对老年人生活质量的影响主要体现为：一是健康状况关系到老年人的寿命，在一定程度上决定着老年人的生命长度；二是健康状况关系到老年人的自主性，一些老年人因健康状况恶化进而丧失生活自理能力，不得不依赖他人的照料生活；三是健康状况影响老年人的日常生活安排，包括日常的饮食、闲暇活动等，患病将极大地限制老年人的饮食和闲暇活动项目选择；四是健康状况关乎老年人的经济状况，患病会增加老年人的经济支出压力，为了看病买药很多老年人只能节衣缩食；五是健康状况影响老年人的情绪和心理状态，疾病缠身的老年人很难拥有愉悦的精神状态。

2. 经济状况

老年人生活条件的好坏建立在其经济状况的基础上，虽然不能将好的生活条件与高质量的生活简单等同，但对生活条件极差的老年人也很难做出其拥有较高生活质量的评价。无论是将经济状况作为生活质量的条件还是作为生活质量的内容，几乎所有学者都认同其对生活质量的绝对重要性（王树新，1996）。经济状况直接关系到马斯洛需求层次理论中生理需要、安全需要这些低层级需要的满足，而这些需要又在老年人的全部需要中占据主导地位。目前，中国经济发展水平总体上还不高，相较于其他年龄人群，老年人是经济状况更差的群体，其生理需要、安全需要尚未得到充分满足，因此在经济方面的需要也相应成为主导性需要。经济状况对老年人生活质量的影响很广泛，不局限于对老年人衣食住行、健康状况、居住条件的影响，也关系到老年人更高层级需求的实现。中国老年人尤其是农村老年人整体经济水平还比较低，很多老年人仍处于勉强满足温饱、没钱看病买药、住房破旧简陋的阶段，付费参与精神文化活动对他们来说近乎一种奢望。

由于体力不断下降，老年人的劳动能力持续减弱，逐步退出正式劳动领域。劳动收入的减少意味着老年人在经济上自给自足的能力在降低，对社会养老保障的依赖程度在提高。近年来，随着社会保障制度的不断完善，养老保障和医疗保障基本实现了全覆盖，保障水平也在不断提高，在一定程度上提高了老年群体的生活质量。在城市，养老金收入是老年人收入的最主要来源。在农村，虽然目前老年人的保障水平还比较低，但从实

地调查的情况来看，基础养老金的发放仍显著提高了农村老年人的生活满意度和幸福感。

3. 居住环境

居住环境是老年人物质生活的组成部分。退休后，家庭和社区是老年人主要的活动场所，家庭住宅的设计、设施配备情况以及住宅周边的社区环境都与老年人的生活有密切关系。适老的住宅设计和设施配备不仅能大大提升老年人的居住感受，还能在一定程度上减少老年人在家中的意外事故发生隐患，改善老年人的生活自理能力。老年友好的社区环境在提升老年人居住感受的同时，还有助于老年人融入社区、更好地参与社区活动（全国老龄工作委员会办公室，2018）。因此，居住环境是评价老年人生活质量的重要维度，根据老年人的生理、心理特征，建设适老的居住环境，是改善老年人生活质量的重要环节。

随着经济社会的发展，老年人的居住环境整体上有了较大的改观，主要表现为作为居住环境核心要素的住房条件的改善。对于居家养老的老年人来说，住宅是老年人生活起居的主要场所，随着健康状况的下降，老年人每天在住宅待的时间将越来越长。对老年人而言，好的住房条件并非面积越大越好、装修越豪华越好，而是指基于老年人生理、心理特点的住房设计、设施配备等，以满足老年人对住房舒适、便捷和安全的需要。从实地调查的情况来看，住房条件较差的老年人仍不在少数。在城市，一些腿脚不方便的老年人因为居住的楼房没有电梯往往绝大部分时间都被困在家里。在农村，因为没有淋浴设施很多生活不能自理的老年人洗澡非常困难。尽管《中华人民共和国老年人权益保障法》明确要求，"赡养人应当妥善安排老年人的住房，不得强迫老年人居住或者迁居条件低劣的房屋"，但仍有极少数农村老年人居住条件非常恶劣，一些报道中不乏老年人受到子女虐待被迫住在猪圈的案例。

4. 精神状况

物质生活和精神生活是老年人生活的两个不同方面。精神文化生活质量是老年人精神文化生活状况和对满足精神文化生活的实现途径和支持水平的满意程度，涉及老年人的高层次生活质量（孙娟鹃，2007）。随着社会的发展进步，大部分老年人物质层面的需要基本被满足，精神层面的需要开始出现，且日益增加。从马斯洛对人的基本需要的概括来看，爱与归属的需要、自尊的需要以及自我实现的需要都指向精神层面的需要。对于物质生活条件较好、生理需要和安全需要这些较低层级需要得到很好满足的老年人来说，高层级的需要会慢慢成为他们的主导需要。从积极老龄化政策框架来看，健康保障更多地强调了老年人物质层面的需要，而参与则偏向对老年人精神层面需要的强调，大多数老年人社会参与的主要目的不是改善物质生活，而是满足精神需要。

老年人精神层面需要的满足与诸多方面的因素有关，大体来说，既取决于个人的性格，即个人是否主动采取满足自身精神需要的措施，如是否爱好社交、是否积极参与集体活动等，又取决于家人是否对老年人有充分的关爱，还取决于社会是否有良好的尊老敬老氛围，是否有丰富的精神文化服务供给。单从社会的情况来看，目前尊老敬老的社会氛围日渐浓厚，对城市老年人的精神文化服务供给不断增加，而农村的精神文化服务仍极度匮乏。今后，改善尊老敬老的社会氛围，增加城乡老年精神文化服务供给，满足老年人不断增长的精神需要，将有效提高老年人生活质量。现阶段，物质生活条件对老年人生活质量的影响相对更大，未来随着社会物质财富的极大丰富，精神层面需要的满足对提升老年人生活质量的作用将日益重要。

5. 主观感受

主观感受主要是指老年人对生活质量不同方面的主观评价，能够反映出客观物质条件对于改善老年人生活质量所起到的效果，也就是说呈现的是老年人生活质量的结果，在对老年人生活质量进行评价时是客观物质条件的补充。坎贝尔的研究显示，单凭客观生活质量指标只能解释主观幸福感的17%，并且主客观生活质量有时会出现矛盾的测量结果（Campbell，1976）。物质条件很好的老年人因为有更高的期望值可能作出生活质量低的评价，物质条件较差的老年人因为同以往更困难的生活相比或同比自己更困难的其他

老年人相比抑或其他方面的因素，也可能作出生活质量高的评价。尽管一些老年人的客观生活条件和主观感受可能出现不一致的情况，但总的来看，老年人的主观感受仍是建立在客观生活条件的基础上，仍是对客观生活质量各个维度的反映。

（五）中国老年人生活质量指标体系的指标构成

1. 慢性病发生率

慢性病发生率是从罹患疾病的角度对老年人躯体健康状况的考察。随着经济社会的发展，医疗水平的提高，中国疾病谱发生变化，影响中国居民健康的主要疾病从传染性疾病转向非传染性的慢性疾病。世界卫生组织指出，慢性病属于病程长且通常情况下发展缓慢的疾病，心脏病、中风、癌症、慢性呼吸系统疾病和糖尿病等慢性病是迄今世界上最主要的死因，占所有死因的63%，在2008年死于慢性病的3600万人中，有71%的人为60岁及以上老年人。[①] 已有的研究也显示，老年人是慢性病的高发人群，且普遍罹患一种或多种慢性病。虽然老年人的健康不能简单等同于躯体的无病状态，但患有慢性病的老年人无疑是不健康的，且患病对老年人生活质量的负面影响不容忽视。

2. 失能率

失能率主要是对老年人基本日常生活自理能力的考察，它是从老年人躯体功能的角度来对其躯体健康状况进行评价，部分失能或完全失能都表明老年人的躯体健康状况不同程度受损。日常生活自理能力通常用 ADL 量表确定，在吃饭、穿衣、上厕所、上下床、洗澡、在室内走动这六项活动中，至少有一项独立做不了的被界定为完全失能，至少有一项独立做有困难的被界定为部分失能。部分失能或完全失能的老年人在日常生活方面需要依赖他人，在社会交往方面更是受到较大的限制。

---

① http：//www.who.int/topics/chronic_ diseases/zh/，2017 年 11 月 14 日。

3. 抑郁倾向发生率

抑郁倾向是评价老年人心理健康的负向指标之一。世界卫生组织的资料显示，全球有超过 3 亿人患抑郁症，分布于各个年龄组。抑郁症是世界各地的首要致残原因，最严重时抑郁症可导致自杀。[①] 抑郁作为老年人常见的一种情绪障碍，严重损害了老年人的生理、认知和社会功能，增加了老年人的死亡风险，并对其亲属和社会造成了严重的经济负担（戴必兵等，2014）。抑郁倾向可通过抑郁倾向量表评估得出，具有抑郁倾向的老年人有患抑郁症的风险，进一步的确诊需要医生诊断。老年人一旦出现抑郁倾向，家人需要高度警惕。

4. 孤独感发生率

孤独感是一种缺乏令人满意的人际关系的痛苦感觉，它是评价老年人心理健康状态的一个重要方面（杨静、董军等，2012）。孤独感会降低老年人的生活质量，研究显示，老年期的孤独感与老年人的躯体健康状况、活动能力和认知功能障碍、焦虑和抑郁情绪，与老年自杀等有显著相关关系（董亭月，2017）。老年期孤独感产生的主要原因是老年人实际的人际关系与期望的人际关系的差距。老年人的人际关系主要包括家庭人际关系和社会人际关系两类。随着居住条件的改善，以及人口流动的日益频繁，老年空巢家庭的比例不断上升，老年人与子女的联系减少，丧偶的独居老年人的家庭人际关系则更为匮乏。与此同时，进入老年期退出正式工作领域，使老年人的社会联系大幅减少。两方面的情况相叠加，导致老年人的孤独感问题非常普遍。

5. 人均年收入

老年人的消费水平建立在收入水平的基础上，老年人能获得的生活资料数量的多寡、品质的高低均与收入水平息息相关。年收入是指老年人全年的收入总额，它是考察老年人收入水平的重要指标。老年人的收入来源主要有保障性收入、财产性收入、转移性收入和经营性收入等，一年内这些收入的

[①] http://www.who.int/mediacentre/factsheets/fs369/zh/，2017 年 11 月 14 日。

总和构成老年人的年收入。将收入的计算时限确定为一年，能较好地避免农村老年人农作物经营性收入的遗漏，更客观地反映老年人的总体收入状况。

6. 单独居住的房间拥有率

单独居住的房间是从独立空间的角度对老年人居住条件进行考察。在实地调查中发现，在一些和子女同住且住房紧张的家庭，老年人往往只能和孙辈或其他家庭成员共享卧室。尽管老年人愿意照顾孙辈的生活，也愿意和孙辈在一起享受天伦之乐，但是大多数老年人仍然希望能够有单独居住的房间。从与其他家庭成员共同居住到拥有单独居住的房间，意味着老年人有相对独立的生活空间，居住的舒适度能够得到提升，生活作息习惯也能更好地得到尊重，是老年人居住条件改善的重要表现。

7. 住宅适老化率

住宅适老化率是指拥有适老化住宅的老年人在老年人总体中所占的比例。住宅适老化是从老年人住宅的内外部环境是否适应老年人生理、心理特点的角度来考察老年人的居住条件，能够适应老年人生理、心理需要的住宅才是适老化的住宅。适老化住宅能够给老年人带来舒适、便捷和安全，增强老年人的生活自理能力，降低老年人出现意外的风险，提升老年人的生活质量。从外部环境来看，主要是指环境的无障碍，如住楼房的老年人的适老化住宅至少应该是有电梯的，如果有能容纳担架的电梯则更为理想。从内部环境来看，适老化住宅对设施配备、装修设计等都有一定的要求，如过道的宽度要保证轮椅能够通过、灯光要适应老年人下降的视力、老年人容易发生跌倒的地方如浴室、卫生间应安装扶手等。随着人口老龄化程度的加深，住宅适老化问题受到了越来越多的关注，北京、上海等地已于数年前开始住宅适老化改造工作，取得了较好的成效，部分老年人已从这项改造工作中受益。

8. 休闲娱乐活动参与率

休闲娱乐是个体度过闲暇时间的一种生活方式，老年人退出工作领域后，有大量的闲暇时间，和其他年龄人群相比，休闲娱乐对老年人具有更重要的意义。通过何种方式度过闲暇时间，直接关系到老年人的精神生活质量。在闲暇时间里参与适合的休闲娱乐活动，无论是在家自己休闲娱乐，还是外出和其他老年人一起休闲娱乐，都能使老年人获得更愉悦和充实的精神体验，拥有更高的生活质量。老年人休闲娱乐活动种类丰富、门槛低，只要愿意，每个老年人都能找到适合自己的休闲娱乐活动。

9. 健康自评

健康自评是老年人对自身健康状况的主观评价，在一定程度上能够反映老年人的客观健康状况，已有研究中很多研究者都是从健康自评的角度来考察老年人的健康状况。健康自评以老年人的客观健康状况为基础，同时还受到老年人的性格、价值观、评价参照标准等多重因素的影响，与健康状况的客观指标互为补充。

10. 经济自评

经济自评是老年人对自身经济状况的主观评价，在一定程度上能够反映老年人的客观经济状况。经济自评的参照标准可能是日常生活收支对比，也可能是身边其他人的经济状况，或是自身以往的经济状况，还有可能是自己期望的经济状况，参照标准直接影响老年人的经济自评。

11. 住房满意度

住房满意度是指老年人对自身住房状况的满意程度，它是老年人综合住房各方面状况作出的评价，既包含老年人对住宅本身的满意程度，也包含老年人对住宅周边环境的满意程度。对住宅本身满意与否，与住宅产权及住宅建筑类型、面积、户型、设施配备等多重因素有关；对住宅周边环境满意与否，则与绿化、清洁、道路、照明、生活配套设施、邻里关系等方面因素有关。

12. 子女孝顺评价

退休后，老年人从正式劳动领域回归家庭，家庭成为老年人生活的主要场所，也是老年人的情感精神寄托之处，家庭关系在老年人的人际关系中逐渐占据主导地位。受到传统观念和中国老年人消费能力较低的影响，居家养老一直是中国基础性的养老方式。在传统孝道观念的影响下，老年人对子女的经济支持、照料护理及精神慰藉都有不同程度的期待，以满足自身的生理需要、安全需要、爱和归属的需要，甚至自尊需要和自我实现需要。可见，来自子女的支持、与子女之间的关系对老年人的生活质量有重要影响。研究也表明，来自家庭成员的支持是最核心最重要的，子女、配偶、朋友邻里、社会机构以及其他组织对老年人生活质量的影响依次递减（李建新，2007）。刘晶（2005a）将家庭关系和其他社会关系对老年人生活满意度的相对解释力按从大到小进行了排序，依次为与子女的联系频率、与家人的关系、与朋友的关系和与邻居的关系。从实地调查的情况来看，绝大多数老年人表示出现生活不能自理的情况时，最希望由配偶或子女照料，子女孝顺是大多数老年人引以为傲的事情，也是老年人幸福感的主要来源，而子女不孝顺往往导致老年人产生孤独、抑郁情绪，甚至出现自杀行为，后者在关于老年人自杀的研究（陈柏峰，2009）中也得到了印证。

13. 主观幸福感

主观幸福感是心理学的专用术语，美国心理学家 Diener 认为主观幸福感一般由三个相对独立的维度构成：积极情感、消极情感和生活满意度，积极情感和消极情感是对生活质量的体验，而生活满意度则是对生活质量的认知（李海峰、陈天勇，2009）。在实证研究中，主观幸福感和生活满意度是两个内涵相近的概念，从这个界定来看，主观幸福感包括生活满意度，处于认知层面的生活满意度是主观幸福感的评价指标，主观幸福感的内涵更加丰富、全面，是情感因素和认知因素的综合。主观幸福感可通过专门的幸福感量表测度，较常用的是纽芬兰纪念大学幸福度量表。由于主观幸福感是老年人基于自身生活总体状况的情感体验和认知评价，故主观幸福感受到诸多方面的影响，已有研究已证实社会支持、健康状况、自我效能感对老年人主观幸福感均有不同程度的影响（唐丹、邹君等，2006）。

表1 老年人生活质量指标体系

一级指标	二级指标
健康状况	慢性病发生率
	失能率
	抑郁倾向发生率
	孤独感发生率
经济状况	人均年收入
居住环境	单独居住的房间拥有率
	住宅适老化率
精神状况	休闲娱乐活动参与率
主观感受	健康自评
	经济自评
	住房满意度
	子女孝顺评价
	主观幸福感

三 基于 AHP 法的老年人生活质量指标体系权重确定

近年来，在不同指标体系的指标权重确定方面，层次分析法（AHP法）得到了较为广泛的应用。本研究亦采用 AHP 法对前文构建出的老年人生活质量指标体系进行赋权。为了获得 AHP 法所需数据，本研究向 32 位相关领域专家，包括高校老年学相关专业教师、老龄科研机构研究人员以及全国/省级老龄工作机构工作人员等进行问卷咨询，共回收问卷 32 份，获得了 AHP 法涉及的 4 个判断矩阵的数据。

经过计算，得出了各一级指标和二级指标的权重（4 个判断矩阵均通过了一致性检验），如表 2 所示。从各指标的权重来看，对于老年人生活质量而言，健康状况的相对重要性最大，其次是经济状况，再次是精神状况，最后是居住环境和主观感受，二者的相对重要性相当。对于健康状况而言，失能率的相对重要性最大。对于居住环境而言，单独居住的房间拥有率相对重要性更大。对于主观感受而言，健康自评的相对重要性最大。

表 2　老年人生活质量指标体系权重

一级指标	权重	二级指标	权重
健康状况	0.473	慢性病发生率	0.272
		失能率	0.407
		抑郁倾向发生率	0.208
		孤独感发生率	0.113
经济状况	0.220	人均年收入	1.000
居住环境	0.091	单独居住的房间拥有率	0.579
		住宅适老化率	0.421
精神状况	0.126	休闲娱乐活动参与率	1.000
主观感受	0.091	健康自评	0.394
		经济自评	0.240
		住房满意度	0.083
		子女孝顺评价	0.136
		主观幸福感	0.147

参考文献

Campbell A., Converse P. E., Rodgers W. L. The Quality of American Life [J]. *Academy of Management Review*, 1976, 2 (4): 694.

陈柏峰：《代际关系变动与老年人自杀——对湖北京山农村的实证研究》，《社会学研究》2009 年第 4 期。

戴必兵、彭义升、李娟：《老年人抑郁症状与情绪调节策略的横断面研究》，《中国心理卫生杂志》2014 年第 3 期。

董亭月：《社会支持对中国老年人孤独感的影响研究——基于 2014 年中国老年社会追踪调查》，《调研世界》2017 年第 8 期。

李海峰、陈天勇：《老年社会功能与主观幸福感》，《心理科学进展》2009 年第 4 期。

李建新：《老年人生活质量与社会支持的关系研究》，《人口研究》2007 年第 5 期。

林南、卢汉龙：《社会指标与生活质量的结构模型探讨——关于上海城市居民生活的一项研究》，《中国社会科学》1989 年第 4 期。

刘晶：《城市居家老人生活质量评价指标体系研究——以上海为例》，华东师范大学博士论文，2005a 年。

刘晶：《城市社区生活不能自理老人居家养老生活质量评估指标体系探索》，《人口学刊》2005b 年第 1 期。

卢淑华、韦鲁英：《生活质量主客观指标作用机制研究》，《中国社会科学》1992 年第 1 期。

〔美〕亚伯拉罕·马斯洛：《动机与人格》（第 3 版），许金声等译，中国人民大学出版社，2007。

潘祖光：《人口生活质量研究综述》，《人口学刊》1994 年第 5 期。

全国老龄工作委员会办公室编《老年宜居环境建设知识读本》，华龄出版社，2018。

孙娟鹃：《中国老年人生活质量研究》，知识产权出版社，2007。

唐丹、邹君、申继亮、张凌：《老年人主观幸福感的影响因素》，《中国心理卫生杂志》2006 年第 3 期。

王树新：《中国老年人口经济与居住生活质量》，《人口与经济》1996 年第 2 期。

王思斌主编《社会工作导论》，北京大学出版社，1998。

王思斌主编《社会学教程（第二版）》，北京大学出版社，2003。

伍小兰、刘吉：《中国老年人生活自理能力发展轨迹研究》，《人口学刊》2018 年第 1 期。

杨静、董军、严祥、秦湘鑫：《老年住院患者孤独感与社会支持的关系》，《心理学探新》2012 年第 6 期。

郑晓瑛：《中国老年人口健康评价指标研究》，《北京大学学报》（哲学社会科学版）2000 年第 4 期。

周长城、刘红霞：《生活质量指标建构及其前沿述评》，《山东社会科学》2011 年第 1 期。

周长城、袁浩：《专家的观点可靠吗——对国内生活质量综合指数建构问题的探讨》，《社会科学研究》2002 年第 1 期。

B.8
中国31个省份老年人生活质量指数

罗晓晖　张秋霞

摘　要： 本文介绍了老年人生活质量综合指数以及健康状况指数、经济状况指数、居住环境指数、精神状况指数和主观感受指数五个分项指数的计算方法，并利用第四次中国城乡老年人生活状况抽样调查数据，计算出了参与调查的31个省份老年人生活质量指数和分项指数。在此基础上，按照综合指数和分项指数从高到低的顺序对31个省份进行了排名，并对老年人生活质量指数排名前20名、健康状况指数排名前20名、经济状况指数排名前20名、居住环境指数排名前20名、精神状况指数排名前20名和主观感受指数排名前20名的省份分别进行了介绍。比较发现，老年人生活质量指数排名靠前的省份主要集中在经济较发达的东部地区。在健康状况指数、经济状况指数、精神状况指数和主观感受指数方面，东部地区的表现总体上优于中、西部；但在居住环境指数方面，东部地区的优势并不明显。对老年人生活质量指数排名前20的省份的综合指数与分项指数排名情况进行比较发现，综合指数表现建立在分项指数表现的基础上，且综合指数与分项指数失衡问题较为突出。

关键词： 老年人　生活质量　指数

一 分省份老年人生活质量指数

（一）老年人生活质量指数介绍

老年人生活质量指数是综合评价老年人生活质量的量化呈现。老年人生活质量指数以老年人生活质量指标体系中的具体指标和第四次中国城乡老年人生活状况抽样调查数据为基础，通过数据处理技术和指数分析方法，综合全部指标而形成。本研究中的老年人生活质量指数为综合指数，包括健康状况指数、经济状况指数、居住环境指数、精神状况指数和主观感受指数五个分项指数。

（二）分省份老年人生活质量指数计算方法

计算分省份老年人生活质量指数的基本思路是：首先利用调查数据计算出各省份各二级指标的数值并进行无量纲化处理，之后将所得数值乘以相应的权重；然后将上一步求出的数据分类相加，得出与各一级指标对应的分项指数；最后将上一步求出的各分项指数乘以相应的权重并加总，得出分省份老年人生活质量综合指数。具体计算过程如下。

其一，分别计算出31省份的老年人慢性病发生率、失能率、抑郁倾向发生率、孤独感发生率、人均年收入、单独居住的房间拥有率、住宅适老化率、休闲娱乐活动参与率、健康自评好评率、经济自评好评率、住房满意率、子女孝顺评价为孝顺的比例、主观幸福感为感到幸福的比例。

其二，采用功效系数法将上述数据进行标准化，前四项负向指标采用公式 $ZI = \dfrac{I - I_{max}}{I_{min} - I_{max}}$ 进行标准化，后九项正向指标采用公式 $ZI = \dfrac{I - I_{min}}{I_{max} - I_{min}}$ 进行标准化。其中，I_{max} 为某省份某项指标的最大值，I_{min} 为某省份某项指标的最小值，I 和 ZI 分别为该指标标准化前后的值。经过标准化后，所有指标的

值都在［0～1］区间，而且无论在哪项指标上，最好的省份的数值均为1，最差的省份的数值均为0。经过标准化后，各省份在各个指标上表现的相对优劣更为明晰。

其三，将31省份13项指标标准化之后的数值与该项指标的权重相乘，得出相应的数值。

其四，将上一步中得到的慢性病发生率、失能率、抑郁倾向发生率和孤独感发生率四项指标的数值相加，得到31省份健康状况分项指数；人均年收入的数值即31省份经济状况分项指数；将单独居住的房间拥有率和住宅适老化率两项指标的数值相加，得到31省份居住环境分项指数；休闲娱乐活动参与率的分值即31省份精神状况指数；将健康自评好评率、经济自评好评率、住房满意度、子女孝顺评价为孝顺的比例、主观幸福感为感到幸福的比例五项指标的数值相加，得到31省份主观感受分项指数。

其五，将上一步中得到的健康状况分项指数、经济状况分项指数、居住环境分项指数、精神状况分项指数和主观感受分项指数分别乘以其对应的权重并加总，即得到31省份老年人生活质量综合指数。

二 老年人生活质量指数排名
前20的省份

老年人生活质量指数排名前20的省份依次是北京市（0.845）、上海市（0.818）、天津市（0.774）、福建省（0.757）、浙江省（0.733）、江苏省（0.715）、辽宁省（0.687）、山东省（0.672）、重庆市（0.644）、广东省（0.624）、江西省（0.604）、四川省（0.599）、新疆维吾尔自治区（0.596）、青海省（0.596）、黑龙江省（0.578）、广西壮族自治区（0.576）、吉林省（0.554）、宁夏回族自治区（0.553）、陕西省（0.549）、内蒙古自治区（0.538）和河北省（0.538）（河北省与内蒙古自治区并列第20名）。

前 20 名中，北京市、上海市的老年人生活质量指数超过了 0.8，天津市、福建省、浙江省、江苏省老年人生活质量指数在 0.7~0.8，辽宁省、山东省、重庆市、广东省和江西省老年人生活质量指数为 0.6~0.7，其余省份均在 0.5~0.6 之间。按照中国经济区域的划分，老年人生活质量指数排名前 10 的省份中除位于东北的辽宁省和位于西部的重庆市外，其余 8 个省份均为东部省份，第 11~20 名的省份则主要位于西北、东北和西南部。作为发展中国家，中国人口老龄化有未富先老的鲜明特征，老年人物质方面的需要尚未得到充分的满足，在构建老年人生活质量指标体系时，客观生活质量仍被认为是影响老年人生活质量的主要因素。并且，总体来说，老年人主观生活质量即生活质量评价与客观生活质量并非截然分开，仍是建立在客观生活质量的基础上。因此，老年人生活质量指数排名靠前的省份主要集中在经济较发达的东部地区。

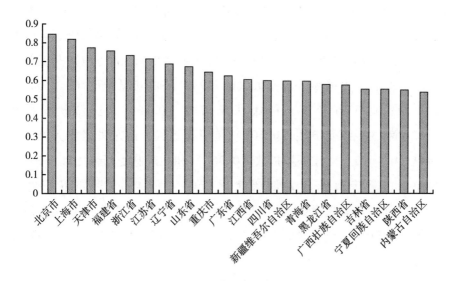

图 1　老年人生活质量指数排名前 20 的省份

老年人生活质量指数包含健康状况指数、经济状况指数、居住环境指数、精神状况指数和主观感受指数。从老年人生活质量指数排名前 20 的省份的分项指数来看，各省份均存在分项指数不均衡的状况，但不同

省份之间不均衡的程度存在差异。也就是说，这些省份在分项指数上并不是都有较好且相当的表现，而是均有短板存在，且有的省份短板数量较多，问题非常明显。下文有各省份老年人生活质量分项指数雷达图，雷达图的面积越小、雷达图与正五边形的形状差别越大，就表明该省份老年人生活质量分项指数的短板问题越突出。可以看出，前20名省份在精神状况指数上均有较好的表现，但在其他分项指数上则都存在短板，仍有较大的进步空间。

从排名前10的省份来看，健康状况指数、居住环境指数和主观感受指数的短板问题较为突出。北京市老年人健康状况指数（0.749）、居住环境指数（0.798）和主观感受指数（0.798）是明显短板；上海市老年人健康状况指数（0.749）和主观感受指数（0.708）是明显短板；天津市老年人健康状况指数（0.764）、经济状况指数（0.645）和居住环境指数（0.694）是明显短板；福建省老年人经济状况指数（0.401）和主观感受指数（0.567）是明显短板；浙江省老年人健康状况指数（0.788）、经济状况指数（0.523）和居住环境指数（0.579）是明显短板；江苏省老年人健康状况指数（0.769）、经济状况指数（0.310）是明显短板；辽宁省老年人健康状况指数（0.765）、经济状况指数（0.322）和主观感受指数（0.603）是明显短板；山东省老年人经济状况指数（0.164）、居住环境指数（0.763）和主观感受指数（0.765）是明显短板；重庆市老年人健康状况指数（0.745）、经济状况指数（0.232）和主观感受指数（0.572）是明显短板；广东省老年人健康状况指数（0.719）、经济状况指数（0.254）和主观感受指数（0.426）是明显短板。

从排名11~20的省份来看，健康状况指数、经济状况指数和主观感受指数的短板问题较为明显。具体来说，江西省老年人经济状况指数（0.184）、健康状况指数（0.710）和主观感受指数（0.462）是明显短板；四川省老年人经济状况指数（0.216）、健康状况指数（0.679）和主观感受指数（0.436）是明显短板；新疆维吾尔自治区老年人健康状况指数（0.518），经济状况指数（0.419）和主观感受指数（0.675）是明显短板；青海省老年人经济状况指数（0.372）、健康状况指数（0.520）和主观感受指数（0.694）是明显短板；黑龙江省老年人经济状况指数（0.271）、健康状况指数（0.586）和主观感受指数（0.499）是明显短板；广西壮族自治区老年人经济状况指数（0.065）和主观感受指数（0.259）是明显短板；吉林省老年人经济状况指数（0.242）、健康状况指数（0.554）和主观感受指数（0.418）是明显短板；宁夏回族自治区老年人经济状况指数（0.249）、健康状况指数（0.557）和主观感受指数（0.548）是明显短板；陕西省老年人经济状况指数（0.293）、健康状况指数（0.526）和主观感受指数（0.528）是明显短板；内蒙古自治区老年人经济状况指数（0.265）、健康状况指数（0.525）和主观感受指数（0.502）是明显短板。要提高老年人生活质量指数，补齐分项指数短板应是各省份今后的主要着力点。

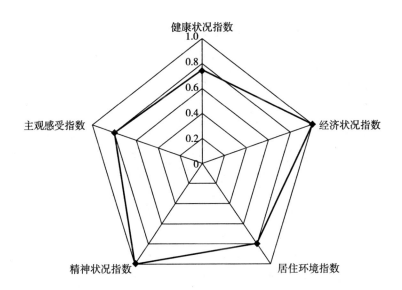

图2　北京市老年人生活质量分项指数雷达图

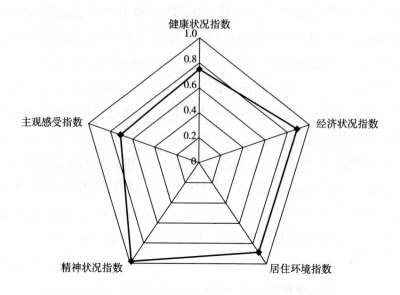

图3　上海市老年人生活质量分项指数雷达图

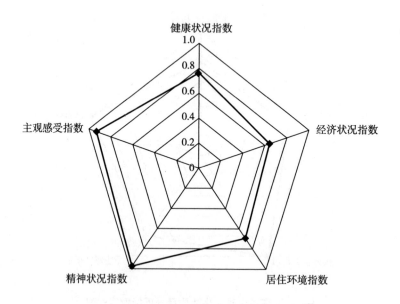

图4　天津市老年人生活质量分项指数雷达图

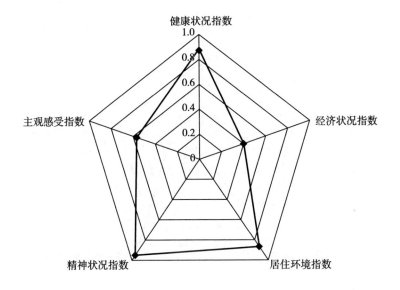

图5 福建省老年人生活质量分项指数雷达图

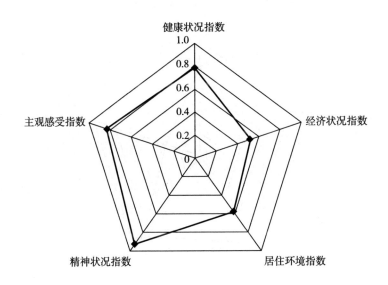

图6 浙江省老年人生活质量分项指数雷达图

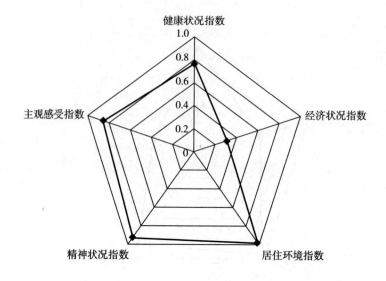

图7　江苏省老年人生活质量分项指数雷达图

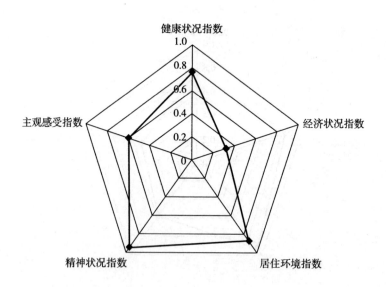

图8　辽宁省老年人生活质量分项指数雷达图

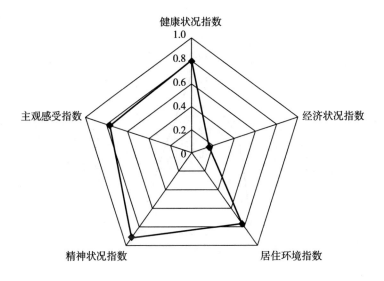

图9　山东省老年人生活质量分项指数雷达图

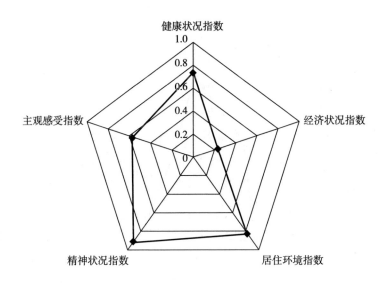

图10　重庆市老年人生活质量分项指数雷达图

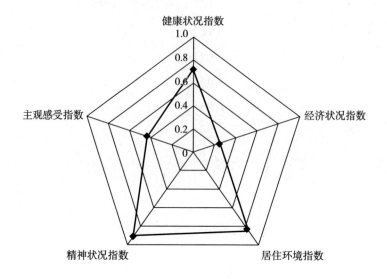

图11 广东省老年人生活质量分项指数雷达图

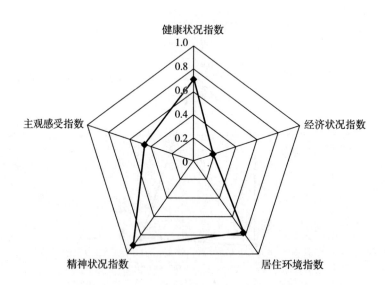

图12 江西省老年人生活质量分项指数雷达图

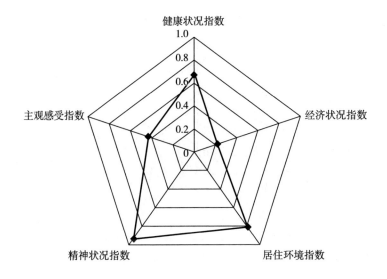

图13　四川省老年人生活质量分项指数雷达图

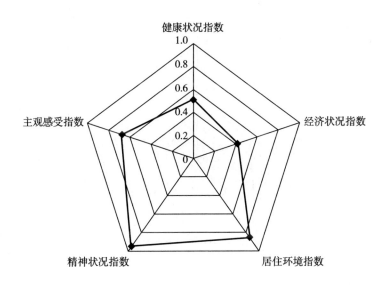

图14　新疆维吾尔自治区老年人生活质量分项指数雷达图

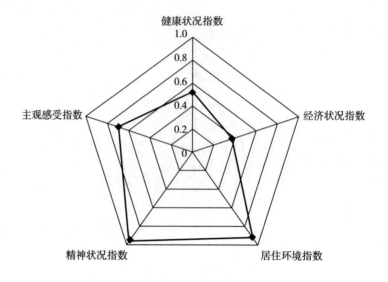

图15 青海省老年人生活质量分项指数雷达图

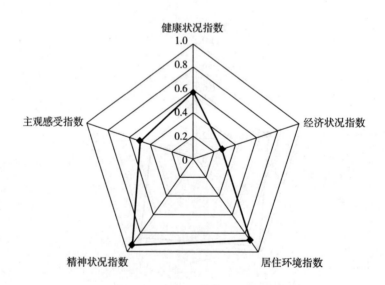

图16 黑龙江省老年人生活质量分项指数雷达图

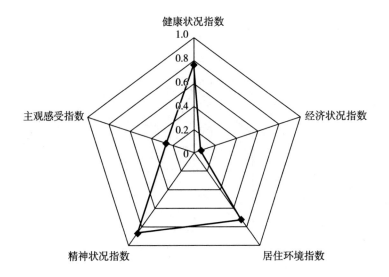

图17 广西壮族自治区老年人生活质量分项指数雷达图

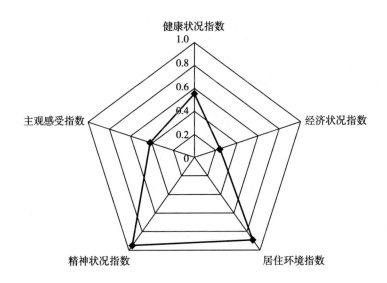

图18 吉林省老年人生活质量分项指数雷达图

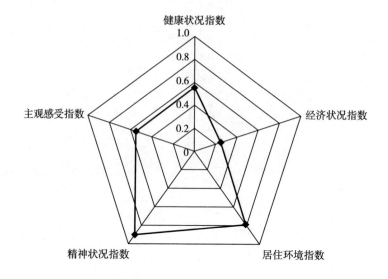

图19　宁夏回族自治区老年人生活质量分项指数雷达图

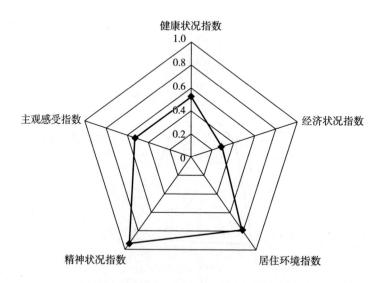

图20　陕西省老年人生活质量分项指数雷达图

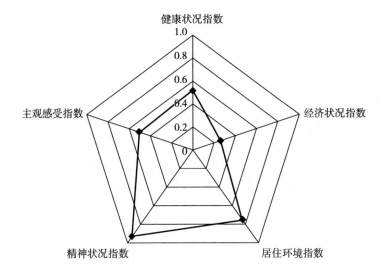

图21 内蒙古自治区老年人生活质量分项指数雷达图

三 老年人健康状况指数排名前20名的省份

老年人健康状况指数排名前20的省份依次是福建省（0.885）、山东省（0.807）、浙江省（0.788）、广西壮族自治区（0.770）、江苏省（0.769）、辽宁省（0.765）、天津市（0.764）、北京市（0.749）、上海市（0.749）、重庆市（0.745）、广东省（0.719）、江西省（0.710）、四川省（0.679）、湖北省（0.642）、贵州省（0.627）、河北省（0.626）、安徽省（0.607）、湖南省（0.595）、黑龙江省（0.586）和山西省（0.570）。排名前10的省份老年人健康状况指数均在0.7以上，其中，福建省和山东省均超过了0.8。与老年人生活质量综合指数排名的情况类似，除了位于西部的广西壮族自治区、重庆市和位于东北的辽宁省外，其余7个进入前10名的省份均位于东部。东部地区经济发展水平高，医疗卫生服务机构的数量更多，服务质量也更高，对老年人健康状况指数有积极贡献。排名第11～20名的省份则分布于西南、中部、东北等地区，老年人健康状况指数集中于0.5～0.8之间。

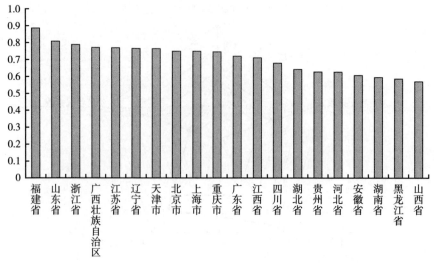

图22　老年人健康状况指数排名前20名的省份

老年人健康状况指数包含慢性病发生率、失能率、抑郁倾向发生率和孤独感发生率四个指标。从老年人健康状况指数排名前20的省份的各构成指标来看，各省份均存在指标值不均衡的状况，不同省份之间不均衡的程度存在差异。下文是各省份老年人健康状况指数各构成指标值雷达图，雷达图的面积越小、雷达图与正方形的形状差别越大，就表明该省份老年人健康状况指数各构成指标的短板问题越突出。

从图23~42可以看出，排名前20的省份在失能率这个指标上均有较好的表现，即这些省份老年人的失能率都较低，但在其他指标上普遍存在2~3项程度不同的短板。具体来说，福建省老年人抑郁倾向发生率（0.665）和孤独感发生率（0.687）是明显短板；山东省老年人慢性病发生率（0.720）和孤独感发生率（0.587）是明显短板；浙江省老年人慢性病发生率（0.362）和孤独感发生率（0.743）是明显短板；广西壮族自治区老年人慢性病发生率（0.711）和孤独感发生率（0.142）是明显短板，孤独感发生率更甚；江苏省老年人抑郁倾向发生率（0.453）和孤独感发生率（0.598）是明显短板；辽宁省老年人慢性病发生率（0.784）、抑郁倾向发生率（0.448）和孤独感发生率（0.455）是明显短板；天津市老年人慢性病发生率（0.417）是明显短板；北京市老年人慢性病发生率（0.352）是明显短板；上海市老年人抑郁倾向发生率（0.631）和慢性病发生率（0.506）是明显短板；重庆市老年人孤独感发生率（0.489）和慢性病发生率（0.444）是明显短板；广东省老年人抑郁倾向发生率（0.458）和孤独感发生率（0.281）是明显短板；江西省老年人慢性病发生率（0.552）和孤独感发生率（0.383）是明显短板；四川省老年人慢性病发生率（0.368）和孤独感发生率（0.412）是明显短板；湖北省老年人慢性病发生率（0.334）和孤独感发生率（0.346）是明显短板；贵州省老年人慢性病发生率（0.527）和孤独感发生率（0.265）是明显短板；河北省老年人慢性病发生率（0.544）、抑郁倾向发生率（0.567）和孤独感发生率（0.293）是明显短板；安徽省老年人慢性病发生率（0.424）、抑郁倾向发生率（0.491）和孤独感发生率（0.316）是明显短板；湖南省老年人慢性病发生率（0.436）、抑郁倾向发生率（0.487）和孤独感发生率（0.267）是明显短板；黑龙江省老年人慢性病发生率（0.494）和孤独感发生率（0.244）是明显短板；山西省老年人慢性病发生率（0.528）和孤独感发生率（0.231）是明显短板。短板的普遍存在，不同程度地拉低了各省份的老年人健康状况指数。

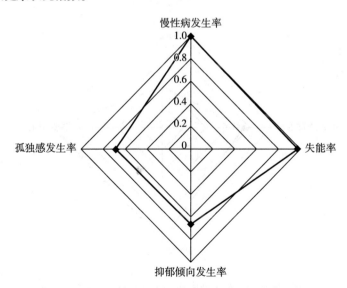

图 23　福建省老年人健康状况指数各构成指标值雷达图

老龄蓝皮书

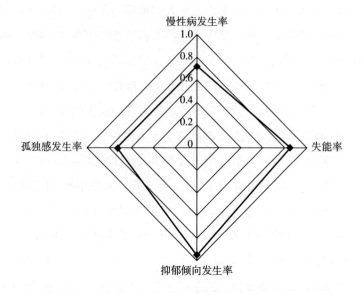

图24 山东省老年人健康状况指数各构成指标值雷达图

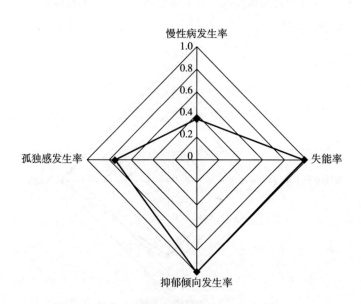

图25 浙江省老年人健康状况指数各构成指标值雷达图

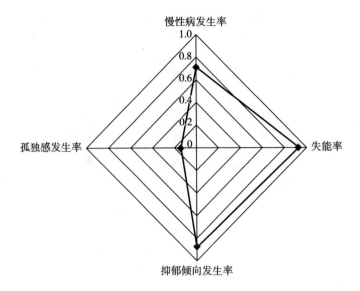

图26 广西壮族自治区老年人健康状况指数各构成指标值雷达图

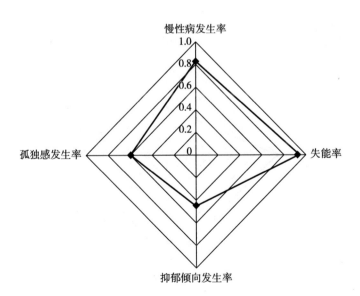

图27 江苏省老年人健康状况指数各构成指标值雷达图

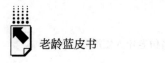
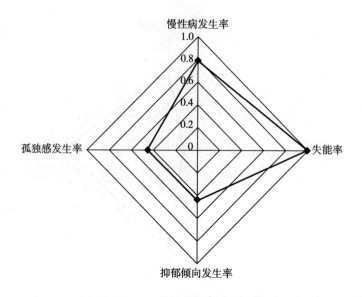

图28 辽宁省老年人健康状况指数各构成指标值雷达图

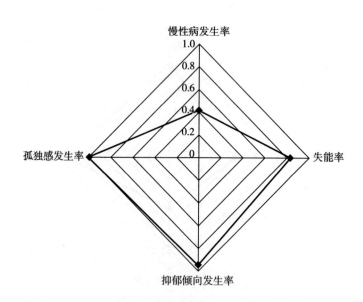

图29 天津市老年人健康状况指数各构成指标值雷达图

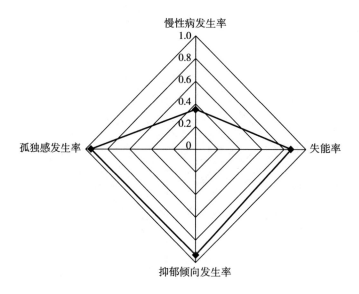

图 30　北京市老年人健康状况指数各构成指标值雷达图

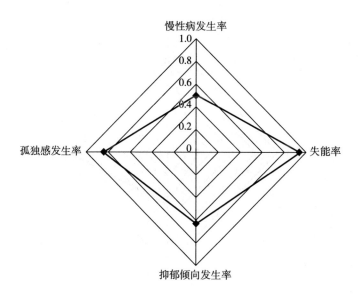

图 31　上海市老年人健康状况指数各构成指标值雷达图

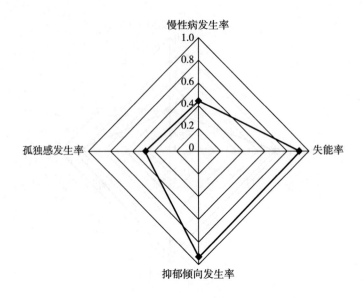

图 32　重庆市老年人健康状况指数各构成指标值雷达图

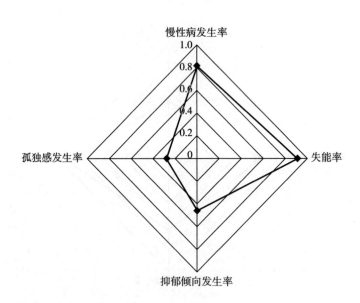

图 33　广东省老年人健康状况指数各构成指标值雷达图

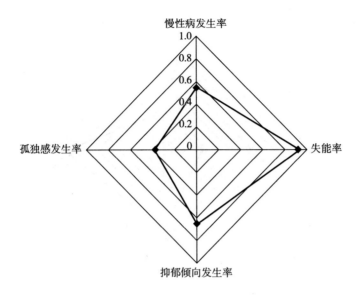

图34 江西省老年人健康状况指数各构成指标值雷达图

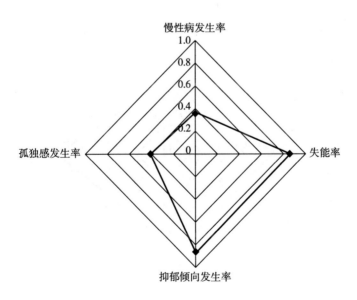

图35 四川省老年人健康状况指数各构成指标值雷达图

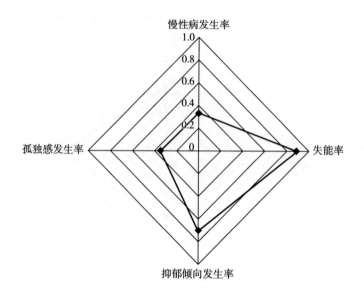

图36 湖北省老年人健康状况指数各构成指标值雷达图

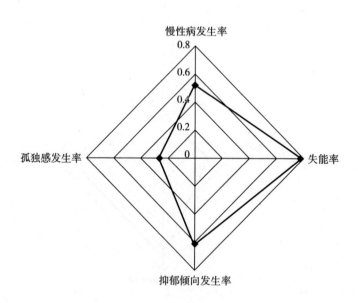

图37 贵州省老年人健康状况指数各构成指标值雷达图

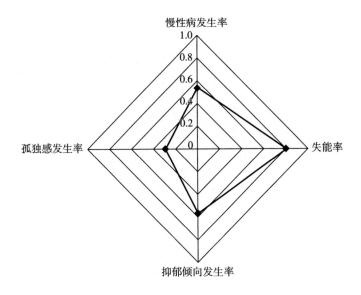

图38 河北省老年人健康状况指数各构成指标值雷达图

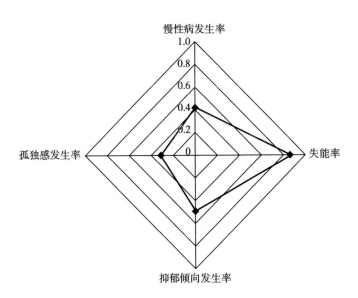

图39 安徽省老年人健康状况指数各构成指标值雷达图

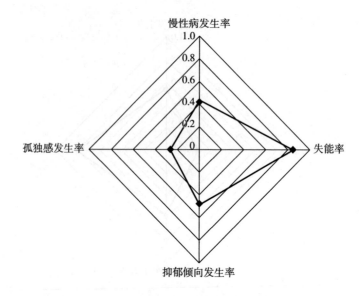

图40　湖南省老年人健康状况指数各构成指标值雷达图

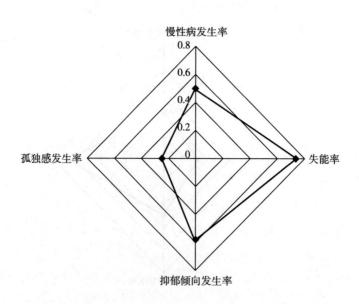

图41　黑龙江省老年人健康状况指数各构成指标值雷达图

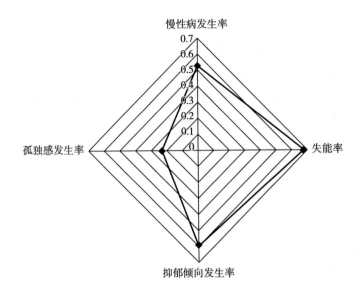

图42 山西省老年人健康状况指数各构成指标值雷达图

四 老年人经济状况指数排名前20的省份

老年人经济状况指数排名前 20 的省份依次是北京市（1.000）、上海市（0.888）、天津市（0.645）、浙江省（0.523）、新疆维吾尔自治区（0.419）、福建省（0.401）、青海省（0.372）、湖北省（0.326）、辽宁省（0.322）、江苏省（0.310）、陕西省（0.293）、黑龙江省（0.271）、内蒙古自治区（0.265）、广东省（0.254）、宁夏回族自治区（0.249）、吉林省（0.242）、重庆市（0.232）、四川省（0.216）、江西省（0.184）和贵州省（0.168）。由于老年人经济状况指数只包含一个指标，即老年人的人均年收入，故该指数即人均年收入指标标准化之后的值。

排名前 10 的省份老年人经济状况指数位于 0.3 ~ 1.0，较为分散，表明这些省份老年人经济状况差异化程度高。排名第 11 ~ 20 名的省份老年人经济状况指数位于 0.1 ~ 0.3，较为集中，表明这些省份老年人经济状况差异化程度低，且水平都较低。分省份来看，北京市老年人经济状况指数最高，

为 1.0，上海市位于 0.8 ~ 0.9，天津市位于 0.6 ~ 0.7，浙江省位于 0.5 ~
0.6，新疆维吾尔自治区和福建省位于 0.4 ~ 0.5，青海省、湖北省、辽宁省
和江苏省位于 0.3 ~ 0.4，陕西省、黑龙江省、内蒙古自治区、广东省、宁
夏回族自治区、吉林省、重庆市和四川省位于 0.2 ~ 0.3，江西省和贵州省
则均在 0.2 之下。从经济区域来看，东部地区在老年人经济状况指数上的表
现总体上仍优于中、西部。

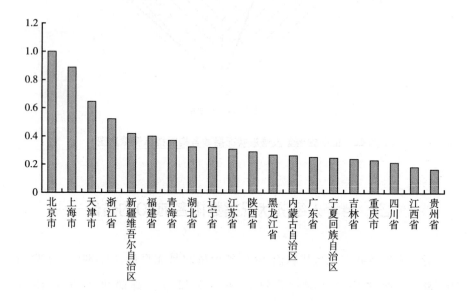

图 43　老年人经济状况指数排名前 20 的省份

五　老年人居住环境指数排名前20的省份

老年人居住环境指数排名前 20 的省份依次是江苏省（0.974）、青海省
（0.922）、吉林省（0.892）、上海市（0.887）、辽宁省（0.876）、黑龙江
省（0.873）、福建省（0.868）、新疆维吾尔自治区（0.859）、广东省
（0.843）、湖北省（0.830）、重庆市（0.817）、四川省（0.805）、北京市
（0.798）、宁夏回族自治区（0.788）、陕西省（0.780）、江西省（0.770）、

山东省（0.763）、内蒙古自治区（0.755）、贵州省（0.747）和河北省（0.746）。分省份来看，排名前10的省份老年人居住环境指数分布较为集中，且均在0.8以上，其中，江苏省和青海省超过了0.9。排名第11~20的省份除了重庆市和四川省老年人居住环境指数超过了0.8，其余省份均在0.8以下。值得一提的是，北京市老年人生活质量综合指数排名第1，但老年人居住环境指数仅居第13名，居住环境指数对综合指数的制约作用非常明显。总的来看，在老年人居住环境指数方面，东部地区的优势并不明显，这表明近年来各地老年人的居住环境普遍得到了改善。

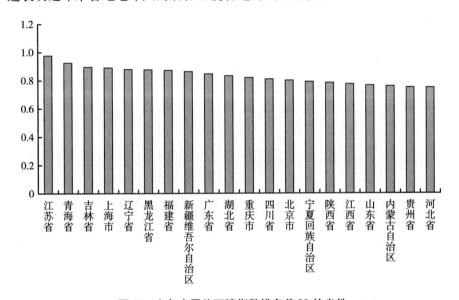

图44 老年人居住环境指数排名前20的省份

居住环境指数包含单独居住的房间拥有率和住宅适老化率两项指标。老年人居住环境指数排名前20的省份老年人单独居住的房间拥有率的值均较高，分布较为集中。其中，前12名的省份的值均超过了0.9，第13~20名的省份的值位于0.8~0.9。老年人居住环境指数排名前20的省份住宅适老化率的值分布较为分散，其中，前10名的省份的值位于0.7~1.0，第11~20名的省份的值则位于0.5~0.7。总的来说，老年人居住环境指数排名前20的省份在老年人单独居住的房间拥有率指标值上差异不大，在住宅适老化率指标值上差异较大。这20个省份中，绝大部分省份老年人单独居住的房间拥有率指标值均高于住宅适老化率指标值，仅江苏省、上海市和黑龙江省住宅适老化率指标值高于老年人单独居住的房间拥有率指标值。也就是说，对于绝大部分省份来说，提高老年人居住环境指数，更需要在提高老年人住宅适老化率上下功夫。对于山东省和江西省来说，尤为如此，尽管其老年人单独居住的房间拥有率指标值分别达到了0.941和0.915，但其住宅适老化率指标值分别仅0.519和0.571，两项指标值差距较大的问题应受到重视。

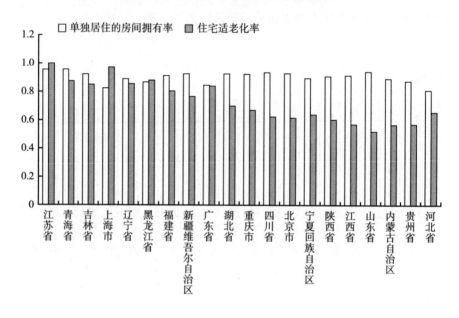

图45　老年人居住环境指数排名前20的省份各构成指标值

六　老年人精神状况指数排名前20的省份

老年人精神状况指数排名前20的省份依次是北京市（1.000）、上海市（0.982）、天津市（0.975）、青海省（0.963）、辽宁省（0.954）、福建省（0.950）、新疆维吾尔自治区（0.949）、吉林省（0.947）、四川省（0.933）、陕西省（0.929）、浙江省（0.928）、内蒙古自治区（0.927）、黑龙江省（0.925）、河北省（0.924）、江苏省（0.923）、山东省（0.916）、江西省（0.915）、山西省（0.909）、重庆市（0.908）和宁夏回族自治区（0.899）。由于老年人精神状况指数之下只有一个指标，即老年人休闲娱乐活动参与率，故该指数即休闲娱乐活动参与率指标标准化之后的值。总的来看，老年人精神状况指数普遍较高，排名前20的省份中，除了宁夏回族自治区外，排名前19的省份均超过了0.9。从经济区域来看，与中部、西部地区相比，东部地区在老年人精神状况指数上仍略胜一筹。

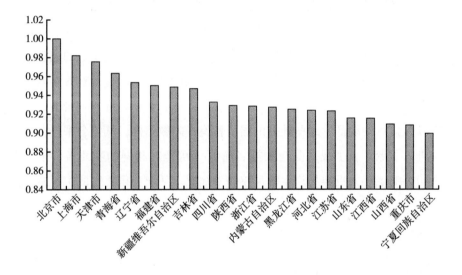

图46 老年人精神状况指数排名前20的省份

七 老年人主观感受指数排名前20的省份

老年人主观感受指数排名前20的省份依次是天津市（0.930）、江苏省（0.856）、浙江省（0.835）、北京市（0.798）、西藏自治区（0.771）、山东省（0.765）、上海市（0.708）、青海省（0.694）、新疆维吾尔自治区（0.675）、辽宁省（0.603）、重庆市（0.572）、福建省（0.567）、宁夏回族自治区（0.548）、陕西省（0.528）、山西省

（0.510）、内蒙古自治区（0.502）、黑龙江省（0.499）、湖北省（0.489）、河北省（0.472）和江西省（0.462）。排名前20的省份老年人主观感受指数差距比较大，排名前10的省份分布于0.6~1.0，其中，天津市超过了0.9，江苏省和浙江省在0.8~0.9，北京市、西藏自治区、山东省和上海市均在0.7~0.8，青海省、新疆维吾尔自治区和辽宁省均在0.6~0.7；排名第11~20的省份分布于0.4~0.6，除了黑龙江省、湖北省、河北省和江西省外，其余6个省份均超过了0.5。

从经济区域来看，老年人主观感受指数排名靠前的绝大部分是东部省份，总体上东部地区的表现仍然优于其他地区。老年人的主观感受建立在客观物质条件的基础上，东部地区经济发达，老年人主观感受指数的表现也相对更好。除了物质条件外，信仰对人的心态可能带来的改变及对改善老年人主观感受的作用也值得关注。西藏自治区、青海省和新疆维吾尔自治区都是宗教较为盛行的地区，这些地方的居民普遍有宗教信仰，从排名来看，这三地均进入了老年人主观感受指数排名前10。可能在相同的物质条件下，有宗教信仰的老年人更容易产生满足感和幸福感，从而获得更好的主观感受。

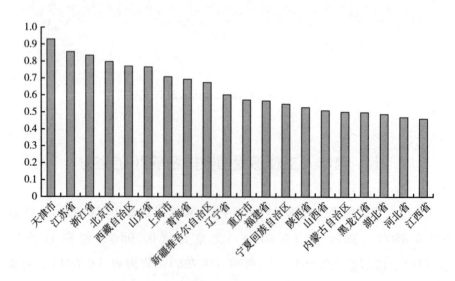

图47　老年人主观感受指数排名前20的省份

老年人主观感受指数包含健康自评、经济自评、住房满意度、子女孝顺评价和主观幸福感五个指标。从老年人主观感受指数排名前 20 的省份的构成指标来看，各省份均存在构成指标值不均衡的状况，但不同省份之间不均衡的程度依然存在差异。图48～67 是各省份老年人主观感受指数各构成指标值雷达图，雷达图的面积越小、雷达图与正五边形的形状差别越大，就表明该省份老年人主观感受指数各构成指标的短板问题越突出。

从图48～67 可以看出，20 个省份在老年人主观感受指数各构成指标上存在数量不等的短板，短板的存在不同程度地拉低了各省份在老年人主观感受指数上的表现。具体来说，天津市老年人住房满意度（0.608）是明显短板；江苏省老年人住房满意度（0.712）、子女孝顺评价（0.775）和主观幸福感（0.715）均是明显短板；浙江省老年人子女孝顺评价（0.621）和主观幸福感（0.715）是明显短板；北京市老年人健康自评（0.729）、住房满意度（0.387）是明显短板；西藏自治区老年人健康自评（0.568）、经济自评（0.788）是明显短板；山东省老年人健康自评（0.757）、经济自评（0.706）、住房满意度（0.683）和主观幸福感（0.713）均是明显短板；上海市老年人健康自评（0.690）、住房满意度（0.266）、子女孝顺评价（0.645）和主观幸福感（0.703）均是明显短板；青海省老年人健康自评（0.622）、经济自评（0.707）、子女孝顺评价（0.678）和主观幸福感（0.726）均是明显短板；新疆维吾尔自治区老年人健康自评（0.634）、经济自评（0.773）、住房满意度（0.701）、子女孝顺评价（0.602）和主观幸福感（0.676）指标值既没有特别高的，也没有特别低的，相对于其他省份而言，这几个指标均是明显短板；辽宁省老年人健康自评（0.614）、经济自评（0.535）、住房满意度（0.338）和主观幸福感（0.600）均是明显短板；重庆市老年人健康自评（0.532）和住房满意度（0.477）均是明显短板；福建省老年人住房满意度（0.395）、子女孝顺评价（0.325）和主观幸福感（0.481）均是明显短板；宁夏回族自治区老年人健康自评（0.471）、子女孝顺评价（0.496）和主观幸福感（0.531）均是明显短板；陕西省老年人经济自评（0.395）、住房满意度（0.515）均是明显短板；山西省老年人经济自评（0.445）、住房满意度（0.394）、子女孝顺评价（0.460）和主观幸福感（0.444）均是明显短板；内蒙古自治区老年人健康自评（0.424）、经济自评（0.387）、住房满意度（0.512）均是明显短板；黑龙江省老年人健康自评（0.514）、经济自评（0.460）、住房满意度（0.246）和主观幸福感（0.479）均是明显短板；湖北省老年人住房满意度（0.384）和子女孝顺评价（0.392）均是明显短板；河北省老年人健康自评（0.442）、经济自评（0.360）、住房满意度（0.305）和主观幸福感（0.443）均是明显短板；江西省老年人子女孝顺评价（0.000）是严重短板，住房满意度（0.380）是明显短板。

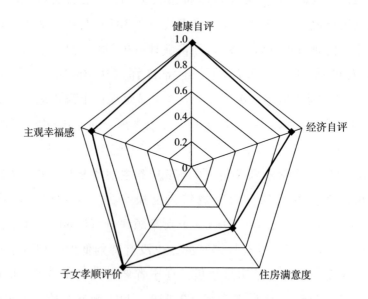

图48　天津市老年人主观感受指数各构成指标值雷达图

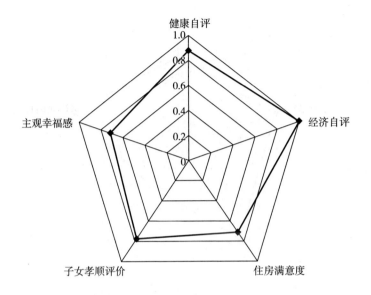

图49　江苏省老年人主观感受指数各构成指标值雷达图

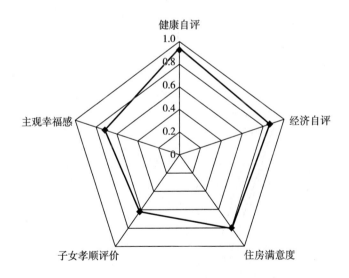

图50　浙江省老年人主观感受指数各构成指标值雷达图

老龄蓝皮书

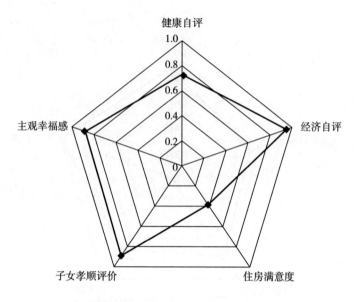

图 51 北京市老年人主观感受指数各构成指标值雷达图

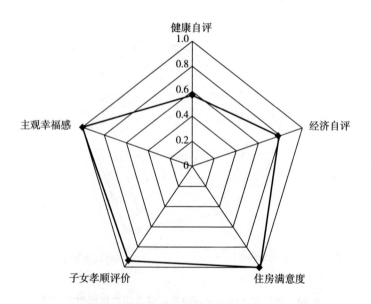

图 52 西藏自治区老年人主观感受指数各构成指标值雷达图

262

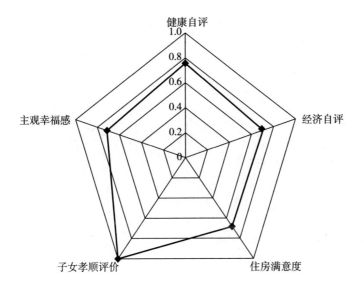

图53 山东省老年人主观感受指数各构成指标值雷达图

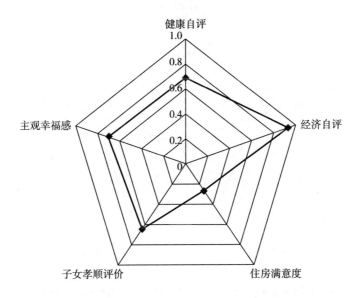

图54 上海市老年人主观感受指数各构成指标值雷达图

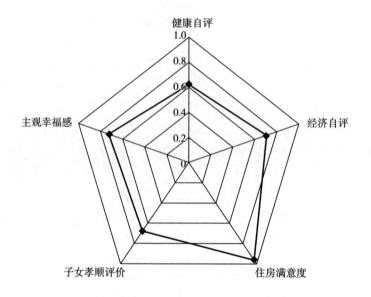

图55　青海省老年人主观感受指数各构成指标值雷达图

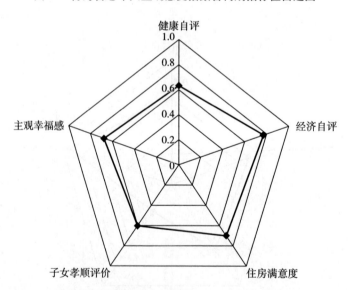

图56　新疆维吾尔自治区老年人主观感受指数各构成指标值雷达图

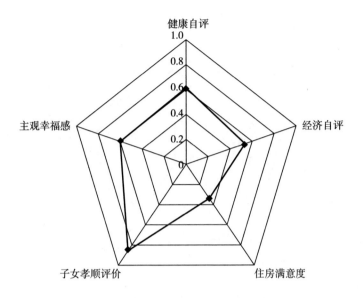

图 57　辽宁省老年人主观感受指数各构成指标值雷达图

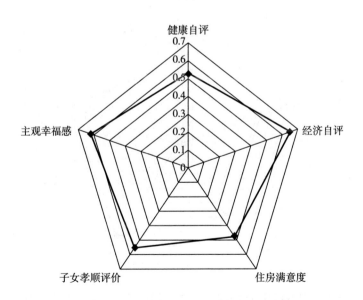

图 58　重庆市老年人主观感受指数各构成指标值雷达图

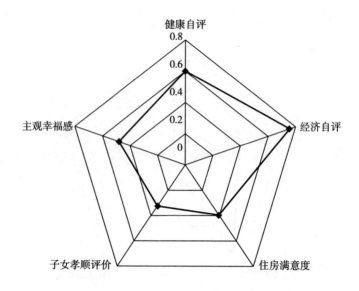

图59 福建省老年人主观感受指数各构成指标值雷达图

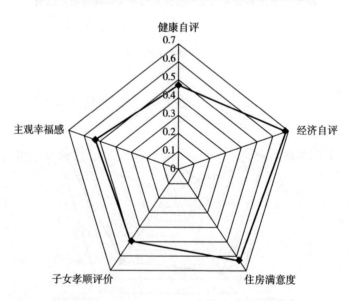

图60 宁夏回族自治区老年人主观感受指数各构成指标值雷达图

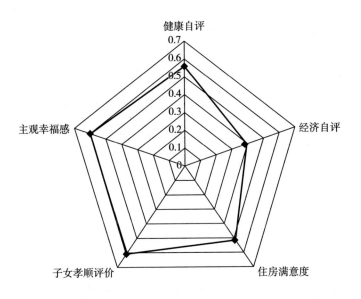

图61 陕西省老年人主观感受指数各构成指标值雷达图

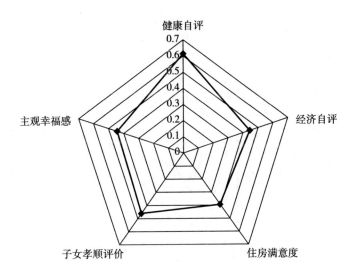

图62 山西省老年人主观感受指数各构成指标值雷达图

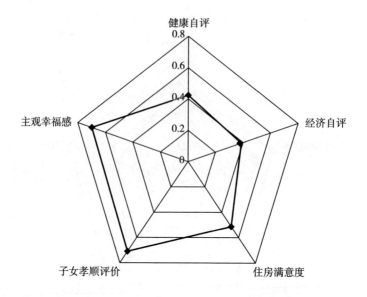

图63　内蒙古自治区老年人主观感受指数各构成指标值雷达图

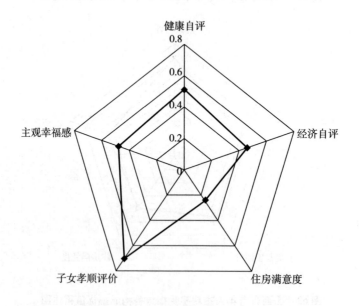

图64　黑龙江省老年人主观感受指数各构成指标值雷达图

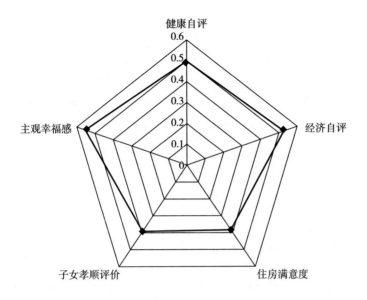

图65 湖北省老年人主观感受指数各构成指标值雷达图

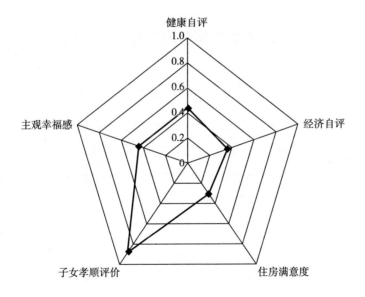

图66 河北省老年人主观感受指数各构成指标值雷达图

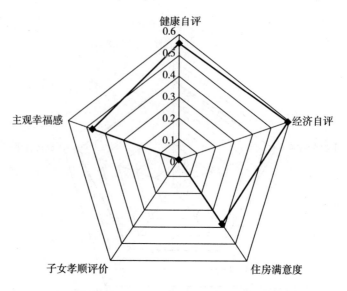

图 67　江西省老年人主观感受指数各构成指标值雷达图

八　综合指数与分项指数排名比较

（一）综合指数表现建立在分项指数表现的基础上

从表1可以看出，分项指数排名均靠前的省份综合指数排名也相对靠前。在综合指数排名前20的省份中，有1项分项指数排名第1的省份有3个，分别是主观感受指数排名第1的天津市（综合指数排名第3）、健康状况指数排名第1的福建省（综合指数排名第4）、居住环境指数排名第1的江苏省（综合指数排名第6）；有2项分项指数排名第1的省份有1个，即经济状况指数和精神状况指数均排名第1的北京市（综合指数排名第1）；有1项分项指数排名第2的省份有3个，分别是主观感受指数排名第2的江苏省（综合指数排名第6）、健康状况指数排名第2的山东省（综合指数排名第8）和居住环境指数排名第2的青海省（综合指数排名第14）；有2项分项指数排名第2的省份有1个，即经济状况指数和精神状况指数均排名第

270

2 的上海市（综合指数排名第 2）。结合综合指数和分项指数的排名对比来看，各省份要想在老年人生活质量综合指数上有好的表现，占据较好的排名，就必须尽可能提高各分项指数。

（二）综合指数与分项指数失衡问题较为突出

综合指数排名前 10 且分项指数排名亦均进入前 10 的省份只有上海市和辽宁省，其他省份则分别有 1~4 项不等的分项指数排第 10 名之后，就连综合指数排名第 1 的北京市也不例外，其居住环境指数仅位列第 13 名。综合指数与分项指数的失衡现象揭示出，即便是综合指数进入前 10 名的省份，在分项指数上也不同程度地存在短板。对于绝大部分省份来说，找准短板补齐短板，促进分项指数均衡化，才有可能实现老年人生活质量指数的进一步提高。

表 1　老年人生活质量指数排名前 20 的省份综合指数与分项指数排名

省份	生活质量指数排名	健康状况指数排名	经济状况指数排名	居住环境指数排名	精神状况指数排名	主观感受指数排名
北京市	1	8	1	13	1	4
上海市	2	8	2	4	2	7
天津市	3	7	3	/	3	1
福建省	4	1	6	7	6	12
浙江省	5	3	4	/	11	3
江苏省	6	5	10	1	15	2
辽宁省	7	6	9	5	5	10
山东省	8	2	/	17	16	6
重庆市	9	10	17	11	19	11
广东省	10	11	14	9	/	/
江西省	11	12	19	16	17	20
四川省	12	13	18	12	9	/
新疆维吾尔自治区	13	/	5	8	7	9
青海省	14	/	7	2	4	8
黑龙江省	15	19	12	6	13	17
广西壮族自治区	16	4	/	/	/	/
吉林省	17	/	16	3	8	/
宁夏回族自治区	18	/	15	14	20	13
陕西省	19	/	11	15	10	14
内蒙古自治区	20	/	13	18	12	16

注：分项指数未进入前 20 名用"/"表示。

参考文献

贾俊平、何晓群、金勇进编著《统计学》（第六版），中国人民大学出版社，2015。

萧振禹等：《关于构建科学合理的区域人口长寿评价指标体系的尝试》，《科学决策》2015 年第 5 期。

Abstract

The quality of life of the elderly is the total human life quality of life in old age, including the objective conditions, life behavior and subjective feeling. Since the implementation of the reform and opening policies, various policies for the elderly's benefit has been gradually established, such as economic security, medical and health security and service security. After entering the ageing society, China's ageing policy has been further improved with the scope of security expanded and the level of security significantly improved, which has greatly improved the quality of life of the elderly. However, there are still many shortcomings in the existing policies on ageing. Therefore, it is necessary to strengthen system design and innovation, enhance the pertinence and operability of the policies, and strengthen the effective implementation of the policies.

Based on the data of The Fourth Survey on The Living Conditions of the Elderly in China conducted in 2015, The report measures the current status and level of the objective quality of life of the elderly and the factors affecting the happiness of the elderly were systematically discussed. The research team has also conducted the qualitative research on the elderly's life quality in 15 provinces in China by interviewing 190 old people who told the stories of the "good life" in their mind, feelings and evaluation of their living conditions, and the understanding of the main factors affecting the quality of their life. This qualitative research complements the quantitative research by providing a deeper understanding of the subjective quality of life of the elderly.

This report put forward a comprehensive index system of the elderly life quality in China (version 1. 0) and evaluate the elderly's life quality in the national wide for the first time. This study makes a provincial evaluation on the life quality of the elderly in China using the data of The Fourth Survey on The Living Conditions of the Elderly in China conducted in 2015. The conclusion indicates

that the objective standard of living is still the most important factor affecting the life quality of the elderly, the elderly's life quality in the eastern region is better than other areas, and all provinces have their own weaknesses. To solve these problems is not only an important direction of scientific research on ageing in the new era, but also an important focus of actively dealing with the population ageing issued by the central government.

Contents

Ⅰ General Report

Abstract: Based on the theories of the elderly's life quality and index system, this report put forward a comprehensive index system of the elderly life quality in China (version 1. 0) and evaluate the elderly's life quality in the national wide for the first time. This study uses the Analytic Hierarchy Process (AHP) to determine the weight of the above indicators, and then makes a provincial evaluation on the life quality of the elderly in China using the data of *The Fourth Survey on The Living Conditions of the Elderly in China* conducted in 2015. The conclusion of this report is that contemporary China has entered a new era with the highest quality of life for the elderly in the history of China. the objective standard of living is still the most important factor affecting the life quality of the elderly, the elderly's life quality in the eastern region is better than other areas, and all provinces have their own weaknesses. To solve these problems is not only an important direction of scientific research on ageing in the new era, but also an important focus of actively dealing with the population ageing issued by the central government.

Keywords: Ageing Society, Ageing Period, Old People, Quality of Life

老龄蓝皮书

II Theory and Policy

B. 2 Theory Analysis on the Elderly's Life Quality

Li Zhihong / 030

Abstract: Based on the analysis of the definition of life quality from domestic and foreign perspective, this paper points out that the life quality of the elderly is their objective living conditions and survival state under certain social conditions and cultural value system, as well as their subjective feelings about the objective living conditions and survival state. This paper constructs a theoretical framework for the life quality of the elderly, and holds that "need" is the initial motivation of the elder's evaluation for their life quality, the satisfaction of the elder's needs is achieved through the possession, enjoyment and consumption of external resources, which will ultimately produce two objective results: objective external living conditions and survival stat. The elder's subjective feelings for the life quality depends on the gap between the expected living conditions, survival state and the actual living conditions, survival state. The social demographic characteristics, values and reference standards of the elderly affect their subjective feelings by influencing expectations. At the same time, this paper makes theoretical assumptions and predictions on the basic issues, such as the life quality and economic development, the life quality of the elderly and the life quality of the whole population, the life quality and the life quantity, the issue on the elderly and the elder's life quality, the strategies of the elderly to improve their own life quality, and the particularity of improving elder's life quality in China.

Keywords: Life Quality, Need, Living Conditions, Survival State

Abstract: It is the starting point and goal of formulating policies on ageing to guarantee the basic life of the elderly and constantly improve their quality of life. Since the founding of the People's Republic of China, the government has attached great importance to solving the living problems of the elderly. Since the implementation of the reform and opening policies, various policies for the elderly's benefit has been gradually established, such as economic security, medical and health security and service security. After entering the ageing society, China's ageing policy has been further improved with the scope of security expanded and the level of security significantly improved, which has greatly improved the quality of life of the elderly. However, in the face of an increasingly ageing population, we must constantly meet the new requirements and expectations of hundreds of millions of elderly people for a better life. There are still many shortcomings in the existing policies on ageing. Therefore, it is necessary to strengthen system design and innovation, enhance the pertinence and operability of the policies, and strengthen the effective implementation of the policies.

Keywords: Quality of Life of the Elderly, Policy on Ageing, Policy Evaluation

Ⅲ   Research Reports

Abstract: The report clearly and intuitively measures the current status and level of the objective quality life of the elderly. At present, the age structure of the elderly population in China is younger, and the younger age accounts for more than half of the elderly. The proportion of the elderly population in urban areas is

increasing. The number of female elderly population is higher than that of male elderly population. In comparison, the educational level of the elderly is low. The proportion of elderly people living alone in empty nests is increasing year by year. The survey shows that the vast majority of the elderly are in good health and positive in mental health. Since 18th CPC National Congress, the income level of the elderly population has increased significantly. The proportion of self-owned housing for the elderly has reached 60% , and the coverage rate of medical insurance for the elderly is nearly 100% . However, the income of the elderly and the social security gap between urban and rural areas are large. The poverty rate of the elderly is still high. At present, the development of China's aged care service industry has achieved remarkable results, and the accessibility of old-age care services has been significantly improved. More than 90% of the elderly have harmonious family relationships and legitimate rights and interests. Unsafe incidents that violate the rights and interests of the elderly are rare, and the social legal environment in which the elderly live is relatively friendly. The sense of well-being and gains of the elderly is significantly enhanced, and the quality of life of the elderly is constantly improving. Not only that, but Chinese seniors are also actively participating in the society. They have played an important role in exerting positive energy, promoting intergenerational harmony, resolving social contradictions, and maintaining social stability. They are an important force in the development of public welfare in the context of an ageing society. In a nutshell, the current younger ageing population structure has provided a sufficient period of strategic opportunities for China's "13th Five-Year Plan" period to actively cope with ageing. While the accessibility of social care services and public services for the elderly has increased year by year. The rapid increase in the number of elderly people living alone in the nest has further exacerbated the urgent need for the social development of home care services. In recent years, china has implemented the Rural Revitalization Strategy, and the effect of precision poverty alleviation has been remarkable. At the critical moment of poverty alleviation, rural elderly as a high-risk group should be the target of national poverty alleviation work.

Keywords: The Elderly; Quality of Life Quantitative Study.

B. 5   Analysis of Subjective Well-being and Its Influencing Factors

of the Elderly   *Ji Yun* / 146

Abstract: Based on the data of the fourth survey of urban and rural elderly living conditions in China in 2015, the factors affecting the happiness of the elderly were systematically discussed. The results showed that the happiness level of urban, male, young, spouse, high education, no chronic disease, and medical security was higher. The happiness of living alone is significantly lower than that of the elderly living with spouses and other living arrangements. As the satisfaction of housing increases, the level of happiness of the elderly increases significantly. The level of well-being of the elderly who have abusive behaviors and their children have an "old age" phenomenon is relatively low. As the evaluation of filial piety to children is raised, the level of well-being of the elderly is significantly improved. The level of well-being of the elderly with convenient medical services, social participation, participation in associations, participation in senior universities, and participation in leisure activities is high. The regression results show that the health, economics and security, living environment, family relationship, public service and spiritual life of the elderly have a significant positive predictive effect on the subjective well-being of the elderly, while the self-care ability and medical security level only serve the happiness of the rural elderly. Has a significant effect. Therefore, from the aspects of health, economy and security, living environment, family relations, public services and spiritual life, we will take measures to improve urban and rural areas.

Keywords: The Elderly; Subjective Well-being; Influencing Factors

B. 6   Qualitative Study on the Elderly's Life Quality in China

Li Jing, Zhang Qiuxia / 162

Abstract: The research team has conducted the qualitative research on the elderly's life quality in 15 provinces in China by interviewing 190 old people who

told the stories of the "good life" in their mind, feelings and evaluation of their living conditions, and the understanding of the main factors affecting the quality of their life. According to their stories, the "good life" for old people mainly includes the basic living conditions, health situation, family relationship and mental state on the level of personal life. They also put forward the "good life" in the aspect of the state and society such as social environment and conditions. This qualitative research complements the quantitative research by providing a deeper understanding of the subjective quality of life of the elderly. Together with the quantitative research, this qualitative research intends to comprehensively depicts the quality of life of the elderly in China.

Keywords: Elderly, Quality of Life, Qualitative Study

IV Evaluation Reports

B.7 The Construction of the Indicator System of the Elderly's Life Quality in China
Luo Xiaohui / 207

Abstract: This paper combs the relevant theories that guide constructing the indicator system of the elderly's life quality, proposes that the construction of the indicator system of the elderly's life quality should be based on the principles of combination of scientific and practical, objective and subjective, and multidisciplinary perspective, and clarifies the indicator system of the elderly's life quality should be in social policy orientation, including objective and subjective indicators. Further, the expert consultation method is used to tentatively construct an indicator system of the elderly's life quality composed of five dimensions and thirteen specific indicators. The five dimensions are health situation, economic status, living environment, mental health and subjective feelings. The thirteen indicators are the incidence of chronic diseases, the incidence of disability, the incidence of depression, the incidence of loneliness, annual per capita income, the rate of room ownership in which people live alone, residential suitable ageing rate, the rate of participating leisure activities, self-evaluation of health, self-evaluation of economic situation, satisfaction of housing, children's filial piety, and subjective well-being. Finally, the weight of the five dimensions and the thirteen indicators is determined by the Analytic Hierarchy Process.

Keywords: The Elderly, Quality of Life, The Indicator System

B. 8   The Index of the Elderly's Life Quality in China

Luo Xiaohui, Zhang Qiuxia / 226

Abstract: This paper introduces the calculation method of the index of the elderly's life quality and the sub-index of health situation, economic status, living environment, mental health and subjective feelings, and has calculated the index and the sub-index of the elderly's life quality of the 31 provinces (autonomous regions and municipalities) using the sample survey data of The Fourth Survey on the Living Conditions of the Elderly in China conducted in 2015. Further, 31 provinces (autonomous regions and municipalities) are ranked according to the index and the sub-index of the elderly's life quality from high to low, and the top 20 in the index of the elderly's life quality and the sub-index of health situation, economic status, living environment, mental health and subjective feelings are introduced. It is found that the provinces (autonomous regions and municipalities) which are higher in the index of the elderly's life quality are mainly in developed eastern region. The sub-index of health situation, economic status, mental health and subjective feelings of eastern region are higher than the middle and west overall, however, the advantage of the east is not obvious in the sub-index of living environment. Comparing the rankings of the index and the sub-index of the elderly's life quality of the provinces (autonomous regions and municipalities) which are in top 20 in the index of the elderly's life quality, the index is related to the sub-index closely, and the imbalance between the index and the sub-index is prominent.

Keywords: The Elderly, Quality of Life, The Index

✤ 皮书起源 ✤

"皮书"起源于十七、十八世纪的英国，主要指官方或社会组织正式发表的重要文件或报告，多以"白皮书"命名。在中国，"皮书"这一概念被社会广泛接受，并被成功运作、发展成为一种全新的出版形态，则源于中国社会科学院社会科学文献出版社。

✤ 皮书定义 ✤

皮书是对中国与世界发展状况和热点问题进行年度监测，以专业的角度、专家的视野和实证研究方法，针对某一领域或区域现状与发展态势展开分析和预测，具备原创性、实证性、专业性、连续性、前沿性、时效性等特点的公开出版物，由一系列权威研究报告组成。

✤ 皮书作者 ✤

皮书系列的作者以中国社会科学院、著名高校、地方社会科学院的研究人员为主，多为国内一流研究机构的权威专家学者，他们的看法和观点代表了学界对中国与世界的现实和未来最高水平的解读与分析。

✤ 皮书荣誉 ✤

皮书系列已成为社会科学文献出版社的著名图书品牌和中国社会科学院的知名学术品牌。2016年，皮书系列正式列入"十三五"国家重点出版规划项目；2013~2019年，重点皮书列入中国社会科学院承担的国家哲学社会科学创新工程项目；2019年，64种院外皮书使用"中国社会科学院创新工程学术出版项目"标识。

中国皮书网

（网址：www.pishu.cn）

发布皮书研创资讯，传播皮书精彩内容
引领皮书出版潮流，打造皮书服务平台

栏目设置

关于皮书：何谓皮书、皮书分类、皮书大事记、皮书荣誉、

皮书出版第一人、皮书编辑部

最新资讯：通知公告、新闻动态、媒体聚焦、网站专题、视频直播、下载专区

皮书研创：皮书规范、皮书选题、皮书出版、皮书研究、研创团队

皮书评奖评价：指标体系、皮书评价、皮书评奖

互动专区：皮书说、社科数托邦、皮书微博、留言板

所获荣誉

2008 年、2011 年，中国皮书网均在全国新闻出版业网站荣誉评选中获得"最具商业价值网站"称号；

2012 年，获得"出版业网站百强"称号。

网库合一

2014 年，中国皮书网与皮书数据库端口合一，实现资源共享。

权威报告·一手数据·特色资源

皮书数据库
ANNUAL REPORT(YEARBOOK)
DATABASE

当代中国经济与社会发展高端智库平台

所获荣誉

- 2016年，入选"'十三五'国家重点电子出版物出版规划骨干工程"
- 2015年，荣获"搜索中国正能量 点赞2015""创新中国科技创新奖"
- 2013年，荣获"中国出版政府奖·网络出版物奖"提名奖
- 连续多年荣获中国数字出版博览会"数字出版·优秀品牌"奖

成为会员

通过网址www.pishu.com.cn访问皮书数据库网站或下载皮书数据库APP，进行手机号码验证或邮箱验证即可成为皮书数据库会员。

会员福利

- 已注册用户购书后可免费获赠100元皮书数据库充值卡。刮开充值卡涂层获取充值密码，登录并进入"会员中心"—"在线充值"—"充值卡充值"，充值成功即可购买和查看数据库内容。
- 会员福利最终解释权归社会科学文献出版社所有。

社会科学文献出版社 皮书系列
SOCIAL SCIENCES ACADEMIC PRESS (CHINA)
卡号：942891344522
密码：

数据库服务热线：400-008-6695
数据库服务QQ：2475522410
数据库服务邮箱：database@ssap.cn
图书销售热线：010-59367070/7028
图书服务QQ：1265056568
图书服务邮箱：duzhe@ssap.cn

S 基本子库
SUB DATABASE

中国社会发展数据库（下设 12 个子库）

全面整合国内外中国社会发展研究成果，汇聚独家统计数据、深度分析报告，涉及社会、人口、政治、教育、法律等 12 个领域，为了解中国社会发展动态、跟踪社会核心热点、分析社会发展趋势提供一站式资源搜索和数据分析与挖掘服务。

中国经济发展数据库（下设 12 个子库）

基于"皮书系列"中涉及中国经济发展的研究资料构建，内容涵盖宏观经济、农业经济、工业经济、产业经济等 12 个重点经济领域，为实时掌控经济运行态势、把握经济发展规律、洞察经济形势、进行经济决策提供参考和依据。

中国行业发展数据库（下设 17 个子库）

以中国国民经济行业分类为依据，覆盖金融业、旅游、医疗卫生、交通运输、能源矿产等 100 多个行业，跟踪分析国民经济相关行业市场运行状况和政策导向，汇集行业发展前沿资讯，为投资、从业及各种经济决策提供理论基础和实践指导。

中国区域发展数据库（下设 6 个子库）

对中国特定区域内的经济、社会、文化等领域现状与发展情况进行深度分析和预测，研究层级至县及县以下行政区，涉及地区、区域经济体、城市、农村等不同维度。为地方经济社会宏观态势研究、发展经验研究、案例分析提供数据服务。

中国文化传媒数据库（下设 18 个子库）

汇聚文化传媒领域专家观点、热点资讯，梳理国内外中国文化发展相关学术研究成果、一手统计数据，涵盖文化产业、新闻传播、电影娱乐、文学艺术、群众文化等 18 个重点研究领域。为文化传媒研究提供相关数据、研究报告和综合分析服务。

世界经济与国际关系数据库（下设 6 个子库）

立足"皮书系列"世界经济、国际关系相关学术资源，整合世界经济、国际政治、世界文化与科技、全球性问题、国际组织与国际法、区域研究 6 大领域研究成果，为世界经济与国际关系研究提供全方位数据分析，为决策和形势研判提供参考。

法律声明

　　"皮书系列"（含蓝皮书、绿皮书、黄皮书）之品牌由社会科学文献出版社最早使用并持续至今，现已被中国图书市场所熟知。"皮书系列"的相关商标已在中华人民共和国国家工商行政管理总局商标局注册，如LOGO（　）、皮书、Pishu、经济蓝皮书、社会蓝皮书等。"皮书系列"图书的注册商标专用权及封面设计、版式设计的著作权均为社会科学文献出版社所有。未经社会科学文献出版社书面授权许可，任何使用与"皮书系列"图书注册商标、封面设计、版式设计相同或者近似的文字、图形或其组合的行为均系侵权行为。

　　经作者授权，本书的专有出版权及信息网络传播权等为社会科学文献出版社享有。未经社会科学文献出版社书面授权许可，任何就本书内容的复制、发行或以数字形式进行网络传播的行为均系侵权行为。

　　社会科学文献出版社将通过法律途径追究上述侵权行为的法律责任，维护自身合法权益。

　　欢迎社会各界人士对侵犯社会科学文献出版社上述权利的侵权行为进行举报。电话：010-59367121，电子邮箱：fawubu@ssap.cn。

社会科学文献出版社